集成产品开发 IPD

让企业有质量地活着，
实现客户价值和商业成功

杨涛 / 著

电子工业出版社
Publishing House of Electronics Industry
北京·BEIJING

内 容 简 介

世界看起来挺热闹，但能够持续让人取得成功的常识其实并不多。IPD 是华为从游击队走向正规军、从一个名不见经传的民营企业成为世界级领先企业最关键的开始，是华为从偶然成功走向必然成功的关键，也是华为能够持续取得成功的常识之一。

商场如战场。

本书深入揭示了华为通过实践 IPD 构建了强大的产品竞争力和取得了巨大的商业成功，以及在竞争激烈和变化无常的市场中不但活着而且有质量地活着的背后逻辑（也是经营和管理的常识）：IPD 面向产品经营的商业本质、理念、组织、流程和方法，以及企业与客户双赢的方法。

（1）如何构建产品竞争力？

（2）如何实现客户价值和产品商业成功？

本书解答了很多企业普遍关心但实践中又不得其要领的困惑：IPD 的本质是什么？为什么 IPD 能够帮助企业取得商业成功？IPD 是怎样帮助企业构建产品竞争力和取得商业成功的？为什么很多企业实施 IPD 的效果不佳？

本书献给那些在提升产品研发竞争力、追求实现客户价值和经营成功常识的道路上坚定探索的企业！

未经许可，不得以任何方式复制或抄袭本书之部分或全部内容。
版权所有，侵权必究。

图书在版编目（CIP）数据

集成产品开发 IPD：让企业有质量地活着，实现客户价值和商业成功 / 杨涛著. —北京：电子工业出版社，2024.6（2025.8 重印）

ISBN 978-7-121-47700-3

Ⅰ. ①集… Ⅱ. ①杨… Ⅲ. ①企业管理—产品开发 Ⅳ. ①F273.2

中国国家版本馆 CIP 数据核字（2024）第 075164 号

责任编辑：林瑞和　　　　　　特约编辑：田学清
印　　刷：涿州市般润文化传播有限公司
装　　订：涿州市般润文化传播有限公司
出版发行：电子工业出版社
　　　　　北京市海淀区万寿路 173 信箱　　邮编：100036
开　　本：720×1000　1/16　印张：23.5　字数：376 千字
版　　次：2024 年 6 月第 1 版
印　　次：2025 年 8 月第 6 次印刷
定　　价：89.00 元

凡所购买电子工业出版社图书有缺损问题，请向购买书店调换。若书店售缺，请与本社发行部联系，联系及邮购电话：（010）88254888，88258888。

质量投诉请发邮件至 zlts@phei.com.cn，盗版侵权举报请发邮件至 dbqq@phei.com.cn。
本书咨询联系方式：faq@phei.com.cn。

推荐序一

有质量地活着是很多企业的梦想。华为持续 20 多年的 IPD 及多领域变革，构建了全球领先的产品管理和经营能力，有效支撑了华为的高质量快速发展。笔者凭借在华为从事产品开发、设计及交付 10 多年的经验，向大家展示了一条可借鉴的成功之路：如何构建产品竞争力、实现客户价值和产品商业成功。本书可以帮助企业在实施集成管理和变革过程中少走弯路。

更值得一提的是，IPD 对于笔者和我而言不仅是一种方法论，更是一种宝贵的经历、一段奋斗的时光，我们都被华为"以奋斗者为本"的价值观所感染：终身学习，坚持奋斗。企业要想获得良好的发展，只要还在经营，就必须不断学习和持续改进。这一点值得每家企业和每位企业家借鉴。

深圳市微纳集成电路与系统应用研究院院长

华为公司综合产品与解决方案部原部长、数字媒体产品线原总裁

张国新

推荐序二

IPD 的流程变革和成功商业实践，无疑是华为从弱到强并最终成为行业领先者的底层驱动因素。笔者作为这场业界最佳实践的亲历者，在本书中对华为 IPD 的实践精要做了阐述，重点论述了企业要想做大做强，必须产品过硬，要想产品过硬，必须把产品开发当作投资行为进行管理，不断聚焦客户价值，主张做好需求管理，聚焦商业成功，做好流程改善和能力提升，让研发人员转身为工程商人，对自己的产出和结果负责，从而打造企业从胜利走向胜利的核心竞争力。《中华人民共和国国民经济和社会发展第十四个五年规划和 2035 年远景目标纲要》指出："深入实施制造强国战略。"本书无疑迎合了这个趋势，介绍了企业转型升级、进行产品开发管理变革的方法，值得在变革路上苦苦探索的企业借鉴，建议企业家、职业经理人、工程师等将其作为案头读物。

华为公司战略与 Marketing 原副总裁

郭海卫

前 言

企业若懂得管理和经营常识，则往往能活得很好。

一、本书主要讲什么

本书以华为实施 IPD 的成功经验及笔者辅导企业 IPD 落地的实践为基础，详细阐述了 IPD 的理念和方法，揭示了 IPD 的本质——以产品为核心，面向产品经营和商业成功的逻辑，帮助企业真正理解和正确应用 IPD 并产生效果：从管理效率到经营业绩的提升！IPD 本身就是管理和经营常识。

二、为什么要写本书

首先，我们不得不面对一个扎心的现实：很多企业打价格战。实际上，并非这些企业喜欢打价格战，它们有时候只是不得已而为之。打价格战的深层次原因是产品竞争力不足，只能通过降价来与竞争对手抢夺市场。

"有质量地活着"是所有企业的追求，早期华为的产品竞争力和国际巨头差距很大，后来华为不惜代价学习 IBM 引入了 IPD，经过长期的实践和优化，使产品竞争力赶上甚至超越了部分国际巨头，华为也逐渐发展为全球领先的信息与通信基础设施和智能终端提供商。虽然外部市场环境恶劣，但华为凭借 IPD 及在其他领域变革构建起来的产品竞争力和组织能力，不但活着，而且有质量、有尊严地活着。

不夸张地说，IPD 是目前提升产品竞争力的最佳方案，对以研（研发）、销（销售）、产（生产）一体化业务模式运作的企业来说尤其重要。但很多企业在实施 IPD 的过程中，并没有真正把 IPD 的价值发挥出来。一些企业

五、本书的内容安排

本书分为 4 篇，包括 18 章和附录，围绕前文提到的 3 个关键标志，详细阐述了 IPD 关于产品经营和商业成功的本质、目标及背后的逻辑。本书以实现 IPD 的目标为根本，对实现该目标所采取的手段进行了详细阐述。本书不仅可以作为实施 IPD 的工具参考书，还可以作为实现产品商业成功这一企业追求和目标的详细指南。

本书主要回答了以下两个问题。

（1）如何构建产品竞争力？

（2）如何实现客户价值和产品商业成功？

图 1 所示为本书的内容安排。

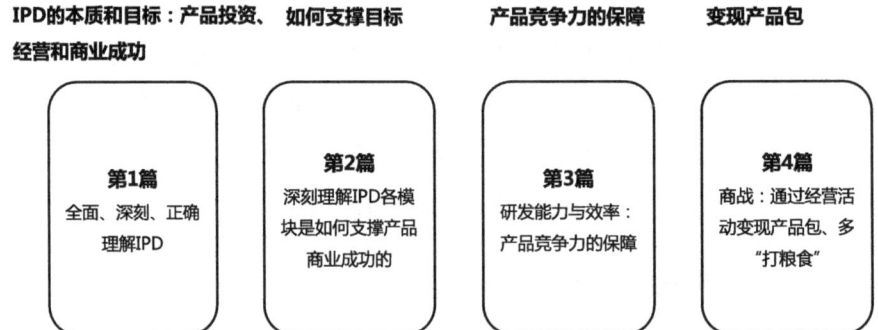

图 1　本书的内容安排

全书紧紧围绕产品的全生命周期管理过程展开：

（1）如何发现市场机会？

（2）如何设计有差异化竞争力的产品？

（3）如何高效开发和推出产品？

（4）如何通过经营活动在市场变现？

本书全面系统地阐述了标杆企业如何构建产品竞争力、如何实现客户价值和商业成功的背后逻辑。

在写作上，本书采用了对比方式：将标杆企业的做法和其他企业的做法进行对比，力求使读者更好地理解标杆企业行事的背后逻辑。

IPD 是用有效的管理和方法实现经营目标的商业逻辑，是关于如何高效地做好产品的生意经和方法论。IPD 的关键是经营思想的落地。企业应站在经营与商战的视角来理解和应用 IPD，避免南辕北辙，得不到自身想要的结果。

六、本书面向的读者

1. 企业的经营管理团队（董事长、总经理、各部门负责人）

实现企业目标的第一责任人是企业的经营管理团队，因此企业的经营管理团队务必理解 IPD 的核心理念和目标，否则是不可能让其真正落地并产生效果的。企业的经营管理团队只有理解了 IPD 是面向产品经营的商业逻辑，才可能带领全体员工朝着正确的方向实施 IPD，才可能取得期望的结果。

2. 产品研发及各业务部门的骨干

再好的理念也必须有具体的流程、方法和能力建设来承载落地，本书不仅详细阐述了 IPD 的核心理念，以指导经营管理团队进行企业的经营管理，还有具体的流程、方法指导各级部门来操作实现。本书可以帮助产品研发及各业务部门的骨干、流程质量人员等将 IPD 落地。

3. 企业管理咨询培训界的专家和朋友

现在华为的成功现象已经成为企业管理咨询培训界研究的热点。本书系统地阐述了华为如何构建遥遥领先的产品竞争力、如何为客户创造价值及取得商业成功的背后逻辑，可以为企业管理咨询培训界的专家和朋友提供一些参考。

4. 对华为取得巨大商业成功的原因感兴趣的群体

很多人都知道华为是很成功的民族企业，很想更多地了解华为，但很多人并没有在华为实际工作过，对华为产品商业成功背后的逻辑并不清楚，本书则可以作为了解华为很好的参考。

集成产品开发 IPD

— 让企业有质量地活着，实现客户价值和商业成功 —

作为一个致力于通过提升企业管理效率来帮助企业提升经营能力的顾问，笔者希望借助此书与各位企业家、企业管理领域的专家及对企业管理感兴趣的人多多交流，共同让标杆企业的优秀实践帮助更多企业走向成功。

经营永远是企业的主旋律，管理是为经营服务的。IPD 以可继承、可优化发展的管理科学面目呈现，同时蕴含着充满魅力、挑战且变幻莫测的经营艺术，只有真正理解了其内涵，企业才能真正实现从管理效率到经营业绩的提升。

让我们一起踏上 IPD 这一管理与艺术结合之旅吧。希望本书能够给那些一直在构建核心竞争力、实现客户价值道路上不断探索的企业提供借鉴！

需要说明的是，本书是笔者凭借自身在华为 10 多年产品研发、解决方案项目交付的工作经历，对华为零距离的洞察和亲身实践的总结，虽然笔者坚信本书对企业提升产品竞争力和取得商业成功具有比较大的指导作用，但毕竟个人认知有限，书中难免存在疏漏，敬请广大读者包涵和指正！

七、致谢

在此，笔者非常感谢在构思和写作本书两年多的时间里，家人的理解和大力支持！

本书在写作过程中借鉴了很多同人的观点，在此一并表示感谢！另外，感谢电子工业出版社的林瑞和老师及编辑团队对本书所做的认真审核和细致编校工作。

独木不成林，欢迎企业管理者及各界朋友对本书内容多提宝贵意见，让标杆企业的成功实践真正帮助更多的企业实现有质量地活着。

读者服务

微信扫码回复：47700

- 加入本书读者交流群，与作者互动
- 获取【百场业界大咖直播合集】（持续更新），仅需 1 元

目录

第1篇 全面、深刻、正确理解IPD

第1章 华为引入IPD的背景 2
- 1.1 华为当年面临的行业环境 2
- 1.2 华为为什么选择了IBM 4
- 1.3 著名的IBM美式诊断：华为当时的产品研发情况 6
- 1.4 IPD变革给华为带来的改变和价值 7
  - 1.4.1 IPD变革对任正非的影响 8
  - 1.4.2 IPD变革给华为经营业绩和产品竞争力带来的变化 8
  - 1.4.3 小结：IPD给华为产品研发体系带来的重大变化 10

第2章 很多企业产品研发体系存在的问题 12
- 2.1 共性问题 12
- 2.2 产品研发模式的演变 14

第3章 初识IPD：理解IPD产品经营和商业成功的内涵与逻辑 16
- 3.1 IPD的起源和发展 16
- 3.2 假如你准备开一家包子铺 17
- 3.3 正确理解IPD的商业逻辑 22
- 3.4 IPD的八大核心理念和产品的三大管理实践 25
  - 3.4.1 八大核心理念 26
  - 3.4.2 三大管理实践 30
- 3.5 对IPD的理解常见的几大误区 32
- 3.6 小结：IPD是一场全公司的变革 35

第 2 篇　深刻理解 IPD 各模块是如何支撑产品商业成功的

第 4 章　IPD 的实现框架模块概述 38

第 5 章　深刻理解产品的内涵——产品包的概念 41
 5.1　什么是产品包 41
 5.2　产品包是怎样形成的 45

第 6 章　规划产品包：洞察先机，让产品竞争力赢在起跑线上 47
 6.1　企业在产品立项方面的常见问题 48
  6.1.1　大部分企业的产品立项报告 48
  6.1.2　产品立项问题分析 49
 6.2　IPD 关于产品立项的逻辑和内涵 51
  6.2.1　立项过程中产生了产品包 51
  6.2.2　产品包诞生时就应构建其竞争力 54
 6.3　产品规划：立项的准备过程 56
  6.3.1　深刻理解产品规划：产品规划能力决定了企业的竞争力 ... 56
  6.3.2　产品规划能力不足的后果 59
  6.3.3　很多企业缺乏"营"的能力 60
 6.4　产品规划体系：过程及方法 62
  6.4.1　价值转移趋势和 3 种应对方式 64
  6.4.2　理解市场 67
  6.4.3　市场细分 76
  6.4.4　投资组合分析 84
 6.5　产品规划经典案例 88
  6.5.1　华为的业务发展 89
  6.5.2　IBM 的转型 94
  6.5.3　我国信息技术应用创新产业相关政策带来的机会 97
 6.6　产品立项：产品设计的开始 98
  6.6.1　深刻理解产品立项报告 99
  6.6.2　产品规划和产品立项的关系 99
  6.6.3　Charter 的核心内容 100
  6.6.4　设计盈利模式 103
  6.6.5　CDP：Charter 开发流程 104

		6.6.6 产品包需求	110
		6.6.7 如何才能开发出高质量的 Charter	112
		6.6.8 产品立项总结	113
	6.7	产品立项决策评审：产品开发是投资行为	114
	6.8	产品立项的经典案例	119
		6.8.1 苹果的盈利模式	119
		6.8.2 对华为造车的分析	120
	6.9	在 Charter 阶段构建产品竞争力	121
		6.9.1 什么样的产品才真正具有竞争力	122
		6.9.2 控制点：产品竞争力的"护城河"	124
		6.9.3 经典案例分析：苹果和华为产品的控制点	125
		6.9.4 设计出卓越的产品的关键理念	127
	6.10	从做项目到做产品：企业定位和竞争力的分水岭	130
		6.10.1 产品的重要概念：基线版本（产品族、V 版本和 R 版本）	130
		6.10.2 项目型企业和产品型企业	132
	6.11	初识 IPD 的核心运作机制："打群架"、集成作战	136
		6.11.1 市场洞察和产品规划的"打群架"	138
		6.11.2 Charter 开发的"打群架"	138
		6.11.3 Charter 商业决策评审的"打群架"	139

第 7 章 需求分析和管理体系：让你更懂客户 ... 141

7.1	大部分企业在客户需求理解方面存在的问题	141
7.2	需求认知的 4 种境界	143
7.3	认识需求的内涵和外延	145
7.4	IPD 中的需求管理	146
	7.4.1 需求管理流程	148
	7.4.2 需求属性的变化	150
	7.4.3 需求管理组织	151
7.5	需求管理和分析的重要价值	154
7.6	需求分析的结果要求	156
	7.6.1 正确性	156
	7.6.2 有价值	158

7.6.3 完备性.. 159
7.6.4 通用性 160
7.7 需求分析七步法：洞察客户真正的需求 160
7.7.1 Step1：确定客户群体 161
7.7.2 Step2：获取诉求和问题 161
7.7.3 Step3：场景分析 161
7.7.4 Step4：干系人识别 164
7.7.5 Step5：深刻理解客户及干系人的价值 166
7.7.6 Step6：提炼价值需求 168
7.7.7 Step7：设计解决方案 168
7.8 常用的需求分析工具 169
7.8.1 SMART 原则 169
7.8.2 RCA 方法 170
7.8.3 $APPEALS 模型 170
7.8.4 Kano 模型 170
7.8.5 Use Case 分析 171

第 8 章 IPD 成功的关键：研发部门转身为利润中心——跨部门的重量级团队 173

8.1 很多企业存在的特别明显的问题 173
8.1.1 老板很累 174
8.1.2 发令枪打响后大家就各奔东西 174
8.1.3 好像大家都完成了任务，但企业的业绩不好 174
8.2 对出现上述问题的原因进行深度分析 174
8.3 华为实施 IPD 后研发部门的重新定位：对经营结果负责的兜底组织 175
8.3.1 以前研发部门的运作模式 176
8.3.2 产品区别于项目的特点 177
8.3.3 什么是兜底：理解 IPD 的另一关键 178
8.3.4 产品线组织的构成：力出一孔、利出一孔的跨部门团队 180
8.3.5 怎样理解团队是重量级的、跨部门的 188
8.3.6 从军队的战区理解重量级团队产品线组织 189
8.3.7 再度领会 IPD 的核心理念之一：能力要建立在组织上 190
8.3.8 为什么很多企业的产品线组织运作不畅 191

目录

    8.3.9 产品线组织体现了 IPD 关于产品开发是投资行为的最佳应用ooooooooooooooooooooooooooooooooooooooooooooooooooooooooooooooooooooooooooooooooooo194

    8.3.10 产品线组织的运作机制ooooooooooooooooooooooooooooooooooooooooo194

  8.4 实施 IPD 的 4 个典型阶段ooooooooooooooooooooooooooooooooooooooooooooooo196

第 9 章 交付产品包：结构化开发流程，确保产品高效率上市ooooooooooooo199

  9.1 深刻理解流程的内涵：价值和特点ooooooooooooooooooooooooooooooooooo199

    9.1.1 流程的本质ooooooooooooooooooooooooooooooooooooooooooooooooooooooooo199

    9.1.2 流程对企业管理和经营的价值ooooooooooooooooooooooooooooooo201

    9.1.3 高效的流程的特点ooooooooooooooooooooooooooooooooooooooooooo203

  9.2 产品开发流程框架ooooooooooooooooooooooooooooooooooooooooooooooooooooooooo204

    9.2.1 产品开发流程概述ooooooooooooooooooooooooooooooooooooooooooo204

    9.2.2 如何理解 IPD 的产品开发流程是结构化的ooooooooooooo206

  9.3 深刻理解 IPD 的产品开发流程的内涵：商业、技术、协同经营oo208

    9.3.1 商业线：深刻体现了"产品开发是投资行为"的理念oo209

    9.3.2 技术线：产品质量的保障ooooooooooooooooooooooooooooooooo211

    9.3.3 协同经营线：跨部门重量级团队的集成作战ooooooooo212

  9.4 并行工程：开发流程各阶段描述ooooooooooooooooooooooooooooooooooooo212

    9.4.1 概念阶段流程描述oooooooooooooooooooooooooooooooooooooooooo213

    9.4.2 计划阶段流程描述oooooooooooooooooooooooooooooooooooooooooo216

    9.4.3 开发阶段流程描述oooooooooooooooooooooooooooooooooooooooooo220

    9.4.4 验证阶段流程描述oooooooooooooooooooooooooooooooooooooooooo224

    9.4.5 发布阶段流程描述oooooooooooooooooooooooooooooooooooooooooo226

    9.4.6 产品一上市就能上量oooooooooooooooooooooooooooooooooooooo228

    9.4.7 产品全生命周期管理阶段流程描述oooooooooooooooooooo230

    9.4.8 产品全生命周期管理是产品包变现的持续经营oooo232

  9.5 商业决策评审：确保投资方向正确及按契约交付oooooooooooooooo235

    9.5.1 理解产品包业务计划——作战方案ooooooooooooooooooo236

    9.5.2 各 DCP 评审的主要内容及关注点ooooooooooooooooooooo239

  9.6 技术评审：产品质量的保证ooooooooooooooooooooooooooooooooooooooooooo241

    9.6.1 很多企业技术评审存在的问题ooooooooooooooooooooooooo241

    9.6.2 各技术评审点阶段的评审关注点oooooooooooooooooooooo242

    9.6.3 评审要素ooooooooooooooooooooooooooooooooooooooooooooooooooooo244

    9.6.4 技术评审的基本流程oooooooooooooooooooooooooooooooooooooo246

9.6.5 各角色在技术评审过程中的职责说明 250
9.6.6 技术评审报告模板说明 251
9.6.7 技术评审的闭环，确保评审效果 255
9.6.8 技术评审的裁剪 255
9.6.9 评审专家团队的持续建设 256
9.7 IPD 流程与敏捷开发之融合 256
9.7.1 了解敏捷的应用场景和含义 257
9.7.2 IPD 与敏捷的互相融合 260

第 3 篇 研发能力与效率：产品竞争力的保障

第 10 章 提升研发效率的关键措施 266
10.1 如何评估研发效率 266
10.2 产品的竞争力是设计出来的：架构与设计 267
10.3 业务分层 269
    10.3.1 业务分层的概念 269
    10.3.2 业务分层的价值 270
10.4 构建和管理产品开发过程基线 271
10.5 技术规划与开发：扫清技术障碍，技术开发要先于产品开发 273
10.6 并行工程：研发与测试的协同、研发与制造的协同 276
    10.6.1 研发与测试的协同 276
    10.6.2 研发与制造的协同 277
10.7 技术评审 279
10.8 IT 工具支撑 279

第 11 章 研发组织和能力体系 280
11.1 核心工程能力 280
    11.1.1 当年 IBM 对华为产品开发项目失败原因的分析 280
    11.1.2 关键产品研发工程能力 281
    11.1.3 系统工程能力 283
11.2 研发管理组织体系 286
    11.2.1 研发管理体系 287
    11.2.2 培养架构与系统设计团队：为产品竞争力保驾护航 290

第12章　质量与成本 292
12.1　华为质量管理的核心原则 293
12.1.1　质量要满足客户的要求 294
12.1.2　质量问题在于预防 294
12.1.3　零缺陷 295
12.1.4　产品质量差的代价是金钱 295
12.1.5　复盘与持续改进 295
12.1.6　质量是产品的结果属性 296
12.2　产品质量的第一责任人 297
12.3　提升产品研发质量的关键活动 298

第13章　研发如何考核：仗怎么打考核就怎么进行 301
13.1　考核的原则 301
13.2　考核示例 304

第4篇　商战：通过经营活动变现产品包、多"打粮食"

第14章　IPD是关于产品经营的商业逻辑 308
14.1　企业的目标是获得经营的结果 308
14.2　从客户中来、到客户中去的商业闭环 309

第15章　评估企业的经营健康度和市场竞争力 311
15.1　企业的经营健康度指标 311
15.2　企业的市场竞争力和经营管理的中长期目标 312
15.3　对经营管理者的素质和能力要求 315
15.3.1　素质维度 315
15.3.2　能力维度 316

第16章　企业必须构建对经营结果负责的组织 320
16.1　企业责任中心的划分 320
16.2　企业常见的组织阵型 322
16.2.1　职能型组织 322
16.2.2　事业部制组织 323
16.2.3　阿米巴组织 324

16.3 华为为什么没有采用事业部制 324
16.4 对经营结果负责的组织——区域战区和产品线战区 325
16.5 "拧麻花":战区组织之间高效协同的机制、共同多"打粮食" 327

第17章 落实年度商业计划,把经营目标变成经营结果 329

17.1 利润中心的经营执行框架 329
 17.1.1 目标 330
 17.1.2 机会 330
 17.1.3 策略和关键任务 330
 17.1.4 预算(资源及人力投入) 330
 17.1.5 行动计划 331
 17.1.6 差距分析 332
 17.1.7 策略、计划调整 332
17.2 业务增长的五大机会点:行业、客户、产品、区域及模式创新 332

第18章 经营分析会及经营分析报告 336

18.1 企业经营分析会之乱象 337
18.2 经营分析从差距分析开始 338
18.3 目标-预测-实际 339
18.4 深挖差距的根因 340
18.5 示例:一个手机厂商的经营差距分析 342
18.6 经营分析报告 344
 18.6.1 主报告的内容 344
 18.6.2 业务报告(IBP)的内容 345
18.7 开好经营分析会 345
18.8 产品线例会 347

附录A 华为IPD变革大事记 348

附录B 破山中贼易,破心中贼难!很多企业IPD变革效果差的主要原因是什么 349

附录C 缩略语一览 353

第 1 篇
全面、深刻、正确理解 IPD

一般来说,产品解决方案型企业的目标是什么?当然是通过构建产品竞争力,实现客户价值、取得商业成功。相信对于这个回答大多数人都没有异议。

IPD 就是实现这一目标的最佳途径和利器。

IPD 是华为获得快速发展,与竞争对手拉开距离,成为世界级领先企业的关键。

阅读本篇内容,有助于企业在实施 IPD 时真正取得理想的结果。

第 1 章

华为引入 IPD 的背景

如果说一家企业发展到几十亿元（销售额，下同）的规模主要靠偶然因素和运气，那么是可能的；但如果这家企业持续发展到 9000 亿元的规模，就不能单纯从偶然因素和运气的角度来看待它取得的成绩了。

华为从早期的"四大皆空"（无资金、无技术、无人才、无管理）发展为如今的通信行业的领导者，最初的发展确实可能靠偶然因素和运气，但后续的发展绝对不是仅靠偶然因素和运气了，其背后有必然规律。

这里所说的必然规律就是华为持续进行的管理变革。华为从 1998 年开始实施 IPD 变革，这让华为在同质化严重的竞争中迅速和竞争对手拉开了距离，构建了强大的产品竞争力，为成为世界级的行业领导者打下了坚实的基础，也从此拉开了华为 20 多年持续管理变革的帷幕。

1.1 华为当年面临的行业环境

根据辩证法的基本原理，任何事情都可以从内、外两个方面进行分析。

从内部来看，1997 年，华为已经在中国民营企业电子百强中处于领先地位，对其他企业来说，这可能是值得骄傲的事，就等着"躺赢"了。但华为的创始人任正非和很多企业的领导人不一样，他是一个具有危机意识并且该意识深入骨髓的人，在他看来，虽然华为当时的收入和利润还不错，但并

第 1 章
华为引入 IPD 的背景

不代表华为的发展水平真有多高，取得的成绩得益于中国通信行业大发展及国家出台的利好政策（只要进入了这个赛道并坚持住，就一定能取得早期的商业成功），但是华为能否长期持续取得成功，还是一个未知数。更严重的问题是，当时华为虽然在高速发展，但毛利率逐年下降。任正非内在的危机意识时刻提醒他华为随时可能面临生存危机。

任正非曾说，我们因为无知而进入了通信行业，原来只看到这个行业赚钱多，进来后才发现这个行业要求也高——不仅对技术有较高的要求，而且对管理效率有极高的要求。华为处于前进缺乏能力、后退无路可走的绝地，因此只能硬着头皮朝前走。

此外，任正非具有不同于别人的内心追求。从现在披露的信息来看，他从创立华为开始，到经历早期的艰难发展，就在内心确定了伟大的梦想：让华为成为世界级领先企业。在后来著名的《华为基本法》中，任正非把这个梦想以文字固化成了华为的追求：

"华为的追求是在电子信息领域实现顾客的梦想，并依靠点点滴滴、锲而不舍的艰苦追求，使我们成为世界级领先企业。"

任正非骨子里的危机意识、雄心壮志和追求是华为引入 IPD 的内因。

从外部来看，虽然华为当时发展得不错，但任正非已经看到，在不远的将来，华为会面临来自国际巨头的威胁。当时，虽然我国的通信行业发展迅速，但一些发达国家的通信技术已经相当成熟，AT&T、阿尔卡特、爱立信、西门子、北电网络、诺基亚等企业，无论在知名度、技术能力和人才储备方面，还是在资金和管理水平方面，都远远超过华为。此外，当时我国即将加入世界贸易组织（WTO），而美国对我国加入 WTO 的要求是开放通信和农业市场。任正非的危机意识提醒他，如果华为不尽快从根本上提升自己的竞争力，一旦我国正式加入 WTO，华为就很难在竞争更加激烈的市场中占据一席之地。

可以说，华为从创立开始就处于和海外通信巨头直接竞争的境地，华为除了改变和提升自己，没有其他更好的出路。

华为内部的状态和外部的环境，让其在主观和客观上都需要来一场自我革命。这是任正非当时迫切改变华为的驱动力，也正是这种驱动力，让任正非走上了向世界级领先企业学习的变革之路，IPD 的引入也就顺理成章了。华为引入 IPD 的原因如图 1-1 所示。

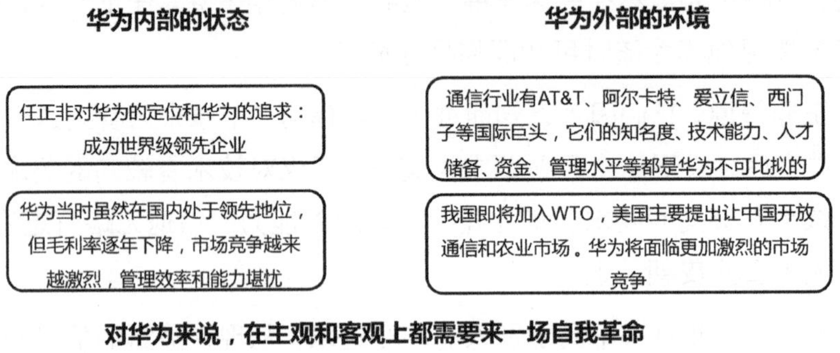

华为内部的状态

- 任正非对华为的定位和华为的追求：成为世界级领先企业
- 华为当时虽然在国内处于领先地位，但毛利率逐年下降，市场竞争越来越激烈，管理效率和能力堪忧

华为外部的环境

- 通信行业有AT&T、阿尔卡特、爱立信、西门子等国际巨头，它们的知名度、技术能力、人才储备、资金、管理水平等都是华为不可比拟的
- 我国即将加入WTO，美国主要提出让中国开放通信和农业市场。华为将面临更加激烈的市场竞争

对华为来说，在主观和客观上都需要来一场自我革命

图 1-1　华为引入 IPD 的原因

1.2　华为为什么选择了 IBM

1997 年 12 月，任正非带队前往美国寻找关于企业经营与管理的"真经"。他们访问了休斯飞机公司、IBM、贝尔实验室、惠普，发现这些世界级领先企业对产品研发体系采用的管理方式非常接近。

在所访问的企业中，任正非对 IBM 的印象最为深刻：IBM 被称为"蓝色巨人"，是美国高科技的象征，曾经因为没有抓住行业发展的趋势，于 20 世纪 90 年代初濒临"死亡"。后来，时任董事长路易斯·郭士纳领导 IBM 奋力转型，使 IBM 重新走向辉煌。在此过程中，IBM 成功实践了 IPD 体系，让 IBM 的产品找到了正确的市场方向。

任正非通过将华为的管理同 IBM 这样的世界级领先企业的管理进行对比，对华为存在的缺陷及如何在扩张过程中解决管理不善、效率低下和浪费严重等问题有了新的认识，并且对华为在未来的成长与发展过程中如何少走弯路有了新的思路。

尤其让任正非敬佩的是，路易斯·郭士纳作为 IBM 的灵魂人物为人处

第 1 章
华为引入 IPD 的背景

世极其低调，不但具有罕见的坚强意志和变革勇气，而且富有战略洞察力。正是因为具备这些特质，路易斯·郭士纳才得以集中全部精力在 IBM 建立了世界一流的业务流程、高度透明的发展战略及契合发展需求的企业文化，最终将 IBM 从"死亡"的边缘带到辉煌的巅峰。

IBM 之行让任正非取得了"真经"，找到了改变华为和构建竞争力的良方。任正非下定决心向 IBM 学习，不惜一切代价将其管理精髓"移植"到华为身上。这是华为成为世界级领先企业的必经之路，也唯有如此，华为才能逐步变得规范化、职业化和国际化。

更重要的是，IBM 是经历过失败和成功的，它的成功是付出数十亿美元的直接代价换来的。而且，IBM 的业务和华为不存在直接竞争关系。因此，任正非最后决定向 IBM 学习，系统学习其 IPD 变革。

不少企业的领导人实施变革是冲着一夜暴富去的，往往头脑一热，并没有深度思考变革到底意味着什么，对企业的要求是什么，以及高层该如何支撑变革等。

任正非很早就在思考华为的发展及与变革相关的深层次问题，我们也可以理解为，他早就在为华为的变革做准备。从他的很多讲话中可以看出，他在这方面进行的深度思考，和很多企业变革的草草上马又匆匆结束的做法大相径庭，这也是华为的变革能深入、彻底、成功的根本原因。

"企业缩小规模，就会失去竞争力；企业扩大规模，若不能进行有效管理，就会面临死亡。管理是内部因素，是可以改善的。若企业的规模小，面对的大多是外部因素，是客观规律，是难以以人的意志为转移的，必然扛不住'风暴'。因此，我们只有加强管理与服务，在这条'不归路'上才有生存的基础。

"我们只有认真向这些大公司学习，才能使自己少走弯路、少交学费。IBM 的经验是付出数十亿美元的直接代价总结出来的，其经历的痛苦是人类的宝贵财富。"

——1998 年，华为内部的讲话

集成产品开发 IPD
— 让企业有质量地活着，实现客户价值和商业成功 —

"世界上最难的改革是革自己的命……别人革自己的命，比自己革自己的命还要困难。"

——1998年，任正非的文章《不做昙花一现的英雄》

"从客观和主观上，公司都需要一场变革。"

——1999年，任正非在 IPD 动员大会上的讲话

从任正非的讲话和文章中可以看出，他早就想清楚了华为为什么要变革、应该以什么样的态度和方式变革，这绝对不是心血来潮、一时冲动的行为。这一点尤其值得很多企业的领导人认真思考。

1.3 著名的 IBM 美式诊断：华为当时的产品研发情况

别看如今华为的产品竞争力已经位于世界前列，取得了巨大的商业成功，但 20 多年前华为的产品研发并不是这样的。

在任正非考察完 IBM 并决定向 IBM 学习后，1998 年 8 月，IBM 的 50 多名专家顾问进驻华为，拉开了华为持续 20 多年管理变革的大幕。

1998 年 9 月 20 日，任正非率领众多高管早早来到会场，会议室里座无虚席。IBM 的专家顾问站在台上，系统而细致地阐述了对华为产品研发及相关管理问题的美式诊断。

（1）缺乏准确、具有前瞻性的客户需求洞察，反复做无用功，浪费资源，造成高成本。

（2）没有跨部门的结构化流程，各部门都有自己的流程，但部门流程之间是靠人工衔接的，运作过程被割裂。

（3）组织上存在本位主义[①]，部门墙高耸，各自为政，造成内耗。

（4）专业技能不足，作业不规范。

---

① 本位主义是一种顾小我舍大局、顾小益损大利的处世态度和心理，是一种放大了的小团体主义或个人主义。

（5）依赖个人英雄，而且这些"英雄"难以复制。

（6）项目计划无效且实施混乱，无变更控制，版本泛滥。

……

IBM 专家顾问的诊断结果使华为的高管团队感到十分震惊，在此之前，任正非和华为其他高管都知道产品研发体系存在问题，但又不能准确地说出问题的症结所在。而 IBM 的专家顾问列举的问题十分尖锐，直接触及他们的痛处。会议结束后，任正非非常庆幸地说："这次请 IBM 的专家顾问请对了。华为就是要请这种敢骂我们、敢跟我们叫板的专家顾问来做项目。"

事实上，华为 20 多年前存在的问题仍然是现在很多企业存在的问题，甚至有的企业存在的问题比当时华为存在的问题还严重。可以说，华为的发展其实没有什么特别之处，它和很多企业一样，经历过同样的发展阶段且管理上存在类似的问题。不同的是，华为花费了大量的人力、物力进行持续变革，而很多企业不进行变革，或者变革不彻底、半途而废！

1.4　IPD 变革给华为带来的改变和价值

任正非访问 IBM 期间，路易斯·郭士纳提出的"制造业 4 条基本规律"给他留下了非常深刻的印象。这 4 条基本规律让华为高管如获至宝，在之后华为引入 IPD 和管理实践中一直被严格遵循。

这 4 条基本规律的具体内容如下。

（1）产品技术必须领先，不能只是一个一个的项目。

（2）必须建立客户导向型营销体系，不能闭门造车，只顾技术上的"自嗨"。

（3）不仅要卖产品，还要卖服务。

（4）只有在核心产品上聚焦，才能形成规模优势。

至今，很多企业都没有遵循上述 4 条基本规律，殊不知这些也是 IPD 的核心要素。

华为的 IPD 变革带来的一个神奇结果是，很多困扰任正非和华为的美式诊断问题（如需求洞察不准确、部门墙高耸、个人英雄满天飞等问题），奇迹般地消失或者大大减轻了。这为华为后续拿下西方大客户打下了坚实的基础。

华为的 IPD 变革使其产品研发体系发生了巨大的变化，市场竞争力得到了提升，华为尝到了变革的甜头，从此在变革之路上再也没有停止过：ISC、IFS、LTC、BLM、DSTE……从此变革成为华为的一种常态，并且融入华为的文化中，直到今天，华为还在不断变革。

变革让华为走上了高速发展之路，并且远远甩下了竞争对手。

1.4.1　IPD 变革对任正非的影响

任正非曾多次说："华为变革的一个结果就是，我自己变得游手好闲！"

这是非常了不起的成就。很多企业的领导人表示自己太累了，什么事都要操心，但经营结果却不尽如人意。这说明一个道理：当企业发展到一定程度，就不能再以领导人为中心了，大家要共同成长，并且由规则说了算。

华为通过 IPD 及其他领域的变革，构建了统一的交流语言、统一的行动规则和验收标准，以及不依赖个人英雄的流程型组织，提升了企业的运转效率，从而形成了较强的市场竞争力。这样任正非就可以把时间和精力放在公司更为重要的战略、人才和资源的引入及利润分配上，把业务细节交由管理团队负责，让他们按照流程和规则办事，从而培养了人才队伍，提升了企业的整体战斗能力。

1.4.2　IPD 变革给华为经营业绩和产品竞争力带来的变化

华为轮值董事长郭平先生曾回忆：1999 年之前，在做研发的时候，华为既没有准确的产品工程概念，也没有科学的流程与制度，一个项目能否取得

第1章
华为引入 IPD 的背景

成功,主要靠项目经理和运气。某员工负责的第一个项目是 HJD48,他的运气不错,为公司挣了钱;但随后的局用机就没有那么幸运了,亏了。再后来的 C&C08 和 EAST8000,重复了前面两个项目的故事:C&C08 非常成功,同期的 EAST8000 却失败了(归咎于名字取得不好),成了"易死的 8000"。这就是 1999 年之前华为产品研发的真实情况,产品获得成功具有一定的偶然性。可以说,那个年代华为的产品研发主要依靠个人英雄。

华为的 IPD 变革成果最终反映在市场和财务表现上——华为具备了向世界级客户提供产品和服务的能力(从农村到小城镇、从小城镇到大城市、从国内到国际),而其他止步不前、一直吃老本的企业逐渐没落。

得益于 IPD 变革带来的产品竞争力,华为于 2010 年首次跻身世界五百强,也是为数不多没有上市的世界五百强企业。如今,任正非实现了早年的梦想:世界通信行业天下三分,华为将占其一。

值得一提的是,华为于 2018 年以 1000 亿美元的营业收入超过 IBM(营业收入为 740 亿美元),书写了"好学生、好老师"的典范。曾经"身患重疾"的华为,如今已脱胎换骨,其产品竞争力引领全球!

华为为什么会取得如此辉煌的业绩呢?这得益于 IPD 变革对华为产品竞争力的提升。图 1-2 所示为 IPD 变革对华为产品竞争力的提升。

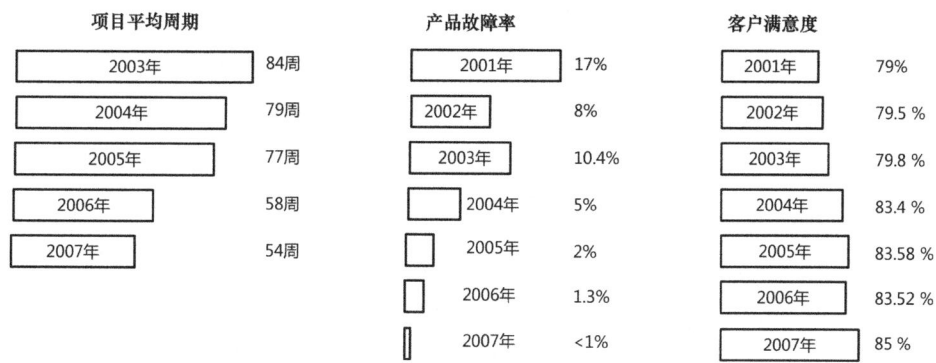

图 1-2 IPD 变革对华为产品竞争力的提升

从图 1-2 中可以看出,衡量产品竞争力的 3 个指标,即项目平均周期、产品故障率、客户满意度,在引入 IPD 后都有了很大的改善。

集成产品开发 IPD

— 让企业有质量地活着,实现客户价值和商业成功 —

1.4.3 小结:IPD 给华为产品研发体系带来的重大变化

在引入和实施 IPD 后,华为的产品研发体系发生了翻天覆地的变化(涉及理念、组织、流程、方法、能力等),这些变化既是 IPD 的精髓,也是华为能够取得商业成功的关键。

变化一:构建了从依靠个人英雄偶然获得成功到依靠组织能力、持续稳定必然获得成功的高质量管理体系。

变化二:采取了从技术导向到市场需求导向的科学投资方式,提升了产品研发的成功率。

变化三:从产品研发只是研发组织的事,转变为全公司跨部门并行"打群架"的协同开发模式,共同对经营结果负责。

变化四:研发组织成为利润中心,研发人员成为工程商人,从以前只对产品实现负责到对产品在市场上的经营结果负责,并因此培养了一大批能打大仗和胜仗的经营干部队伍,从而实现了 IPD 的目标:实现客户价值和取得商业成功(这也是本书的主题)。

上述变化让华为的研发组织完全不同于以前,也不同于其他企业的研发组织,研发组织变得能够对最终经营结果负责并能打胜仗,这也是 IPD 变革能够在华为取得成功的关键。

IPD 变革不仅帮助华为构建了强大的产品竞争力,而且帮助华为取得了巨大的商业成功。IPD 是华为第一个大规模的变革项目,也是对华为影响最大的变革项目。

通过 IPD 变革,华为尝到了变革的甜头,越发认识到天外有天,且成功是有方法可循的,所以才有了后面大规模的其他领域(财经、供应链、战略、营销等)的变革。从此,持续变革的基因融入华为全体员工的血液和骨髓中。变革成了华为的常态,使华为增强了组织能力,也越来越有能力应对难以预测的外部环境变化,做到了用规则的确定性高效应对市场的不确定性!

通过 IPD 变革,华为掌握了一套进行变革的系统方法,并建立了对应的人才队伍,在后续进行变革时有章可循,不再畏惧变化。可以说,IPD 变

第 1 章
华为引入 IPD 的背景

革为华为的长久健康发展做出了巨大的贡献，带来了深远的影响。

然而，一些企业从来没有进行过成功的变革。这些企业没有积累对应的方法和人才，所以变革总是难以成功，既浪费了资源又浪费了时间，甚至摧毁了变革的信心和欲望。

IPD 变革的成功给华为带来的价值是华为极其重要的核心竞争力！

【思考】各位企业家，你们公司内部的状态和外部的环境如何？是否考虑进行改革？

第 2 章

很多企业产品研发体系存在的问题

2.1 共性问题

目前中国的市场商业环境,在改革开放大发展几十年后,市场经济已经充分发展,人口和政策红利也基本用尽。放眼望去,各行各业都处于红海乃至黑海竞争之中。很多企业的领导人把自家产品竞争力在市场上表现不足归结为竞争太激烈,一些企业不得不依靠不断降价来获得部分市场份额,但降价大多数时候是企业不得已而为之的,是"杀敌一千,自损八百",甚至是"杀鸡取卵"的行为,并没有多少企业真正愿意降价。

既然知道这是一种损耗自身生存力的行为,为什么企业还要这样做?

归根结底,还是因为企业的产品缺乏市场竞争力,没有其他"制胜之道",只能采取降价这种下策。

20多年前IBM对华为进行了诊断,指出了华为存在的一系列问题。如今,很多企业也存在如下共性问题。

(1)缺乏准确、具有前瞻性的客户需求洞察,反复做无用功,浪费资源,造成高成本。

(2)立项随意,产品成功率低,严重浪费资源,造成高成本。

（3）没有跨部门的结构化流程，各部门都有自己的流程，但部门流程之间是靠人工衔接的，运作过程被割裂。

（4）缺乏高效的运作流程，产品研发的关键动作丢失，导致反复做无用功，产品质量下降、成本上升。

（5）组织上存在本位主义，部门墙高筑，各自为政，造成内耗。

（6）缺乏可复用的平台机制，重复开发，严重消耗研发资源，造成效率和质量低下，大大增加了运作成本。

（7）专业技能不足，作业不规范。

（8）依赖个人英雄，而且这些"英雄"难以复制。

（9）项目计划无效且实施混乱，无变更控制，版本泛滥（脚踩西瓜皮——滑到哪里算哪里）。

（10）将技术和产品混为一谈，往往在产品研发的关键时刻发现关键技术存在问题，从而影响了产品的质量，丧失了市场机会。

（11）项目型公司缺乏可以复用的产品基线版本，一味地重复开发，没有产品积累，造成高成本，缺乏竞争力。

（12）生产、销售、客户支持及渠道等方面还没准备好就匆忙发布产品，导致问题不断，反而降低了客户满意度，"起大早赶晚集"，销售难以上量。

（13）没有人对产品的最终结果（市场和财务成功）负责，最后只有老板自己负责（成功后大家都来争功，失败后大家都说不是自己的问题）。

【思考】你所在的企业存在哪些问题？

上述问题导致很多企业一直处于低水平的竞争段位，或者主要靠运气取得成功，但很难持续处于领先地位，往往是昙花一现。其中，第13个问题，企业中只有老板对经营结果负责，其他人都只管自己的"一亩三分地"，没有人对产品的最终结果负责，需要企业引起重视。

商业组织的目标通常是在市场上取得成功（收入、利润、现金流），可是，若除老板之外没有人对此目标负责，这样的企业就像传统的绿皮火车，

集成产品开发 IPD
― 让企业有质量地活着，实现客户价值和商业成功 ―

只有车头有动力，那么企业怎么可能具有长久的竞争力呢？

IPD的理念、组织、运作、流程和方法等能很好地解决上述问题。华为的产品在市场上持续取得成功和组织能力不断增强，都和IPD的实施有很大的关系。变革后的华为如同高铁，每节车厢都有动力，公司的发展不再只依靠老板和少数英雄。

为什么不少企业也实施过IPD，但收效甚微呢？主要原因在于，这些企业对IPD的理念、组织、运作、流程和方法等理解得不正确，认知片面甚至错误，这样自然不会取得理想的结果。

2.2 产品研发模式的演变

产品研发模式的演变如图2-1所示。

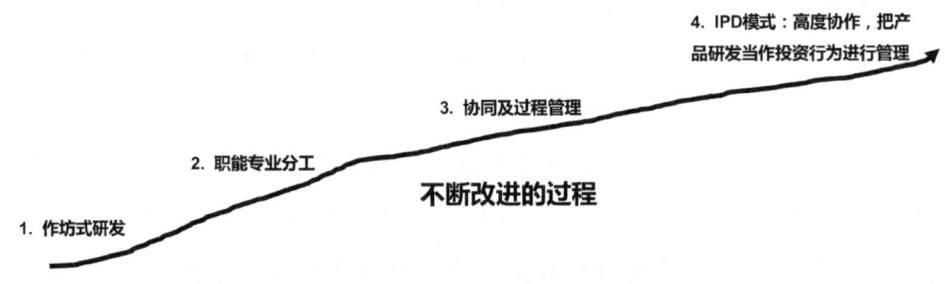

图 2-1　产品研发模式的演变

不同的产品研发模式，其能力要求、效率结果不同，因此采用不同产品研发模式的企业的竞争力也相差甚大。

1. 作坊式研发

- 基本没有规则和机制，换不同的人就会有不同的做法和结果，难以沉淀和复制，难以迭代升级，也难以做大做强。
- 成功主要靠老板和少数人的能力与市场机遇，结果有很大的不确定性，抗风险能力弱。

2. 职能专业分工

- 出现专业分工和职能部门（销售、研发、采购、生产等部门），有了基本规则和机制。
- 随着规模的扩大，专业领域职能部门呈现越来越强势和闭门造车的趋势，部门之间的沟通越来越困难，各有各的做事规则、流程，衔接不起来，整体效率较低。
- 各部门只对自己的KPI负责，没有部门对企业的经营业绩负责。

3. 协同及过程管理

- 意识到部门墙的低效率，开始组建由项目经理负责的跨部门项目团队。
- 把产品研发划分为不同的阶段（立项、设计、开发、验证等），并对各个阶段的节点进行评审，加强过程管理，提升产品质量。
- 相比前两种模式，这种模式已经有了巨大的进步，在降低成本和提升产品质量方面做出了一定的成绩。

门径管理系统是这种模式的代表，但是仍然存在如下明显的问题。

- 组建的是临时的项目团队，不能长期积累经验。
- 没有把取得良好的结果（市场和财务成功）作为项目团队的最终目标，主要对过程负责，和企业的目标仍然有距离。

4. IPD模式

- 在第三种模式的基础上，强化部门协同及过程管理，涉及技术评审、商业评审等，确保产品质量，并要求项目团队对产品的最终结果负责。
- 以产品投资和在市场上取得商业成功为目标，跨部门协同的利润中心对最终结果负责。

第 3 章

初识 IPD：理解 IPD 产品经营和商业成功的内涵与逻辑

俗话说，商场如战场。商场和战场一样残酷（战场上可能有人死亡，商场上的竞争则可能导致一些企业"关门大吉"），二者在很多方面都极其相似，都是为了取得胜利：在战场上要尽全力打败敌人；在商场上要努力击败竞争对手，使产品在市场和财务上取得成功。

任正非的很多讲话和经营华为的方法中都体现了和军队作战类似的内容。这不仅是因为任正非曾经是军人，更重要的是他认为经营和管理企业与指挥军队作战类似。这和 IPD 的目标与核心逻辑（商战，如何让产品在市场和财务上取得成功）有异曲同工之妙——IPD 的方法、流程等都是实现目标的手段。本书的后续章节中也有与军队组织和行为相关的描述。

3.1 IPD 的起源和发展

1986 年，美国 PRTM 公司提出关于产品研发流程的 PACE。20 世纪 90 年代，PACE 迅速在全球各大型企业得到应用。路易斯·郭士纳掌舵 IBM 后，以 PACE 为原型，集合多种先进工具和 IBM 的产品研发实践形成了 IPD 体系。

IPD 是帮助 IBM 从几乎倒闭到重现辉煌的利器。路易斯·郭士纳在其著作《谁说大象不能跳舞》一书中详细描述了 IPD 在 IBM 的诞生过程及其带来的变化。

IPD 在 IBM 成功推行之后，又在波音等企业实施过，其他世界级企业（如北电网络、思科、苹果等）的产品研发管理也和 IPD 类似。

在中国，华为于 1998 年拜 IBM 为师，强力推行 IPD，最终获得了巨大的成功，从此 IPD 在中国企业界也逐渐流行起来。

IPD 是世界级优秀企业的智慧结晶，起源于 IBM，在中国企业界发扬光大于华为。

3.2 假如你准备开一家包子铺

假如你准备开一家包子铺，你会怎样做？

如果你贸然投入资金，那么结果很可能和扔硬币差不多——主要看运气。

假如你准备开一家包子铺，建议你思考一些问题并采取一些动作。

1. 这里能开包子铺吗

- 周围客流量大吗？
- 周围都有什么人？哪些人可能喜欢吃包子？喜欢吃什么馅儿的？
- 周围有其他包子铺吗？它们卖什么样的包子？卖得如何？
- 准备卖什么馅儿的包子？和其他包子铺有什么不同（如味道、价格、成本等）？
- 计划投入多少钱？招多少人？预计什么时候回本？

2. 营业前的准备

- 招兵买马。

> **集成产品开发 IPD**
> − 让企业有质量地活着，实现客户价值和商业成功 −

- 采购相关设备和材料。
- 调馅儿、蒸包子。
- 让家人和朋友试吃。
- 改进（味道和效率）：如果不好吃，那么要尽快改进甚至淘汰某个品类，并且要提高效率。
- 原材料供应要有保证，以便在供不应求时加大产量。
- 定价。

3. 营业前的宣传

- 起个好名字，最好容易让人记住。
- 准备好宣传册。
- 采用各种方式进行宣传（采用发布朋友圈、发传单等方式向周边人群宣传开业消息及优惠活动）。

4. 正式营业

例如，举办开业仪式、促销活动等，正式开始大规模销售。

5. 持续深耕服务

- 根据客人的反馈改进配方，提高客人的满意度。
- 增加新品种。
- 提供各种增值服务（如上门送货、冷冻远销等）。

6. 沉淀配方

对于有良好口碑的品类，要将配料和制作过程固化下来，以便开新店时直接使用。

7. 盘点（这点很重要）

- 定期盘点，对不同品类的包子进行投入产出分析。

第 3 章
初识 IPD：理解 IPD 产品经营和商业成功的内涵与逻辑

- 分析盈利或亏损的原因（例如，是味道不好还是成本太高）。
- 分析竞争对手的情况。
- 总结客人的反馈。
- 提出改进措施。
- 增加新品类并淘汰不受欢迎的品类。

8. 管理团队（这点很重要）

- 对蒸包子的、采购的、发传单和提供服务的、管理账目的人员都要进行管理。
- 看看员工是否各司其职、有效协同。
- 激励员工认真工作，鼓足干劲儿，尽可能让客人满意。

大家别小看卖包子这么小的生意，要想真正做好（卖得快、卖得多、口碑好、利润高），还真不是一件容易的事。除了想清楚上述问题和做好上述事项，还应该想清楚以下问题。

- 都有哪些客人？
- 在什么地点开包子铺？
- 包子铺的特色是什么？
- 如何定价？
- 其他包子铺的生意如何？
- 怎样推广？
- 自家包子馅儿调得怎么样？
- 如何服务好客人？
- 大家如何高效分工协作？

包子，也是一款产品。相信当你准备开包子铺的时候，你的目标肯定是取得商业成功：卖包子给你带来利润，包子铺将来变成连锁店，建立知名品牌（这当然是更大的目标）。你肯定是奔着取得商业成功的目标去的，而不是仅把包子做出来。卖包子这门小小的生意也能体现完整的商业逻辑。

集成产品开发 IPD
－ 让企业有质量地活着，实现客户价值和商业成功 －

如果你对上述商业逻辑都搞不清楚，那么恐怕即便是卖包子这样的小生意也未必能做好，就别提更复杂的生意了。

你可能会说，不就是卖包子，有那么费劲吗？有必要考虑那么多吗？

你若这么想就错了，包子铺常有，而好包子铺不常有。要想在竞争激烈的市场中持续取得良好的收益，前面提到的工作都应该认真去做，这样才有可能胜出。

下面总结一下开包子铺的商业逻辑，具体如表3-1所示。

表 3-1 开包子铺的商业逻辑

序号	关键思考和动作	说明
1	这里能开包子铺吗	不能盲目投资，要洞察市场和环境，做到心中有数
2	营业前的准备	人员、材料、工具准备，以及包子试蒸、试吃
3	营业前的宣传	酒香也怕巷子深，要提前做足功课，让更多的人知道你的包子
4	正式营业	终于等到此刻，可以大规模销售了
5	持续深耕服务	不断改进味道，提供更好的服务，让包子越卖越好、越来越有名气
6	沉淀配方	将特别受欢迎的包子的配方保存下来，直接去开分店，甚至申请注册商标
7	盘点	思考能否持续改善，包括投入产出比、味道、成本、商业模式等，以使自己做得更好，实现更大的目标
8	管理团队	让大家一心一意做好包子及提供良好的服务

从卖包子这门生意可以看出，生意虽小，但一样蕴含商业逻辑，各项经营动作不能少！

为了更好地让大家理解什么是商业逻辑，下面再举一个例子。

就以出版书为例，书也是一款产品。笔者出版本书的目标是本书大卖，取得商业成功和一定的知名度，并不单纯是把书写出来。那么，如何才能实现这个目标呢？

本书的内容得有价值、有吸引力，也就是说应具有较强的竞争力。出版书的整个过程就相当于一款产品从构思到上市再到持续为客户提供服务的过程。图3-1所示为出版书的关键动作。

第 3 章
初识 IPD：理解 IPD 产品经营和商业成功的内涵与逻辑

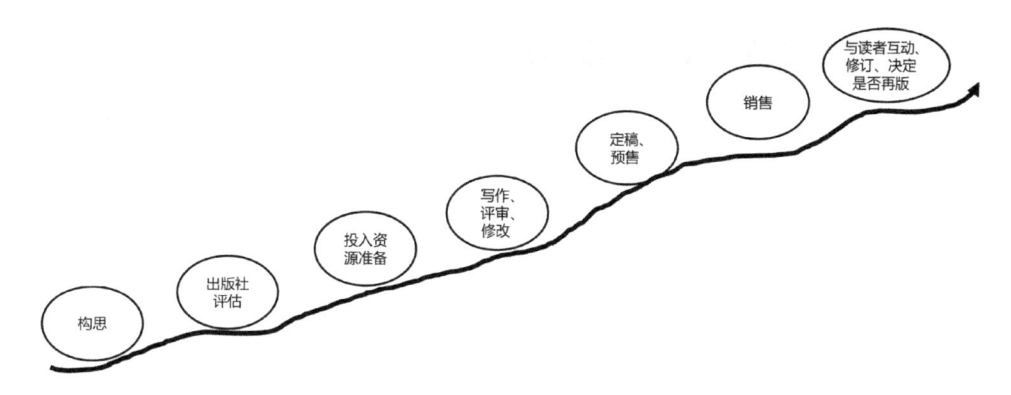

图 3-1　出版书的关键动作

表 3-2 所示为对出版书的关键动作的说明。

表 3-2　对出版书的关键动作的说明

序号	关键动作	说明
1	构思	①写什么内容？为什么要写本书？ ②面向哪些读者？ ③市场上有哪些类似书籍？和它们相比，本书的优点是什么
2	出版社评估	①出版社根据经验，对本书的构思和样章进行评估。 ②评估是否有出版价值，能否为出版社带来收益和良好的口碑。 ③如果决定出版，那么需要投入什么样的资源
3	投入资源准备	出版社会成立以作者为中心的团队，投入资源（编辑、封面设计人员等），协助作者把书的内容写得更好
4	写作、评审、修改	团队成员积极沟通，提前准备封面等；在整个过程中，团队成员各司其职、高度协同
5	定稿、预售	①确定书稿的最终内容。 ②酒香也怕巷子深，要提前做足功课，确定价格，通过各种手段进行宣传，让更多的人知道本书
6	销售	大规模印刷、销售
7	与读者互动、修订、决定是否再版	与读者互动，继续扩大销售范围；听取意见，修订内容；决定是否再版

虽然开包子铺和出版书都不算大事，但二者都蕴含完整的商业逻辑，如果你不遵循商业逻辑，盲目投资，必然会走弯路，导致运营成本上升，质量难以保证，在市场上难以获得竞争力。

3.3 正确理解 IPD 的商业逻辑

实际上,无论你做什么行业的产品和生意,不管规模多大,都和前文介绍的开包子铺和出版书的例子一样,背后的商业逻辑都是相通的。

IPD 到底是什么?

很多企业对 IPD 的理解十分片面,甚至存在误区,大多只把 IPD 理解成研发流程。

IPD 的本质是关于产品商战的逻辑和方法,目标是产品取得商业成功。开包子铺和出版书的过程都蕴含着 IPD 的商业逻辑。

表 3-3 所示为开包子铺和 IPD 的商业逻辑的对应。

表 3-3 开包子铺和 IPD 的商业逻辑的对应

	开包子铺的目标 商业成功:客人喜欢、卖得快、卖得多		IPD 的目标 商业成功:帮助客户成功、产品成功(市场和财务成功)
序号	关键思考和动作	说明	对应的 IPD 模块
1	这里能开包子铺吗	不能盲目投资,要洞察市场和环境,做到心中有数	产品规划和立项的投资管理
2	营业前的准备	人员、材料、工具准备,以及包子试蒸、试吃	产品的设计、开发与评审
3	营业前的宣传	酒香不怕巷子深,要提前做足功课,让更多的人知道你的包子	产品的发布
4	正式营业	终于等到此刻,可以大规模销售了	GA,即产品的量产
5	持续深耕服务	不断改进味道,提供更好的服务,让包子越卖越好、越来越有名气	产品全生命周期管理
6	沉淀配方	将特别受欢迎的包子的配方保存下来,直接去开分店,甚至申请注册商标	技术规划,技术平台/CBB 的开发,专利申请
7	盘点	思考能否持续改善,包括投入产出比、味道、成本、商业模式等,以使自己做得更好,实现更大的目标	进行经营分析
8	管理团队	让大家一心一意做好包子及提供良好的服务	跨部门重量级团队的经营和运作

第 3 章

初识 IPD：理解 IPD 产品经营和商业成功的内涵与逻辑

出版书和 IPD 的商业逻辑的对应如图 3-2 所示，其中上方的文字是对应的 IPD 模块。

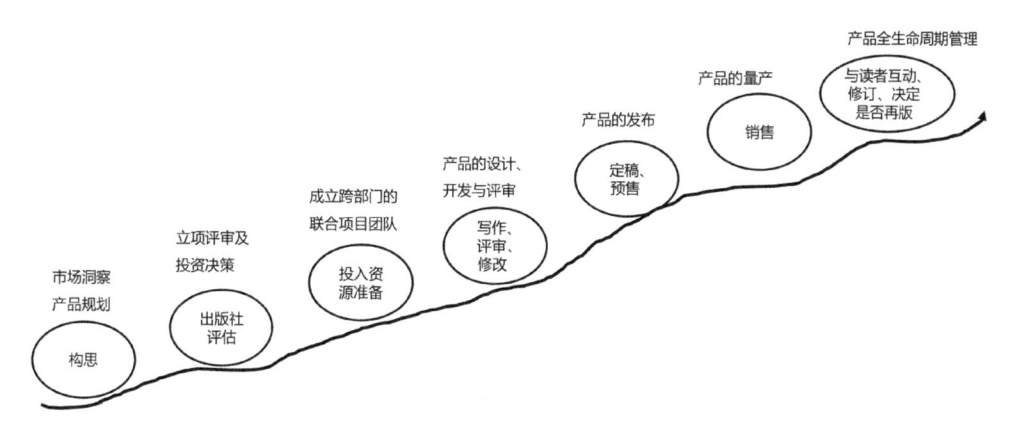

图 3-2　出版书和 IPD 的商业逻辑的对应

读者朋友是否从上述例子及对比中悟出了什么？

开包子铺和出版书要想取得成功（成功不只是把包子蒸出来、把书写出来），应做到以下几点。

（1）构建产品竞争力或差异化优势（开包子铺就是指包子味道好、性价比高；出版书就是指书的内容能够吸引特定的人群，被人称道、推荐和实践）。

（2）产品取得商业成功（市场和财务成功）：产品获得客户青睐，占据一定的市场份额，并且能够带来利润。

如果包子和书卖得不好，那么可能包子铺要关门、出版书所投入的成本要打水漂，这说明投资失败了。

上述例子形象地说明了 IPD 的思想：以产品（不是项目）为中心，是关于如何把产品生意做好的逻辑和方法论。

现实中，之所以很多企业实施 IPD 的效果不佳，是因为它们把 IPD 仅当成产品研发流程或者孤立分散地应用各个模块，却忽略了最关键的要素：产品商业成功的逻辑。它们没能将各个模块围绕产品经营和商业成功有机地衔接起来，自然难以获得理想的效果。

集成产品开发 IPD
— 让企业有质量地活着,实现客户价值和商业成功 —

任正非早就指出了 IPD 的本质,"IPD 的本质是从机会到商业变现"。

也可以说,"IPD 是关于产品商业成功的生意经"。

还可以说,"IPD 是产品战略从规划到变现"。

上述 3 种说法意思相同,都指向 IPD 的本质——围绕产品经营和商业成功的目标!

IPD 是分层实现其目标的。图 3-3 所示为 IPD 分层框架,通过做正确的事(方向)和正确地做事,把事情做好(实现商业成功的目标)。

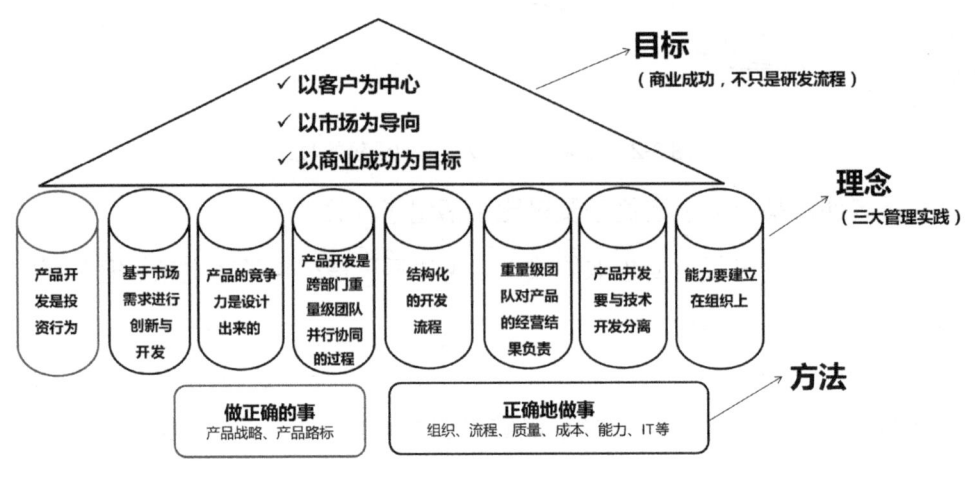

图 3-3 IPD 分层框架

IPD 分层框架分为 3 部分。

1. 目标
IPD 的本质体现了 IPD 是通过实现客户价值实现商业成功的。

2. 理念(为什么能够实现目标)
支撑实现目标的核心理念能够为企业指引正确的方向和提供正确的方法。

3. 方法(怎样实现目标)
企业通过在组织、流程、质量、成本、能力、IT 等方面发力,高效地实施 IPD。

第 3 章
初识 IPD：理解 IPD 产品经营和商业成功的内涵与逻辑

如果只有目标而没有正确的方法支撑，那就是在空喊口号。IPD 借助清晰的理念、正确的方法（合理的流程、对经营结果负责的组织和能够承担责任的干部队伍等），打造了较强的产品竞争力，实现了客户价值，并取得了产品商业成功。IPD 是一环扣一环支撑目标达成的。

IPD 目标的实现路径：从理念到方法、到经营运作、到打造产品竞争力、到帮助客户成功，最后实现 IPD 的目标——产品商业成功，如图 3-4 所示。

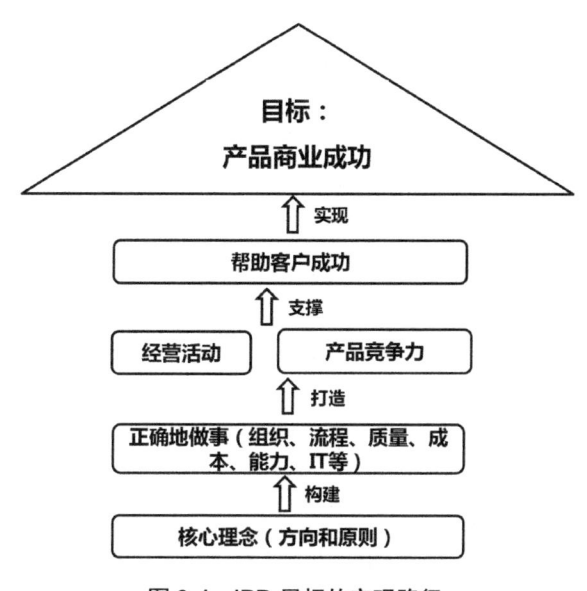

图 3-4 IPD 目标的实现路径

如果不能从商业成功和商业端到端闭环的角度理解与实施 IPD，结果大概率就相当于"虽然你手握屠龙刀，却只会用来杀鸡"，你还会觉得 IPD 的作用没那么大，其实是你没有真正理解其内涵。

3.4 IPD 的八大核心理念和产品的三大管理实践

任何一个体系都有其内在的理念，IPD 也不例外。为了实现产品商业成功的目标，IPD 将一系列理念作为支撑，并据此构建了对应的正确方法。

理解 IPD 的核心理念、内涵和方法是正确实施 IPD 及实现产品商业成功的关键。

3.4.1 八大核心理念

表 3-4 所示为 IPD 的八大核心理念。

表 3-4 IPD 的八大核心理念

序号	核心理念	概要	商业的经营思维或方法	很多企业的现状和差距
1	产品开发是投资行为	①资源有限,应有所为、有所不为。②做好市场洞察和产品规划，做最有价值和自己最擅长的市场与产品方向的投资决策，也就是常说的要聚焦,而不是到处"撒胡椒面"。③要不断审视机会和风险，管控投资过程(是追加投资还是减少投资)，提升投资成功的概率	①投入产出思维。②会算经济账，不随意消耗有限的资源。③商战:战前谋算,计于庙堂。④投资机构在评估是否投资一家企业时，应考虑:为什么要投?胜算、机遇和风险如何?应该投多少?能产出多少	①本来资源就有限,没有对应的组织和机制保证能够做出科学的投资决策,到处出击。②投入产出比低,将资源投进去了,但结果不好,一直处于不赚钱的状态。③结果靠运气
2	基于市场需求进行创新与开发	①不能闭门造车、天马行空做产品，必须基于市场需求进行创新与开发。②不能仅听客户说什么,而要洞察其真正的需求和痛点	①只有真正懂对方，才能赢得对方真金白银的回报。②伟大的产品往往是能够满足客户需求的,客户愿意为能够解决自己痛点的产品付费	①不了解行业的趋势、客户的内在需求,客户说要什么就开发什么,被动响应,做了很多无用功,增加了成本,但是客户还是不满意。②闭门造车,以为自己想出了绝招或以纯粹的技术领先,但实际上市场并不买单或叫好却不叫座

第 3 章
初识 IPD：理解 IPD 产品经营和商业成功的内涵与逻辑

续表

序号	核心理念	概要	商业的经营思维或方法	很多企业的现状和差距
3	产品的竞争力是设计出来的	强调进行产品开发前要认真分析客户需求和做好设计（包括立项），尽量不要把低级错误和"污水"留到下个阶段（后端的开发、测试和生产中），即通过前端设计提升产品质量，降低成本	①产品的竞争力不是开发出来的，不是测试出来的，也不是制造出来的。②优秀的产品（高质量、低成本）是前期设计出来的。③问题发现得越晚，解决问题需要付出的代价越大。④产品必须经过深入的需求分析和系统设计阶段，才能进入开发阶段	①直接根据客户表达的需求进行产品开发，没有进行需求分析，也没有进行架构设计，看似前期速度很快，但实际上后期反复修改，造成大量的资源浪费，成本居高不下，质量事故频发，客户十分不满。②有时间反复做同样的事，却没有时间思考如何一次性把事情做对、做好
4	产品开发是跨部门重量级团队并行协同的过程	产品开发不只是研发部门的事情，而是需要市场、研发、采购、生产等部门组成的重量级团队协同完成的工作。所有部门都要对产品开发的成功负责，采用"打群架"模式	①产品开发采用的不是各个部门分别负责一部分的串行模式，而是打破部门墙、拉通各个部门，力出一孔、利出一孔的高效并行协同的模式。②并行协同是提高效率和获得理想成果（进度、质量、成本等方面）的利器	①很多企业的产品开发主要是研发部门的工作，其他部门都是被动响应或者作壁上观，并不对产品的成功负责，相互之间信息不通、协同不畅。②和服务、成本、质量相关的产品属性往往到了测试阶段甚至发货到客户那里才被发现有很多问题，大大增加了成本
5	结构化的开发流程	产品开发过程不是随意的过程，而是遵循着一定机制（商业和技术评审）的流程监控过程	产品开发是不断成熟的过程（商业的成熟、技术的成熟，直到上市），有严谨的流程和机制保证产品开发的有序，能够提高效率，避免低效的返工和高成本	①很多企业的产品开发过程混乱，没有监控点、监督点，随意进行到哪里算哪里。②缺乏对产品质量成熟度和商业成熟度的监督手段，导致后期不断返工，甚至到了最后才发现产品已经没有推向市场的价值，致使前期投入成为沉没成本，或者造成高成本和低质量，产品没有竞争力

集成产品开发 IPD

— 让企业有质量地活着,实现客户价值和商业成功 —

续表

序号	核心理念	概要	商业的经营思维或方法	很多企业的现状和差距
6	重量级团队对产品的经营结果负责	产品开发不只是把产品做出来,还需要对产品的经营结果(市场和财务成功)负责。在 IPD 中,跨部门重量级团队对此负责	①企业中要有对产品的经营结果负责的组织和对应的运作机制(经营责任、经营活动、考核激励)。 ②IPD 要求传统的研发人员转身为工程商人,研发部门要从费用中心转身为利润中心。 ③转型后的研发部门不再被动响应客户需求或者单纯追求技术"炫酷",而是会对产品的经营结果负责:客户满意、财务成功	①在大部分企业中,除了老板,没有组织或个人对产品的经营结果负责。 ②各部门都只管自己的事情,至于产品的经营结果如何,只有老板自己负责。 ③这也是很多企业不能像华为那样取得产品商业成功的重要原因
7	产品开发要与技术开发分离	技术是保证产品竞争力的重要基础,必须提前识别核心技术和关键技术,做好技术和平台的中长期规划,提前投入资源开发,建立技术货架,确保产品的及时供应,并形成可复用的平台,避免重复开发,保证产品有竞争力	产品和技术是两条线,在进行产品开发之前要准备好相关的关键技术,形成平台和 CBB,为产品的顺利开发做好准备	很多企业将产品开发和技术开发混为一谈: ①往往在产品开发的关键时刻才发现某项技术没有被攻克,导致产品开发停滞,丧失了最佳的市场机会。 ②因缺乏技术平台规划,没有技术货架,产品开发重复,严重浪费资源,成本居高不下

第 3 章
初识 IPD：理解 IPD 产品经营和商业成功的内涵与逻辑

续表

序号	核心理念	概要	商业的经营思维或方法	很多企业的现状和差距
8	能力要建立在组织上	企业的持续成功并非仅仅靠某些人，而是靠组织，大家的能力不断沉淀到组织中，并能够持续迭代升级，让成功从依靠个人英雄的偶然变为依靠组织能力的必然	企业要想持续成功，既不能只靠老板的英明神武，也不能只靠某些英雄的昙花一现。任何组织只有通过不断沉淀和升级能力，才能形成铁打的营盘	①一旦某个关键人物离开了企业，对应的业务就会遭受沉重打击甚至消失。②能力、关系等属于个人，没有沉淀到组织中，导致组织的能力无法积累和升级，一旦关键人物转岗或离职，一些项目就要重新开展，造成资源严重浪费。③干部不能跨部门轮岗，是职能型的，不利于整体干部队伍能力的提升，还会滋生山头主义甚至腐败。④一系列问题导致组织能力不能持续提升，因此竞争力不强

【思考】请根据表 3-4 中的八大核心理念，对下列问题进行自检。

（1）是否理解八大核心理念的含义？

（2）要想贯彻八大核心理念，需要对应做哪些事情（组织、流程、机制等方面）？

（3）如果没有遵循八大核心理念，产品开发会出现哪些问题？

（4）你所在的企业没有遵循哪些核心理念？差距体现在哪里？

深刻理解 IPD 的八大核心理念，是能够真正让 IPD 实施有效果的关键。这些理念与数学体系中的公理类似，据此可以构建出可以执行的正确方法（组织、运作、流程、工具等），用正确的方法开发和经营产品，打造有优势的产品竞争力，最终实现 IPD 的目标——产品商业成功。

3.4.2 三大管理实践

IPD 的核心是产品（在 IPD 中，产品又称产品包），企业需要构建以产品为核心的体系，注重关于产品的三大管理实践。

1. IPD 是关于产品投资管理的实践

这是 IPD 核心理念"产品开发是投资行为"的实践，包括通过组织、流程和机制建立投入产出和立项的科学决策能力体系，更好地做正确的事。

企业的资源（人力、物力、财力）有限，必须用在刀刃上。机会主义是企业发展的天敌，"到处撒网"本质上是因为不具备对市场和趋势做出准确判断的能力。

2. IPD 是关于产品研发管理的实践

这是 IPD 核心理念中如何正确地做事的实践，包括产品的研发过程及组织间协同——"拧麻花"，是共同对产品商业成功负责的过程，是面向商业和技术的评审机制、相关体系能力（需求、技术、项目管理）建设的实践，也是构建产品竞争力和提高投入产出比的关键。

3. IPD 是关于产品经营管理的实践

这是 IPD 的核心理念中重量级团队如何通过产品经营活动实现产品变现的实践，包括组织的各项经营活动、商业模式构建、各组织间高效"拧麻花"等。

IPD 的理念和思想都承载于上述三大管理实践中，企业应致力于通过三大管理实践构建产品竞争力，实现客户价值和商业成功。图 3-5 所示为 IPD 的三大管理实践。

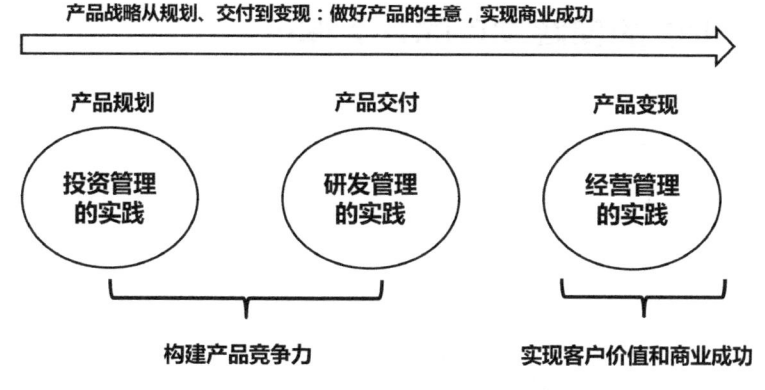

第 3 章

初识 IPD：理解 IPD 产品经营和商业成功的内涵与逻辑

产品战略从规划、交付到变现：做好产品的生意，实现商业成功

产品规划 —— 投资管理的实践
产品交付 —— 研发管理的实践
产品变现 —— 经营管理的实践

构建产品竞争力　　实现客户价值和商业成功

图 3-5　IPD 的三大管理实践

图 3-5 体现了 IPD 从深刻理解客户价值、实现客户价值到交付和变现客户价值的全价值链条。结合前文开包子铺和出版书的例子可以看出，IPD 本身就蕴含做生意的商业逻辑。

IPD 的三大管理实践对应着三大核心活动，即规划产品包、交付产品包、变现产品包，如图 3-6 所示。

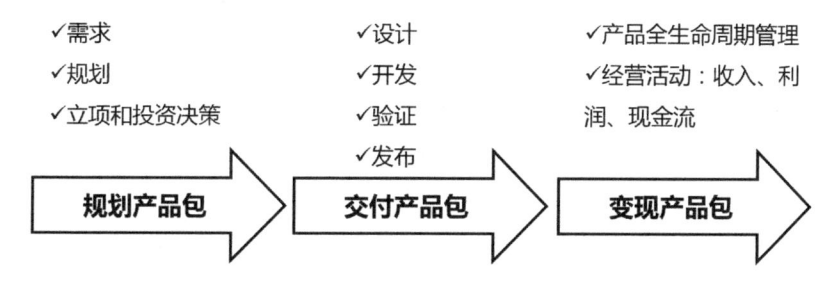

✓需求
✓规划
✓立项和投资决策

✓设计
✓开发
✓验证
✓发布

✓产品全生命周期管理
✓经营活动：收入、利润、现金流

规划产品包 → 交付产品包 → 变现产品包

IPD 把产品开发当作投资活动，负责产品全生命周期管理

图 3-6　IPD 的三大管理实践对应着三大核心活动

很多企业在实施 IPD 时，只是在交付产品包这个中间环节发力，仅把 IPD 当作产品研发管理，却把规划产品包（洞察、理解客户需求的投资管理）和变现产品包（经营管理）弄丢了，忽略了产品经营的业务本质。此外，就连交付产品包这个环节，很多企业都没有真正做对，只是由研发部门负责产品开发流程，忽略了各部门协同作战，因此大概率不会获得期望的结果。

3.5 对 IPD 的理解常见的几大误区

IPD 是关于产品端到端全生命周期管理的经营逻辑体系，具有一定的复杂性。笔者在辅导企业的过程中，发现对 IPD 的理解有如下几个常见的误区。

误区 1：IPD 就是开发流程，是研发部门的事，把产品做出来就完成任务了

这可能是最大的理解偏差了。

事实与真相是：

产品的成功开发绝不只是研发部门的事，也不是做出来就结束了，而是要在成功推向市场、占领市场、为客户创造价值的同时，实现企业的财务成功。

IPD 是关于产品商业成功的逻辑，体现了产品开发是投资行为的商战思维，企业各部门都要参与、承担责任和做出贡献。全体员工从不同的专业角度为产品取得商业成功做出贡献，不存在谁游离在外、是旁观者或者评审者的情况。每个员工都是产品取得商业成功的贡献者和责任人！

然而，很多企业把构建产品竞争力的责任归为研发部门的责任，并且认为把产品做出来就完成任务了，导致除研发部门之外，其他部门大多只是被动响应，自然难以构建出较强的产品竞争力且难以高效协同运作，这样的产品在市场上的表现很难有优势。从前文开包子铺和出版书的例子中可以看出，为了让开包子铺和出版书取得商业成功，全体员工都应该加入这场商战并做出贡献！

误区 2：IPD 笨重，不够灵活，不适合小公司实施

这是对 IPD 理解的另外一个较大的误区。

事实与真相是：

大家之所以说 IPD 笨重，主要是因为以下两个方面：一是涉及的内容太多（需求分析和管理、产品规划、立项投资决策、开发和验证、商业和

第 3 章
初识 IPD：理解 IPD 产品经营和商业成功的内涵与逻辑

技术评审、基于财务数据和行业地位的差距分析、经营分析、各部门高效协同等），对组织能力、业务能力及做事方式都有比较高的要求；二是开发流程比较复杂。

实际上，之所以 IPD 有这么多的内容，是因为真正要做出一款能够取得商业成功的产品，本来就需要做这么多的工作，若不做这些工作，你可能不是在做一款商业产品，而可能是在做毕业设计。

如前所述，IPD 是关于如何做好产品生意的方法论，和行业、企业发展阶段并没有直接的关系，无论企业大小、发展到哪个阶段，都需要做正确的事、正确地做事。

另外，IPD 是高度模块化、可裁剪的，并且是分层的（思想理念、组织流程、方法工具）。因此，无论是初创企业还是成熟企业，只要在做产品、以实现客户价值和商业成功为目标，根据情况吸纳 IPD 对应的核心理念即可，总有适用的方法体系。

从流程的角度来说，IPD 非常灵活。IPD 流程是结构化的，每个阶段都可以用更为有效的方式来替代，比如可以用敏捷流程来替代瀑布流程（前提是不改变核心理念）。

误区 3：研发部门是搞科研、搞技术的，只要技术高明就行

这也是很多企业对 IPD 理解的一大误区。

事实与真相是：

作为商业组织的企业一般通过满足客户需求、实现客户价值，达到自身商业成功的目标。企业如果不能盈利，就很难持续经营下去，也就谈不上为客户创造价值了。

客户不一定会为企业高明的技术而买单，但客户大概率会因企业能解决其需求、问题和痛点而买单。

因此，研发人员不能只埋头于技术研究，而应树立商业意识，把高明的技术运用到能够解决客户需求、问题和痛点的商业产品中，这样才能实现客户、企业的双赢，从而保证企业能够持续盈利、持续存活与经营，促使研发

集成产品开发 IPD

― 让企业有质量地活着，实现客户价值和商业成功 ―

人员有机会深入研究高明的技术。

也就是说，研发人员要转身成为工程商人！

误区 4：IPD 适用于硬件开发，却不适用于软件开发

事实与真相是：

IPD 是关于产品经营和开发的方法体系，和企业是开发软件、硬件的还是做服装、做饲料的都没有关系，其适用于所有的开发项目。前文所列举的开包子铺和出版书的例子的商业逻辑也符合 IPD 的思想。

因此，IPD 包含投资管理、跨部门协同、关键点审核、前端设计决定竞争力等重要思想，即便一家企业不属于 IT 行业，只要是在做产品，涉及销售、研发等领域的协同，目的是取得商业成功，那么 IPD 的分层体系总有适合这家企业的。

误区 5：走 IPD 流程用的时间太长了

事实与真相是：

实施 IPD 会将产品上市的时间提前，并能端到端地降低运营成本。

为什么不少人觉得实施 IPD 会推迟产品上市的时间？

一个主要原因是大多数人对产品上市时间的内涵理解得不正确，如果快速推出一款毫无竞争力且客户会退货的产品是你期望的，那么你"赢"了。你需要知道，快速推出毫无竞争力的产品会带来无穷无尽的"灾难"，如质量问题频发、不断修改产品设计、退货、客户满意度下降等，最终导致推出让客户满意的产品的时间更长，甚至会被竞争对手超越，从而丧失市场机会。有句话叫"慢就是快"，这句话不无道理，这里的"快"不是指局部快，整体快才是真的快。

如果你想推出一款让客户满意、有较强的竞争力、能解决客户问题和痛点、上市即上量、能为企业带来稳定收入的产品，那么 IPD 是最佳解决方案。

也许，你从某时间段来看，觉得实施 IPD 后产品开发的速度不如以前快了，但全程坚持实施 IPD，总体上会让你少走弯路、少返工，最终花费的时

间和成本要少得多。

不过，企业要想获得 IPD 本身的这些好处需要停用老流程并重新设计自己的流程，而且在前进的过程中，不能留恋过去。如果仅仅是简单地执行新流程，但仍然按照老流程和老做法运作，最终结果大概率是失败。

3.6 小结：IPD 是一场全公司的变革

本书第 1 篇系统地从各个角度阐述了 IPD 的本质和目标：构建产品竞争力，实现客户价值与商业成功。笔者希望各家企业在实施 IPD 的过程中，尽量少走弯路，不要局部、孤立地实施 IPD，不要努力错了方向。

图 3-7 所示为 IPD 体系对内、对外的逻辑：对内构建产品竞争力、对外实现客户价值和产品商业成功。

对外：经营逻辑
- ✓ 面向市场
- ✓ 面向客户
- ✓ 面向商业经营

IPD体系

对内：效率与能力
- ✓ 面向组织
- ✓ 面向协同
- ✓ 面向能力和土壤肥力

← 客户价值 / 产品商业成功　　　构建产品竞争力 →

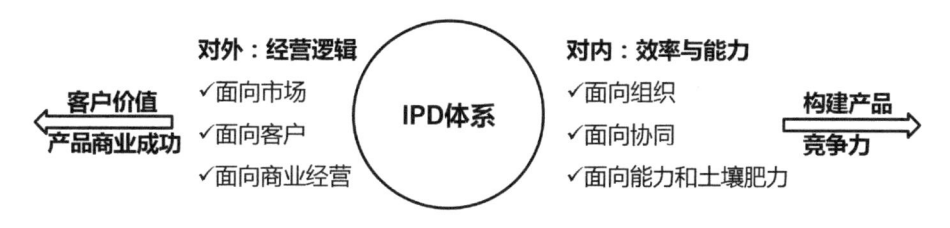

图 3-7　IPD 体系对内、对外的逻辑

从前文开包子铺和出版书的例子中可以看出，即便是小公司，在行动之前也要谋划一番，估摸一下项目成功的概率，谋定而后动，不能盲目行动；各个部门要协同工作，不能各干各的；方案和计划要经过大家的评审再实施。无论你所在的公司规模多大、所在的行业是否受欢迎，掌握做事的正确方法都是必要的，只是不同的公司实施 IPD 的复杂度不同。

IPD 涉及如何深刻理解客户价值、如何实现客户价值，以及如何交付和变现客户价值，它主要告诉你做正确的事和正确地做事的常识。

很多公司只是在研发部门内部实施 IPD，并没有站在完整的产品经营的视角，也没有把应该对产品竞争力负责的所有部门（市场、研发、采购、生

集成产品开发 IPD
- 让企业有质量地活着，实现客户价值和商业成功 -

产、服务、质量、财务等）都囊括进来，导致产品建立不了端到端的竞争力，同时没有对最终经营结果负责的组织，各部门各自为政，这是很多公司虽然实施了 IPD，但效果不佳的关键原因。

学习完本篇及随着后续章节的学习，你会越来越了解 IPD 绝不只是关于产品的开发流程，而是关于整个公司的变革：

♪ IPD 是一场全公司的管理变革。

♪ IPD 是一场商业模式的变革。

既然 IPD 是一场全公司的变革，成功的前提是它必须是"一把手"工程，否则很难真正有效。华为的 IPD 就是任正非亲自发起和监督实施的变革，也正是在贯彻 IPD 变革的过程中，打通了全公司的"任督"二脉，了解了公司层面变革的理念、方法，才有了后续公司其他领域的全方位变革。如果没有 IPD 变革成功的经验积累，那么其他领域的变革很难成功。

本书从第 2 篇开始将围绕 IPD 的本质、目标和理念，对 IPD 各模块进行详细介绍，阐述它们是如何支撑 IPD 的理念和三大管理实践，并紧密地衔接在一起，实现产品商业成功这一目标的。

第 2 篇
深刻理解 IPD 各模块是如何支撑产品商业成功的

本篇将深入介绍 IPD 实现框架的各模块，阐述它们如何有机衔接、如何践行 IPD 的三大管理实践，以及为什么能支撑产品商业成功。

第 4 章

IPD 的实现框架模块概述

企业要想实现产品商业成功的目标，不能只停留在理念层面，在理念层面下的功夫是学术研究，对企业的实践并没有真正的指导意义。IPD 不仅有实现目标的理念，还有对应的实现框架（组织、流程、方法、能力等）。图 4-1 所示为 IPD 的实现框架。

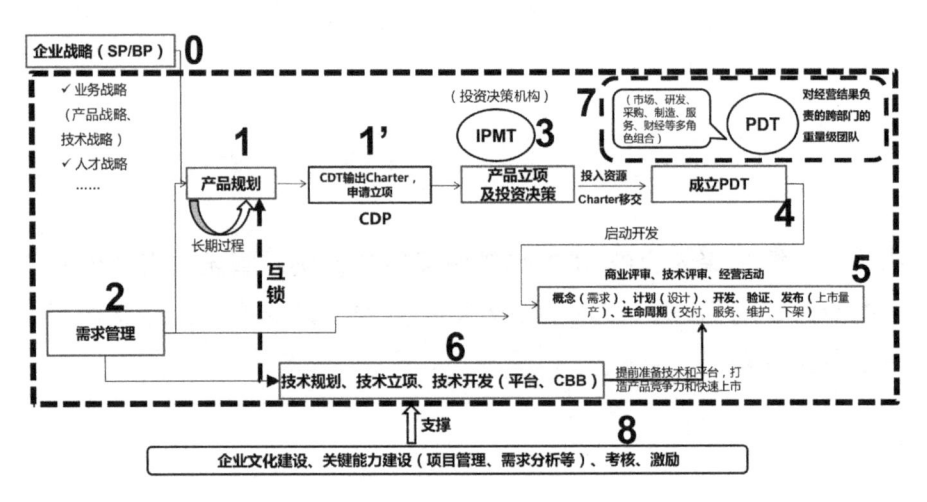

图 4-1 IPD 的实现框架

IPD 的实现框架包含以下模块。

模块 1：产品规划，长期洞察和理解市场、发现商机。

模块 1'：CDT 输出 Charter，申请立项。

模块 2：需求管理。

模块 3：产品立项及投资决策。

模块 4：投入资源，进行 Charter 移交，成立 PDT。

模块 5：商业评审、技术评审、经营活动。

模块 6：技术规划、技术立项、技术开发。

模块 7：对经营结果负责的跨部门的重量级团队的运作和经营活动。

模块 8：支撑体系建设，即一系列核心能力及土壤肥力建设。

模块 0：制定企业战略，企业战略决定了产品战略，决定了产品方向，IPD 承接企业战略和产品方向、规划和实现产品战略。

在第 1 篇中我们已经看到，在开包子铺和出版书这两个案例的端到端过程中，已经包含上述 IPD 实现框架的各个模块，体现了 IPD 的本质是把产品生意做好、实现商业成功。

IPD 为什么能够支撑产品商业成功呢？

因为 IPD 的理念、三大管理实践及实现模块包含把事情做成功的三部曲。

（1）定方向——做正确的事。

（2）找方法——正确地做事。

（3）要结果——把事情做正确。

企业的经营目标是在帮助客户成功的前提下，实现包括企业成功和伙伴成功的整体商业成功。从资金流的角度来看，企业的经营活动主要包括挣钱、花钱和分钱，如图 4-2 所示。企业通过这 3 项关键经营活动的良性循环实现产品商业成功。

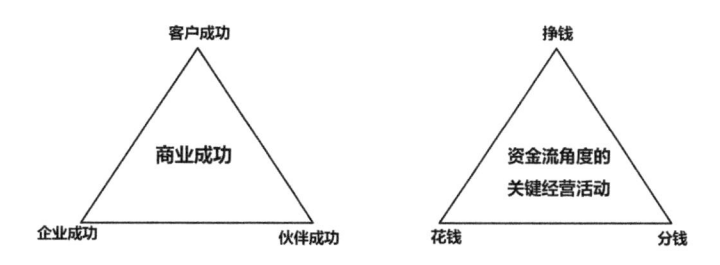

图 4-2 IPD 支撑产品商业成功的目标和关键经营活动

集成产品开发 IPD

— 让企业有质量地活着，实现客户价值和商业成功 —

三部曲与 IPD 实现框架各模块的对应关系如表 4-1 所示。

表 4-1　三部曲与 IPD 实现框架各模块的对应关系

三部曲	IPD 实现框架各模块（后面的数字是图 4-1 中的编号）	总结
做正确的事	产品战略（企业战略中的业务战略）—0	投资管理，把有限的资源用在刀刃上
	产品规划—1	
	需求管理—2	
	产品立项及投资决策—3	
	成立跨部门项目团队—4	
正确地做事	产品开发结构化流程（商业评审、技术评审、经营活动）—5	构建产品竞争力
	技术体系构建—6	
	跨部门协同—7	
	企业文化建设、关键能力建设（项目管理、需求分析等）、考核、激励—8	
把事情做正确	商业模式构建—7	图 4-1 中的 PDT 通过经营活动实现 IPD 的目标：产品商业成功
	业务计划制订—7	
	经营活动开展—7	
	复盘及闭环—7	

第 5 章

深刻理解产品的内涵——产品包的概念

提到"产品"一词，相信大家都不陌生。但从笔者接触的很多企业来看，大部分人对产品内涵的理解并不深刻，甚至很片面、很局部。

本书第 1 篇已经详细阐述了 IPD 是以产品为中心的方法论，产品又称产品包，是 IPD 的核心，IPD 是通过构建产品包的竞争力和对产品包进行经营来实现商业目标的。

因此，深刻理解产品包的概念，是理解 IPD 的前提。

5.1 什么是产品包

下面以 IT 产品（其他产品的本质和原理类似）为例阐述产品包的概念。

在现实生活中，对产品（产品包）理解正确的人并不多，或者说大部人即便能大致理解，在实践中也往往做不好相关工作。

先来看看技术人员对产品的理解。大多数技术人员认为制作出来的软件、硬件就是产品。实际上，这和 IPD 中产品的内涵相差很大。

正确理解产品内涵的方式是站在客户的视角：客户购买的是与使用满意度相关的要素，而不仅仅是软件和硬件，还包含产品资料（使用手册、维护手册）、包装、运输、售后服务、商业模式及报价、工具、培训、体验等一

集成产品开发 IPD
- 让企业有质量地活着,实现客户价值和商业成功 -

切能够与客户实现价值交换、能够让客户顺利满足自身业务需求并产生满意感和愿意为之付费的所有要素。

客户可以按照使用手册正确安装和使用产品,也可以按照维护手册正确处理故障。精美的包装、简易方便的操作和安全的运输、快速响应与及时解决问题的售后服务等都可以让客户满意度大大提升,激发客户的复购欲望。因此,产品绝不仅仅是一个硬件设备或一个软件安装包。图 5-1 所示为 IPD 中产品的内涵。

产品:客户的视角
- ✓ 实物(拿IT产品来说,指软件、硬件)
- ✓ 产品资料
- ✓ 包装和运输
- ✓ 售后服务
- ✓ 商业模式及报价
- ✓ 工具
- ✓ 培训
- ✓ 体验
- ……

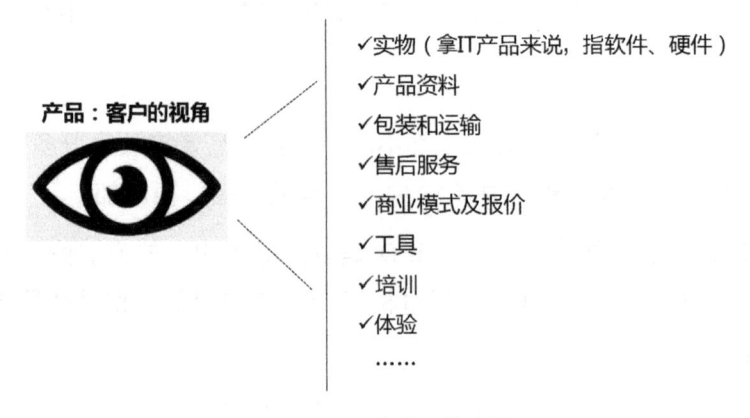

图 5-1 IPD 中产品的内涵

试想,如果你是一个客户,花几千元钱买了一部手机,除简陋的包装之外,就只有一部手机,连说明书都没有,那么你的内心感受如何?你恐怕不会再来这家专卖店购买手机了,甚至不会再购买这个品牌的手机了。

因此,从 IPD 的视角来看,产品是交付给客户的,涉及方方面面,企业需要考虑让客户满意的各种要素。

但很遗憾,从笔者接触的很多企业的工作人员来看,大部分人对产品的理解不到位,他们把具有一定功能的实物看作产品,在很多方面都考虑不足甚至没有考虑。可以想象,如果你对产品的内涵理解都不到位,怎么可能交付让客户满意的产品呢?

为什么 IPD 这样定义产品(产品包)?

第 5 章
深刻理解产品的内涵——产品包的概念

很简单,因为 IPD 的目标是产品商业成功,上述产品的内涵都是支持产品商业成功的要素,站在客户的视角,无论缺哪一项,客户都有可能不满意。图 5-2 所示为产品包的构成要素。

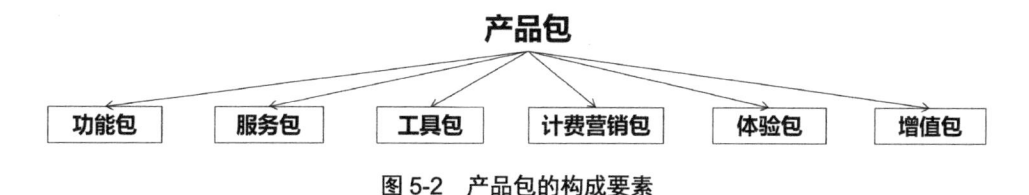

```
                        产品包
        ┌────┬────┬────┼────┬────┬────┐
      功能包 服务包 工具包 计费营销包 体验包 增值包
```

图 5-2 产品包的构成要素

对商业产品来说,图 5-2 中的 6 个构成要素是不可或缺的。功能包、服务包、工具包、计费营销包、体验包、增值包都是客户愿意买单的,缺少任何一部分都会导致要么客户不满意(可能因此完不成价值交换),要么客户买单意愿低。这样就会有很大概率陷入价格战的梦魇,产品商业成功的目标也就无法达成了。

产品包的构成要素说明如表 5-1 所示。

表 5-1 产品包的构成要素说明

序号	产品包	说明	举例
1	功能包	涉及产品的基本属性,包括功能性和非功能性; 没有这些,客户要么买单意愿下降,要么只愿意出很低的价格,甚至不会买单	功能性:例如手机可以打电话、发短信、上网及拍照等; 非功能性:防水、防干扰、防摔等
2	服务包	良好的服务体系是产品有吸引力的基础	例如手机的"三包"服务
3	工具包	往往随产品提供,这是让产品使用更为方便的附加;当然也要看具体的产品,有的产品不一定有	例如购买红酒赠送的开瓶器等
4	计费营销包	无论对客户来说还是对供应商来说都是特别重要的产品属性,能够助力获得更多收入; 产品在正式发布之前就需要做好营销活动的策划	例如售价、营销策略(考虑不同地区、不同型号、不同人群等); 营销材料、推广渠道、推广方式……

续表

序号	产品包	说明	举例
5	体验包	能提升客户对产品的好感，是增强产品吸引力的重要手段； 不同的产品有不同的呈现方式，大部分企业对此项重要的产品内容不够重视	例如简洁方便的操作、出色的广告设计、给予的赠品、超出期待的低价、精美的包装、快捷的物流等
6	增值包	除主要功能包之外的产品使用属性，我们常说的增值服务就属于此类； 不同的产品有不同的呈现方式	例如通信中通话和短信息是基本业务，而呼叫转移就属于增值业务； 有些游戏类业务，游戏过程中的装备就属于增值包，玩游戏不收费，但使用某些装备需要收费； 惠普的打印机可以一次性购买，但墨盒是持续收费的，墨盒就属于增值包； 九阳豆浆机的收入不仅仅来自豆浆机，还来自专用的纸杯，这涉及持续性消费，甚至豆浆机可以免费送，但纸杯要收费，这也是增值业务

产品包是企业站在客户视角，用来与客户进行价值交换的媒介，能够帮助客户解决业务问题和痛点。它反映了企业实现客户价值的能力。对客户价值越大的产品包，其市场竞争力越强。产品包的设计是 IPD 实现其商业目标的关键。

> IPD 关于产品的一切指的都是产品包：规划的是产品包，设计的是产品包，开发、交付及服务的也是产品包。

> 产品包是整个企业所有部门都理解一致的内容（销售、解决方案、产品和研发、交付和服务、供应链、质量、财务等），还包括但不限于对外宣传口径及讲解一致、对外资料一致等。

苹果出色的手机产品包设计是其高利润的基础，表 5-2 所示为苹果手机产品包设计。

表 5-2 苹果手机产品包设计

序号	产品包	说明
1	功能包	苹果手机有强大的功能包，其不仅仅是传统的通信终端，还是个人娱乐和管理中心：影院和播放器、游戏中心、拍照中心、安全及支付中心、社交中心…… 不断推陈出新，新技术和新体验让消费者感到惊喜，一直引领手机行业

续表

序号	产品包	说明
2	服务包	遍及全球的维保服务
3	工具包	没有特别明显的工具包，其中某些产品附件可以列为工具包的内容
4	计费营销包	苹果手机有多种多样的收费方式，确保了其持续的高额利润： 产品升级换代； 维保的收费； 终端用户下载应用的收费； 高昂的配件收费； 震撼的广告收费； 精彩的新产品发布会； 商业中心的专卖店
5	体验包	苹果手机有端到端的体验设计，给客户带来众多惊喜，即使苹果手机价格较高，但一些客户仍然愿意买单： 让人印象深刻的创意广告； 惊艳的艺术品般的外观和丝滑顺畅的操控； 震撼人心的现场或线上发布会； 丰富的应用、便捷的支付方式； 令人安心的防丢功能； 气派豪华、像休假场所一样的专卖店和维保店； 精美的包装
6	增值包	苹果手机没有明显的增值包

相比苹果、华为等标杆企业产品包的设计，很多企业的产品包设计存在严重的问题，商业竞争力要素缺得太多。它们的产品包往往只注重功能包（而且缺乏非功能设计），在这种情况下产品怎么可能具有较强的市场竞争力呢？

让我们再回顾一下图 3-6 的内容，结合产品包的内涵，再次理解 IPD 的本质和目标，以产品包为核心展开：通过规划产品包，向客户交付具有竞争优势、让客户满意的产品包，完成产品包的商业变现，实现产品商业成功。

5.2 产品包是怎样形成的

很多企业的产品竞争力弱的主要原因是，当其产品已经进入生产阶段甚至已经到客户手中时，才发现产品存在很多问题，如很多功能都没有设计好

集成产品开发 IPD

— 让企业有质量地活着，实现客户价值和商业成功 —

或很多非功能属性没有考虑（如可服务性、可维护性等），相应的服务体系没有设计好（如维修不方便），端到端的体验设计基本没有，等等。于是，相关人员不得不在后期匆匆忙忙地去修改，可想而知，这自然导致成本上升，甚至影响产品交付，最终导致客户不满意。

为什么会这样？关键原因是这些企业一开始没有考虑产品包的完整性设计，要么只关注其中一部分内容，要么边开发边修改（还美其名曰"敏捷迭代"，实在是对"敏捷迭代"的大不敬啊！很多人对"敏捷迭代"的理解存在误区，实质上根本没有理解产品的内涵），这样做自然难以让客户满意。

苹果手机的产品包是在发布之前就已经完全设计好的，而不是在开发过程中一点一点形成的。华为取得巨大商业成功的产品都有良好的前期规划和设计。

IPD 的核心理念要求：整个产品包在推向市场前就应该被充分考虑和设计出来。这个过程在 IPD 中称为产品规划、产品立项。

IPD 认为，产品的竞争力是设计出来的。

【思考】请参照表 5-2，列出你所在公司的产品包设计，并思考是否有关键的遗漏。

第 6 章

规划产品包：洞察先机，让产品竞争力赢在起跑线上

通过阅读前面的章节，相信大家已经对 IPD 的本质、目标及商业理念有了一定的了解。IPD 通过向客户交付有竞争力的产品包来实现商业目标。

从现在开始，我们将深入探讨 IPD 是如何完成产品包的设计与开发的。

IPD 核心理念的第一条就是"产品开发是投资行为"，开发一款产品不应只是头脑一热，而是应有相对充分的前期分析，即分析该产品是否值得企业投入有限的资源。因此，IPD 的产品包变现是从洞察市场和产品规划开始的。首先企业应根据前期分析提出产品立项报告，然后由投资决策机构对产品立项报告进行评审。如果投资决策机构认为可行，企业就可以投入相应的资源，而不是随便把有限的资源投入进去。

如果把商场比作战场，规划产品包的过程就如《孙子兵法·始计篇》中的"庙算"阶段，也是 IPD 三大核心活动的首要活动。此逻辑详见图 4-1 中的模块 1、1'、3 和 4。

产品包的立项和决策评审是产品开发的开始。

6.1 企业在产品立项方面的常见问题

6.1.1 大部分企业的产品立项报告

说到"产品立项",相信大部分企业都有这个环节。假如你说哪家企业没有产品立项环节,其工作人员大概率会表示不服:我们怎么可能没有产品立项环节呢?

笔者接触过的大部分企业都有产品立项这个环节。下面我们一起看看表 6-1 所示的大部分企业的产品立项报告(略去不重要的信息,突出和产品相关的内容)。

表 6-1 大部分企业的产品立项报告

维度	说明		笔者简要点评
项目名称	××公司××项目		
项目简述			和产品配置差不多,仅有几行字,感觉像是为了凑字数
项目创新点			只是简单几句话,并没有体现真正的竞争优势
依据的标准	项目依据的标准,没有则填写"无"		
产品配置	所用的设计与开发平台、功能模块等配置信息		直接列出产品的规格和配置,实际上属于设计完毕了,马上就要进入开发环节了
项目目标	项目进度目标:		只有最终的时间,缺乏中间的监控点
	项目工作量目标:		更像是一种要求或者给自己设定的单一指标
市场及风险分析	简述市场状况及市场销售盈利潜力		只是简单的几句话,像是单纯为了立项,其实写不写并不影响立项
	成本估算:		
	风险分析:		

第 6 章

规划产品包：洞察先机，让产品竞争力赢在起跑线上

续表

维度	说明		笔者简要点评
市场及风险分析	效益预估：		
	目标客户群体：		一般只是列出这些客户的名字
项目成员	项目经理及硬件、软件、结构、测试等负责人		看看这些人来自哪个部门
客户名称（合同项目填写）			看起来更像是针对某个特定客户的立项，而不是产品立项
立项输入资料（文档名称）			
会签	市场部门的意见：	时间：	大部分情况下，这一步就是走流程
	质量部门的意见：	时间：	
	供应链的意见：	时间：	大部分情况下，这一步就是走流程
	财务总监的意见：	时间：	大部分情况下，这一步就是走流程
	硬件负责人的意见：	时间：	
	软件负责人的意见：	时间：	
	结构负责人的意见：	时间：	大部分情况下，这一步就是走流程
	其他部门的意见：	时间：	
	部门经理的意见：	时间：	
总经理审批	□同意立项　□有条件立项　□不同意立项		
	总经理：	确认时间：	一般总经理是最后的决定者

根据前面章节对 IPD 的本质和目标的描述，以及对开包子铺和出版书两个案例的讲解，你认为上述立项报告存在哪些问题或者不足？

【思考】先不看下面的相关分析，尝试自行写出这个产品立项报告存在的问题。

6.1.2　产品立项问题分析

对一个商业组织来说，进行产品立项的目的是什么？当然不是单纯做着

集成产品开发 IPD
— 让企业有质量地活着，实现客户价值和商业成功 —

玩，而是通过为客户创造价值实现产品商业成功。也就是说，产品立项和"钱"有关系，涉及为何能挣钱、能挣多少钱及如何挣钱等商业逻辑。

因此，产品立项就是把上述和"钱"有关的商业逻辑讲清楚，体现的是 IPD 的核心理念：产品开发是投资行为。企业的资源有限，必须把钱花在刀刃上，不能头脑一热就把真金白银投进去，那是在浪费企业的利润和现金流。很多企业看似销售额不低，但利润很低，甚至几乎不赚钱，其实这和其立项阶段的操作有很大的关系。

大部分企业的产品立项和 IPD 的要求相差甚远，下面以表 6-1 所示的大部分企业的产品立项报告为例，对其存在的问题进行分析。

- 对为什么要做这款产品的分析不够，应该在对细分行业、客户需求、竞争对手、自身的积累和优势等进行分析的基础上，发现有利于发展的机会，但大部分企业在这方面做的工作非常简单，或者只考虑某些客户的具体要求，往往由老板根据自己的判断做决定，最终能否取得成功取决于老板的个人能力，很多是为了抓热点、赶时髦。

- 基本没有分析如何挣钱。产品卖什么、怎么卖、怎么定价等都没有考虑，本质上是一种投机主义，没有运用商业思维，结果往往依靠运气。

- 立项不是真正面向产品的，主要是由项目需求驱动的，所以实际上是对某个客户的项目立项。只做项目是很难持续积累产品能力的，企业要想在市场上立足，应当做到产品竞争力和技术领先，要踏踏实实做产品。这也是当年任正非访问 IBM 时吸取的宝贵的经验。

- 从评审人及评审内容来看，评审人大部分是工程师和研发人员，评审的内容主要是产品的技术规格，更像是研发内部的立项，其他人员（如市场、财务、供应链和服务人员等）要么不参与，要么不痛不痒地写几句走过场，没有站在企业投资的角度分析该产品的投入产出。如前所述，产品开发是投资行为，企业需要投入对应的真正的资源（人、财、物），因此需要由掌握资源的高层管理人员组成投资决策委员会，从各个角度评估产品投入产出的合理性。但大部分企业只是研发人员参与，对产品功能进行评审，而不是对投资进行评审。此外，大部分企业在简单立项之后就立马进入开发阶段，更像是在赶工，立项只是为了合规，在走过场而已，基本没有对投入产出进行分析。

- 从目标来看，只是简单地给出了财务目标，更准确地说是要求，没有提及实现这个目标的路径（细分市场、客户群体、市场容量等），可以说只是在喊口号，离真正的商战还差得远，结果如何很多时候看运气。
- 对投入产出分析有重要作用的财务人员基本不参与，不能从财务指标的角度衡量产品能否取得商业成功，往往最后才能知道，不能在产品开发过程中改进。
- 保障产品商业成功的设计基本没有，如业务计划（包括执行计划、竞争策略、合作策略、研发策略、服务策略、生产策略等）及市场、研发、服务、供应链部门如何协同没有提及，如何更好地将产品推向市场也没有提及。项目一旦启动就像无头苍蝇，顾此失彼，"按下葫芦浮起瓢"。同时，企业对产品的核心竞争力、技术优势和专利布局没有考虑，对如何应对竞争对手也没有考虑……

综上所述，大部分企业的产品立项，主要是针对某个项目的研发体系进行的立项，其他部门基本不参与，和 IPD 要求的面向商业成功的产品立项相差甚远，也难以构建较强的竞争力。

前面章节已经阐述了产品包的内涵，产品的属性是在产品立项阶段就应该基本确定下来的，然后在后续的开发过程中不断优化调整，而不应该毫无目的，"走到哪里算哪里"。

6.2　IPD 关于产品立项的逻辑和内涵

6.2.1　立项过程中产生了产品包

IPD 的产品包是在企业战略的牵引下开发的，企业不能想做什么就做什么，而是应在资源有限的条件下，深入分析投入产出，并且以产品包的商业成功为目标，积极采取行动。

因此，IPD 的产品立项包含所有对商业成功有影响的要素，并不是目前

集成产品开发 IPD
— 让企业有质量地活着,实现客户价值和商业成功 —

大多数企业的研发立项。

产品立项中对商业成功有影响的要素是什么?

一些企业靠老板或者少数英雄的能力,可能偶然成功推出了一款受市场欢迎的产品,但如果企业不能持续发展,可能很快就会面临一种很常见的现象——停滞,并且很快就会陷入激烈的竞争中。这是很多企业的梦魇:早期发展很顺利,但越往后发展越乏力。

根据 IPD 体系,有竞争力的产品包的诞生,往往不只是因为英明的老板或者少数英雄的灵机一动,而是相关组织对市场长期洞察和规划的结果。"冰冻三尺非一日之寒",产品立项是长期产品规划的结果,企业如果没有建立对市场进行长期洞察和规划的组织机制与流程,没有进行对应能力的持续积累,则往往很难真正做好一款产品。

图 6-1 是对图 4-1 中产品规划和立项模块 1、1'、3 和 4 的展开,详细说明了 IPD 产品包的立项和诞生过程的商业逻辑,深刻体现了 IPD 关于如何做正确的事的内涵。没有正确的方向,几乎不可能有正确的结果。

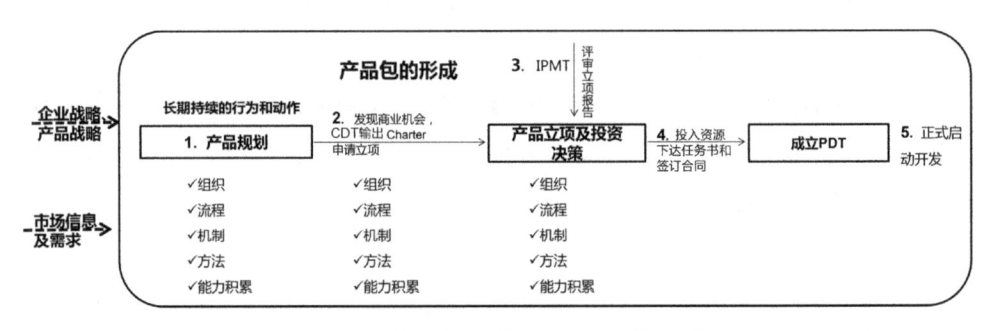

图 6-1 IPD 产品包的立项和诞生过程的商业逻辑

企业应在企业战略的牵引下,在对市场需求和信息洞察及理解的基础上,采取以下关键动作。

(1)长期的产品规划:进行长期的对企业主航道方向的行业、市场、客户及技术变化的洞察和分析,做到比竞争对手更早发现新的商业机会,"起大早,就要赶早集"。企业中要有对应的组织、流程、机制和方法,并且要不断积累发现新的商业机会的能力。

第 6 章
规划产品包：洞察先机，让产品竞争力赢在起跑线上

（2）立项申请：当发现一个新的商业机会时，应立即向企业申请资源（人力、物力、财力），尽快进行产品开发，力求赶在竞争对手之前将具有竞争力的产品推向市场。在立项报告中，立项团队要阐述该产品包立项会取得的商业成功，以及竞争力构成要素、资源要求和如何实现目标，向企业说明该产品包立项的价值、必要性及可行性。

（3）立项评审及决策：企业投资决策委员会对产品包的立项申请进行决策评审，从投入产出、竞争力及如何实现目标的视角进行审核，如果大家认为可行则会投入资源，如果认为不可行则会驳回申请，避免不必要的资源浪费。

（4）如果立项申请通过，则分批次投入资源，成立团队，并指定项目负责人，正式启动项目。

有的人可能会说："产品立项这么复杂吗？我们基本上是领导碰个头，简单合计一下就决定了。"如果企业的商业模式还没有被验证，还不清楚目前应该做什么，那么确实不需要这么复杂的流程，但是即便你拿不准某件事情该如何做，按照这个思路去思考相关的商业要素也是有必要的。由前文开包子铺的案例可知，小小的生意也得认真思考相关的问题，否则投入的资源很可能会打水漂。

如果你的企业已经进入一定的发展阶段，那么建议按照相关商业逻辑运作。很多企业往往是老板偶然发现了某个商业机会，取得了一定的成绩，但是随着企业规模的扩大、竞争的加剧，单靠这种模式持续取得成功基本不可能。企业应发挥集体的智慧，按照科学的流程，持续积累能力，这样才可能让产品立项更大概率获得成功，而不是仅靠运气。

如何理解 IPD 立项过程中的商业逻辑呢？

众所周知，战争或者战役往往不会被贸然发动。若贸然发动战争，则大多数时候会以失败而告终。要想取得战争的胜利，应在战前充分分析策划、充分衡量双方的优劣势，聪明的统帅是不会打无准备之仗的，毕竟资源有限，输掉战争很可能面临国破家亡的结局。《孙子兵法·始计篇》强调了在发动战争之前要庙算、计于庙堂，先充分衡量双方的道、资源、将帅、士卒和管理的优劣，再决定是否发动战争。

商战也是基于有限资源的博弈。如果你的企业资源无限，资金充裕，自然不需要这个过程，你想做什么就做什么，可惜世界上基本没有这种企业。

产品销售是当下的价值交付，解决的是企业当下的生存问题；而产品规划是发现、创造和交付新价值的过程，解决的是企业将来的生存问题，是为企业长期生存和发展构建竞争力！

企业是追求利润的组织，IPD 的立项逻辑体现了钱花在哪里（投资产品包）、如何挣钱（通过设计产品包，为客户创造价值）、如何将产品推向市场等。

6.2.2 产品包诞生时就应构建其竞争力

为什么很多企业的产品缺乏竞争力？

从前面的章节可以看出，大部分企业的产品都是边研发边完善的，甚至有的连基本的商业属性都没有，企业会陷入低层次的竞争，其成功完全靠运气，没有必然性。

世界标杆企业的产品一般是围绕产品的商业属性进行周密设计的，如华为、苹果的产品在没诞生时就已经赢在了起跑线上，就已经跑赢了很多竞争对手。

产品和人类似，是有生命周期的。企业做产品分为两个阶段，即诞生和成长；而人养孩子也分为两个阶段，即优生和优育。

优育就是后天的培养，这很重要，对时间和金钱的花费非常多，而且未必能获得期望的结果，因为优生对结果的影响非常大。

类似地，企业应该在立项阶段就充分考虑构建产品包竞争力的核心要素，让产品赢在起跑线上。图 6-2 所示为人的生命周期和产品的生命周期的对比。

第 6 章

规划产品包：洞察先机，让产品竞争力赢在起跑线上

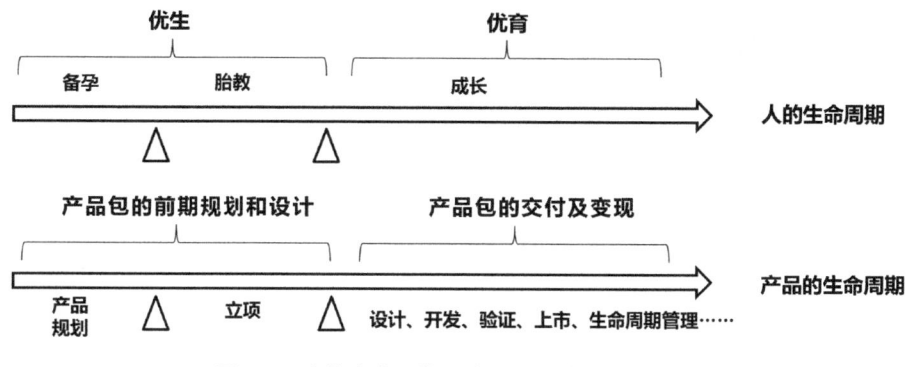

图 6-2　人的生命周期和产品的生命周期的对比

从图 6-2 可以看出，产品的生命周期和人的生命周期是很相像的。如果没有产品包的前期规划和设计，后续就需要花费高昂的成本。因此，有了"优生"才能进行更好、更低成本的"优育"。

IPD 的立项阐述了做正确的事的逻辑，深刻体现了 IPD 的以下核心理念。

（1）产品开发是投资行为：要把产品开发当作投资行为进行管理，而不是投机行为。企业不能到处撒"胡椒面"、到处碰运气，力量不集中，如果做任何事都"蜻蜓点水"，那么可能最后什么产出也没有。

（2）能力要建立在组织上：企业的长久发展要依靠组织能力的不断提升，而不是仅靠老板或者少数英雄。

（3）产品的竞争力是设计出来的：前期规划和立项阶段是核心。对一个家庭来说，养育孩子需要巨大的投入，需要做充分的准备。对企业来说，做产品同样需要充分规划和设计，之后才立项投入，确保产品包在诞生时就优于竞争对手，获得最优的投入产出比。

从世界标杆企业（如华为、苹果、特斯拉等）来看，其成功的产品无一不是经过了前期的精心设计。然而，很多企业不注重产品前期规划和设计，导致产品诞生时存在很多缺陷，不得不花费巨额成本去改进，而且客户未必满意。

IPD 的立项报告类似于创业者向投资人提交的商业计划书，应当包含能够说服投资人进行投资的商业逻辑：为什么要做这款产品？产品的价值、竞争优势、资源需求及产出、版本路标、实现路径、策略及实施计划等商业成

功要素是否具备？

IPD 的立项过程和相关机制，深刻体现了"产品开发是投资行为"，是面向商业成功这一目标的。

大家要牢牢记住，产品（包）的竞争力是设计出来的。前期规划和设计阶段（"优生"）投入越多，后续的发展阶段（"优育"）所需投入就越少，并且效果会更好。

【思考】你们公司的产品（包）是如何诞生的？

6.3 产品规划：立项的准备过程

产品包诞生于立项，立项所依据的信息从哪里来？当然不是凭空想象出来的，而是来自对行业趋势和客户需求的深刻理解与洞察，而相应过程在 IPD 中叫作产品规划。产品规划能力是一家企业是否具有长期竞争力的重要体现，很多企业缺乏产品规划能力，因此自然难以开发出优秀的产品。

乔布斯具有敏锐的市场洞察力，华为引入 IPD 后，也一直在构建产品规划能力（战略与 Marketing 体系），后来终于构建了对行业深度理解的能力，极大地提升了华为的产品竞争力。

6.3.1 深刻理解产品规划：产品规划能力决定了企业的竞争力

从图 6-2 可以看出，有竞争力的产品包诞生于立项过程，而立项的结果来自企业有组织、有体系的产品规划活动。

规划是指企业通过长期持续对市场和行业的洞察，先于竞争对手、客户发现潜在的商业机会并进行创新的过程。产品规划能力是企业的核心能力，决定了企业在市场中的竞争力，是一家企业在产业链中地位高低的核心衡量指标。

根据产品规划能力的强弱可以把企业划分为两类：引导型企业和被动响

第 6 章

规划产品包：洞察先机，让产品竞争力赢在起跑线上

应型企业。产品规划能力决定了企业在行业中所处的竞争层级，具体如图 6-3 所示。

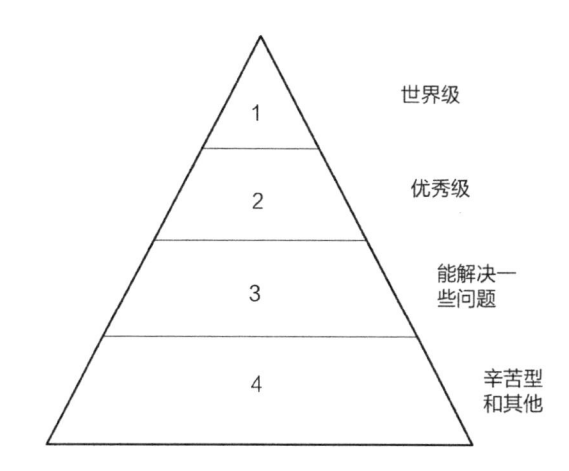

图 6-3 企业规划能力决定了企业在行业中所处的竞争层级

世界级领先企业的数量很少，大部分企业处于第三竞争层级和第四竞争层级。

表 6-2 列出了处于不同竞争层级的企业的特点。

表 6-2 处于不同竞争层级的企业的特点

竞争层级	特点
第一竞争层级：世界级	♫ 客户长期的战略合作伙伴，拥有定价权。 ♫ 能够深刻理解行业和客户的痛点，并且能够通过产品规划帮助、指导客户规划自身未来的业务，具有比客户更强的业务洞察能力。 ♫ 能够获得客户的认同，被客户依赖，客户对产品的价格不计较，愿意为其付费。 ♫ 全球行业领导者
第二竞争层级：优秀级	♫ 客户长期的合作伙伴，有较强的议价能力。 ♫ 能够深入理解客户的需求，有能力与客户的规划部门对话，能够与客户的规划部门共同规划产品及未来的业务。 ♫ 客户愿意为此类企业付费。 ♫ 地区范围内行业领导者
第三竞争层级：能解决一些问题	♫ 能理解客户的部分需求，能在一定程度上将客户的需求转化为自己产品的规划，产品能够满足客户的需求。 ♫ 在一定条件下可以与客户讨价还价。 ♫ 是客户在成本敏感情况下的优选供应商

集成产品开发 IPD
— 让企业有质量地活着，实现客户价值和商业成功 —

续表

竞争层级	特点
第四竞争层级：辛苦型和其他	◇ 不能深入理解客户的需求，被动响应，往往会出现交付的产品和服务不能满足客户需求的情况，需要花费很长时间交付，成本居高不下。 ◇ 要求不高的客户或者客户对成本极其敏感的情况下会选择此类企业的产品，客户基本没有黏性。 ◇ 只能靠低价和过度服务来获取一些合同。 ◇ 常常会被客户压价，没有对话和议价能力，利润低甚至亏损

引导型企业的特点是能够主动洞察市场和客户的需求，比竞争对手和客户都要提前规划及推出产品，等客户想要购买产品的时候，它们早已经准备好了，或者即使客户还没提出有此需求，它们也可以主动引导客户购买产品。

被动响应型企业则要么在引导型企业后面跟随，要么客户说什么就做什么，没有主导权，也没有定价权和高利润。

当你的企业成为世界级领先企业后，就有能力用自己的产品规划帮助甚至引导客户规划其未来的业务了，客户黏性自然会增强。很多企业为什么不得不打价格战？因为它们在客户心中的地位不高，客户认为它们的价值不高，它们的产品会被压价。但对处于第一竞争层级的企业，客户不太在意其产品价格。

世界上伟大的企业都是引导型企业，处于第一竞争层级，如苹果、华为、特斯拉、谷歌、微软等。它们能先于竞争对手推出市场需要的产品，赚取了产业大部分利润。而被动响应型企业只能跟着喝汤，甚至动作慢了可能连汤都喝不到。

决定企业行业地位的主要因素是产品规划能力。企业的产品规划能力越强，其牵引行业和客户的能力就越强，行业地位就越高，定价权就越大，所获利润也就越高，如图6-4所示。

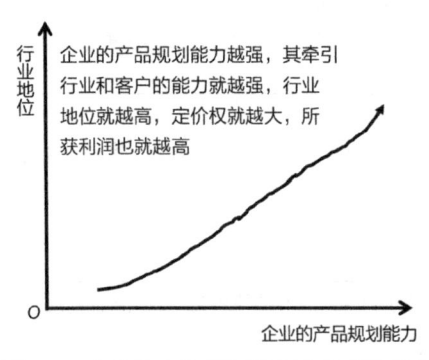

图6-4 企业的产品规划能力决定了其行业地位和利润

兵家圣典《孙子兵法》云：是故

胜兵先胜而后求战，败兵先战而后求胜。可见，战前要对形势和敌情进行充分分析，做出决策并进行资源调配，然后开战，否则是在靠运气打仗，结果大概率会被消灭。企业经营也是一样！

企业从经营的角度应注重两点：一是经营方向和商业模式的清晰和正确，主要包括服务哪些客户群体、提供哪些具有优势的产品和服务；二是提供与变现这些产品和服务的过程。

如果没有第一点作为前提，你的方向都不明确或者错误，那么做的其他事情都没有意义，因为之后做任何事情都是在"打乱仗"，白白消耗宝贵的资源。

产品规划和立项就是做好第一点！

6.3.2 产品规划能力不足的后果

缺乏产品规划能力的被动响应型企业，若长期不提升此项能力，则往往会面临以下后果。

（1）看不到好机会或者只能偶然抓住某次机会，无法持续成功，结果好坏靠运气。

（2）没有牵引行业和客户的能力，只能被动响应，无法摆脱低层级的竞争，必然陷入价格战的泥沼，利润低甚至亏损。

（3）看不到行业需求和技术发展趋势变化带来的风险，要么因对发展趋势不敏感而丧失机会，要么因不敢革新尽快转身，最后被市场淘汰。

（4）即使看到了机会，也没有能力转化为自身的优势，"起了个大早，赶了个晚集"。

（5）缺乏科学的评审决策机制，决策靠领导拍脑袋，导致产品立项成功率低。

虽然施乐公司在其开发的计算机中首次使用了鼠标和图形化的人机交互界面，诺基亚很早便发明了智能手机，柯达很早便发明了数字胶片技术，但都由于所谓"创新者窘境"，实质上是缺乏商业洞察和规划能力，最终错失了商机，甚至被迫退出市场，实为大大的遗憾。

企业只有在组织层面不断构建产品规划能力，才有可能在激烈的竞争中获胜，成为行业领导者。

6.3.3 很多企业缺乏"营"的能力

产品规划能力对企业的持续发展和获得领先地位十分重要，可为什么很多企业这项能力不足呢？

核心原因是它们缺乏洞察和规划的能力体系。大多数企业只有研发和销售两个环节，销售人员说明客户的需求，研发人员进行产品研发，再由销售人员出售产品。在企业成立初期，这种模式尚可促进企业成长，但随着竞争加剧，客户的要求更加苛刻，只采用这种串行传递的方式已不能让企业持续获得竞争力，而且销售人员和研发人员也会发生矛盾。

销售人员的职责是把产品卖出去，负责签单，对产品的叫座负责。他们并不擅长设计优秀的产品，他们有时传递的客户需求是伪需求。而很多企业的研发人员只是致力于满足前端提出的客户需求，对市场趋势、客户内在的痛点并不清楚，因此会出现最终研发出来的产品未必是客户真正想要的，产品没有让市场和客户叫好的卖点的情况。

产品要想真正持续叫座，应当有让市场和客户叫好的卖点，企业中应当有具备专门能力的人员来洞察行业和市场的变化趋势及客户内在的痛点，提前发现商机。企业应设立专门的组织，这个组织既不是单纯的销售组织也不是单纯的研发组织，需要有独立的能力组织体系——"营"的组织体系。图 6-5 所示为既有"销"又有"营"的组织。

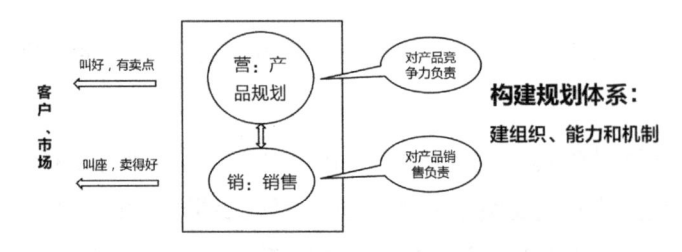

图 6-5 既有"销"又有"营"的组织

第 6 章

规划产品包:洞察先机,让产品竞争力赢在起跑线上

华为在引入 IPD 之前也没有专门的"营"的组织,同样缺乏产品规划能力。在引入 IPD 后,华为组建了负责"营"的组织,构建了战略与 Marketing 体系。经过 10 多年持续的组织和能力建设,华为已经在"营"的能力上步入世界前列,具备了与全球客户对话甚至引导客户未来业务的能力。

企业需要构建"营"(产品规划)、"销"(销售)、"研"(研发)能力并存的组织,如图 6-6 所示。

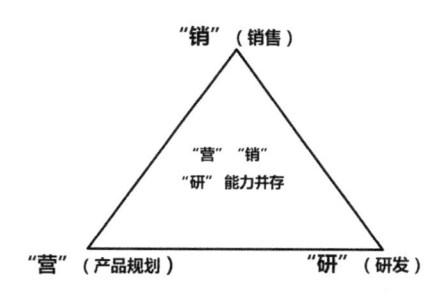

图 6-6 "营""销""研"能力并存

图 6-7 所示为"营"与"销"的职责划分参考。

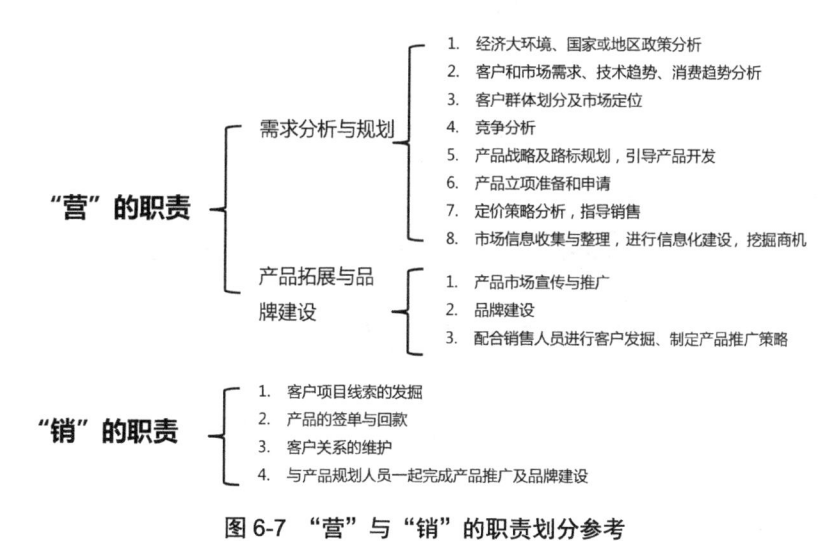

"营"的职责

- 需求分析与规划
  1. 经济大环境、国家或地区政策分析
  2. 客户和市场需求、技术趋势、消费趋势分析
  3. 客户群体划分及市场定位
  4. 竞争分析
  5. 产品战略及路标规划,引导产品开发
  6. 产品立项准备和申请
  7. 定价策略分析,指导销售
  8. 市场信息收集与整理,进行信息化建设,挖掘商机
- 产品拓展与品牌建设
  1. 产品市场宣传与推广
  2. 品牌建设
  3. 配合销售人员进行客户发掘、制定产品推广策略

"销"的职责
  1. 客户项目线索的发掘
  2. 产品的签单与回款
  3. 客户关系的维护
  4. 与产品规划人员一起完成产品推广及品牌建设

图 6-7 "营"与"销"的职责划分参考

企业要想持续具备产品规划能力,就必须构建"营"的组织,长期把能力建立在组织上。很多互联网公司有产品经理这个角色,由其承担"营"的职责。如果把企业比作军队,那么"营"的组织相当于参谋部,参谋部主要帮助统帅部制定长远战略和作战计划。

6.4 产品规划体系：过程及方法

什么是产品规划？

产品规划有其组织、流程、机制及方法，可以有效地指导企业洞察市场和发现机会。

产品规划有一套系统的方法，在企业战略的指引下，用于对众多市场机会进行选择，制定出以市场真实需求为中心，能够带来最佳业务成果的产品战略与计划。图 6-8 描述了产品规划的含义：产品规划是优选机会的过程。

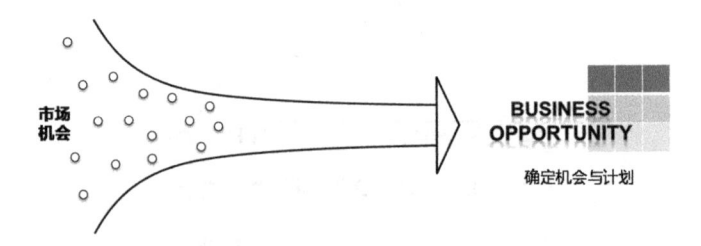

图 6-8　产品规划是优选机会的过程

具体来说，产品规划是对市场机会的洞察和筛选，如图 6-9 所示。

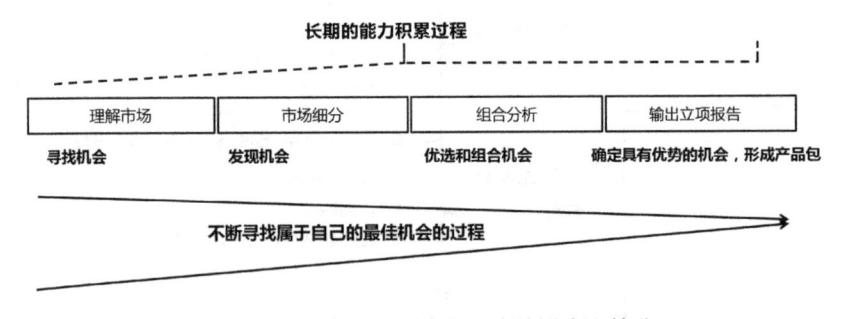

图 6-9　产品规划是对市场机会的洞察和筛选

产品规划人员应努力寻找机会、发现机会、优选和组合机会，最终确定具有优势的机会，输出立项报告，进行投资决策。

这是一个机会逐渐减少和资源逐渐聚集的过程。很多人认为机会越多越好，但实际上机会不在于多少，抓住属于自己的最佳机会最重要。

很多人之所以喜欢多做事情，一方面是人性使然，人性中总有好大喜功

第 6 章

规划产品包：洞察先机，让产品竞争力赢在起跑线上

的一面，他们认为做的事情越多成功的可能性越大，但殊不知，一个人总的资源和精力是有限的，只有集中精力做某件事，成功的可能性才会大；另一方面是因为不自信，不知道到底该做什么，于是就想什么都去尝试一下，结果必然是浅尝辄止、事倍功半。

产品规划强调要把有限的资源精准地用在刀刃上，这体现了 IPD 的商业思维。

产品规划过程包括几个主要阶段：理解市场、市场细分、组合分析、输出立项报告。

图 6-10 所示为产品规划的原理和方法，即如何从理解市场到输出立项报告。

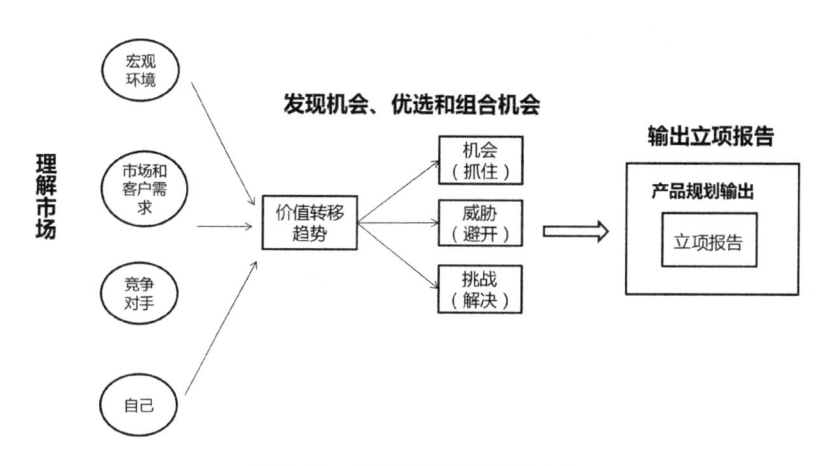

图 6-10 产品规划的原理和方法

企业应通过长期分析和理解市场，洞悉价值转移趋势，发现且抓住适合自己的机会，避开威胁并解决面临的挑战。

很多企业容易忽视面临的挑战。不少老板有很强的抓住机会的能力，但对新机会所面临的来自内外的挑战认识不足，或者没有下功夫去解决，导致即使看到了机会也"吃不饱"（能力不足），或者眼睁睁看着机会溜走，或者不能持续把握机会（能力没有长期建立起来）。

这些挑战包括在新机会面前，原来的文化、组织、流程、人才、能力及管理体系等是否适应。如果企业不重视新机会面临的挑战，那么大概率只能

处于低水平的竞争层级!

什么是适合自己的机会?这个机会应当能够为客户创造价值、解决客户的问题、帮助客户成功,同时能够为企业带来收入、利润及领先的行业地位。

世界上的机会很多,企业要努力让自己的能力和资源配得上自己的野心,要知道,并非世界上任何好事都会落到自己头上。当自身的能力和资源与机会相匹配时采取行动往往能取得期望的结果。当然,如果企业遇到一个很好的机会,虽然自身的能力和资源还不能完全与其相匹配,但是通过努力可以差不多与其相匹配,那么不要放弃,此时需要重新组合机会,腾出资源并投入该机会中。

6.4.1 价值转移趋势和3种应对方式

人类的发展是价值不断转移的过程,企业对商业机会的追求依据的是对价值转移趋势的判断。正所谓"识时务者为俊杰",你若看错了趋势、跟错了趋势甚至与趋势背道而驰,则结果基本会很"难看"。

怎么理解价值转移?通俗地说,就是流量在哪里,资金和时间就花费在哪里。流量的方向、资金和时间花费的方向就是价值转移的方向,也是商业机会的方向。

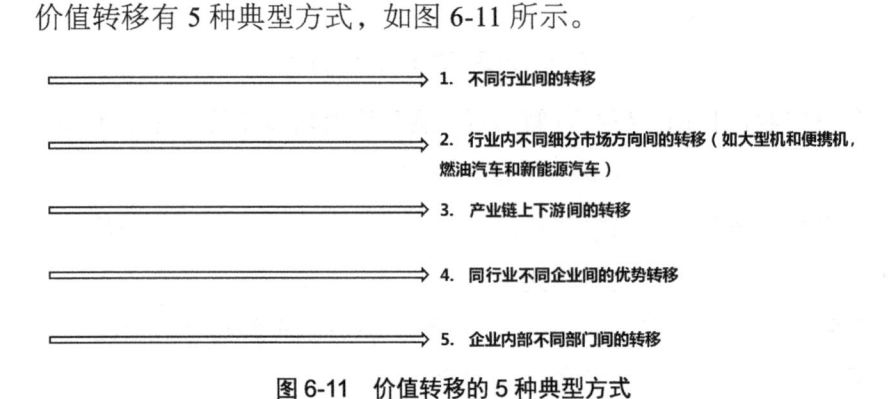

价值转移有5种典型方式,如图6-11所示。

⟶ 1. 不同行业间的转移

⟶ 2. 行业内不同细分市场方向间的转移(如大型机和便携机、燃油汽车和新能源汽车)

⟶ 3. 产业链上下游间的转移

⟶ 4. 同行业不同企业间的优势转移

⟶ 5. 企业内部不同部门间的转移

图6-11 价值转移的5种典型方式

企业在做产品规划时一般在第2种、第3种或第4种价值转移方式上寻找机会。第1种是不同行业间的转移,企业要谨慎,谨慎,再谨慎;第2种是因为技术发展，行业内不同细分市场方向之间产生的转移；第 3 种是产业链上下游间的转移；第 4 种是同行业不同企业间的优势转移（是弯道超车的机会）；第 5 种是外部需求或者技术发展变化导致的企业内部不同部门间的转移，如流程的优化所带来的革新机会。

价值转移的原因是什么？

价值转移的 5 种原因如图 6-12 所示。

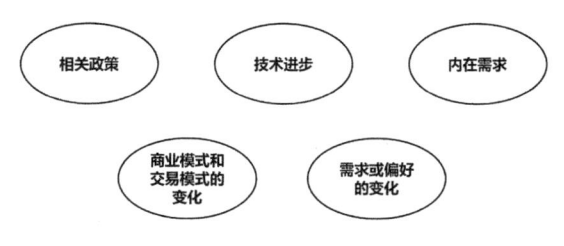

图 6-12　价值转移的 5 种原因

（1）相关政策。相关政策对价值转移的影响很大，往往会改变行业发展趋势、生态和商业模式。比如，新能源汽车市场渗透率的提升，不仅有一些地区的石油逐渐枯竭，人类不得不寻找新方向的原因，更多的是政策的引导。因此，如果企业能很快认识到相关政策的导向，就可能先于竞争对手赶上"早班车"。

（2）技术进步。人类的发展可以说是被技术不断驱动进步的过程，技术手段往往会改变需求、生态和商业模式。技术进步推动了人类文明的发展，是极其重要的价值转移驱动因素。图 6-13 和图 6-14 所示分别为技术发展不断推动人类文明的发展和价值转移、计算机行业的价值转移。

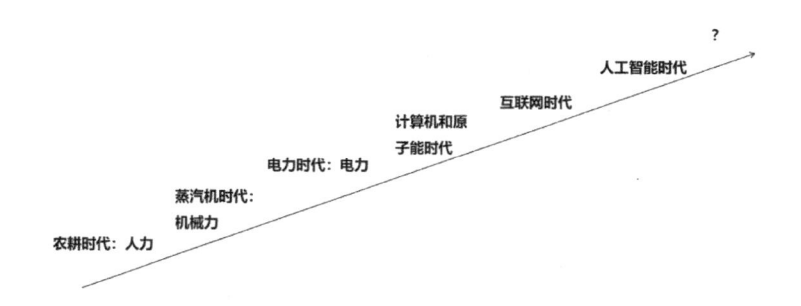

图 6-13　技术发展不断推动人类文明的发展和价值转移

> **集成产品开发 IPD**
> — 让企业有质量地活着，实现客户价值和商业成功 —

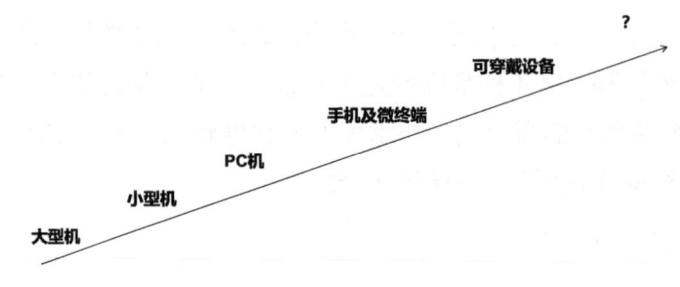

图 6-14　计算机行业的价值转移

技术进步也推动了通信行业的发展，移动通信技术从 2G 发展到 3G、4G、5G……，不断满足人类对通信容量、通信速度和业务多样化的需求。

人类文明和计算机的发展都是技术进步的结果，技术进步直接导致了需求、生态和商业模式的价值转移。摩尔定律的应用使得电子产品的性能不断提升，功能越来越强，成本越来越低。

（3）内在需求。人类进步的根本原因是对美好的物质生活和精神生活的追求（参见著名的马斯洛需求层次理论），以及社会和企业组织对高效率和低成本的追求。内在需求变化是价值转移的根本原因，尤其在技术进步加持时会产生难以想象的新需求和新机会。

（4）商业模式和交易模式的变化。商业模式和交易模式的变化会产生新的价值转移机会。比如，某网站从收费变为免费，会促使流量增加，从而促使产生广告等增值业务需求。互联网公司基本上都以流量带需求。

淘宝主要采用的是 C2C（消费者对消费者）商业模式，而京东主要采用的是 B2C（企业对消费者）商业模式，这种价值转移会带来新机会；而拼多多致力于以更低的交易价格获得发展机会。

（5）需求或偏好的变化。客户群体的需求或偏好会发生变化，比如从以静态文字和图片为主的社交方式到以短视频为主的社交方式。同时，就算没有什么特别的理由，仅仅"审美疲劳"也会造成客户的需求或偏好发生变化。马化腾曾说过：发展的本质就是要更新，哪怕你什么错都没有，但还是会错在你太老了。这种趋势是由客户群体内在对物质或者精神层面需求的变化导致的。曾经有段时间"盲盒"深受人们欢迎，企业要想把握住市场趋势，往往需要对人性具有深刻的洞察力。

第 6 章

规划产品包：洞察先机，让产品竞争力赢在起跑线上

产品规划的前提是通过理解市场发现引起价值转移的需求和机会，而深刻理解市场及客户群体的需求是发现价值转移和市场机会的根本。关于如何进行需求分析和管理，参见第 7 章的内容。

面对价值转移趋势，我们主要可以采取以下 3 种应对方式。

第一种是与趋势对抗、逃避趋势或者试图改变它，这种应对方式必然导致失败甚至"死亡"的结局。正所谓"天下大势，浩浩荡荡，顺之者昌、逆之者亡"，太多商业案例说明再强大的企业也不能与趋势对抗，否则必然面临衰落或被淘汰的结局。

第二种是根据趋势的方向行动。比如，微型机时代来临，你可以做微型机；互联网时代来临，你可以充分运用互联网；新能源汽车时代来临，你可以生产新能源汽车等。

第三种是在趋势出现的情况下，挖掘价值转移带来的新需求、新机会。比如，别人都在挖金子，你可以看看有没有为挖金子的人提供服务的机会，而不是随大溜进入竞争极其激烈的市场。

很多企业正是由于在趋势和潮流面前选择错误或者觉悟得太晚，错失了绝佳的弯道超车机会，甚至被市场淘汰。

6.4.2 理解市场

理解市场是产品规划的第一步，企业可以通过全面理解市场发现可能的价值转移和市场机会。

企业可以从宏观环境、市场和客户需求、竞争对手、自己几个方面理解市场。

1. 宏观环境

企业在考察宏观环境时，主要看计划投资的国家或地区的相关政治及经济环境，常常采用著名的 PEST 分析法。

（1）P（Politics），政治，具体来说要关注以下几点（尤其是海外经商和投资,这点要深入分析)。

- 政局的稳定性。
- 法律和政策法规。
- 对外来企业的态度。

(2) E (Economy),经济,具体来说要关注以下几点。

- 经济周期。
- 目标国家的 GDP 变动趋势、利率。
- 通胀水平、失业率。
- 可支配收入。
- 经营成本。

(3) S (Society),社会,具体来说要关注以下几点。

- 人口数量及变化、收入分配。
- 生活方式的变化。
- 薪酬水平。
- 受教育水平及消费方式和态度。

(4) T (Technology),技术,具体来说要关注以下几点。

- 政府对技术研究的重视程度。
- 知识产权保护相关法律。
- 技术领先的领域及在全球的地位。

企业在进行产品规划时对宏观环境的分析和洞察至关重要,因为产品规划的目的是寻找商业机会。一个国家或地区的商业环境对企业能否成功和持续成功影响深远,其中政治局势、经济周期、国家政策对投资决策极其关键,企业必须高度重视。

在分析宏观环境时,企业要重点回答以下问题。

- 在此环境投资的安全性如何?
- 在此环境中,影响客户购买行为的因素有哪些?

第 6 章

规划产品包：洞察先机，让产品竞争力赢在起跑线上

- ➢ 哪些因素曾经对客户的购买行为有过影响？
- ➢ 未来哪些因素可能对客户的购买行为产生影响？
♢ 对客户的购买行为产生影响的可能性多大？
♢ 对销售可能产生哪些及多大的影响？

2. 市场和客户需求

在宏观环境没有问题的情况下，企业应对市场和客户需求进行深入洞察。

在分析市场时应注意以下两点。

♢ 识别市场的驱动力量和发展趋势。

♢ 分析的焦点在于整体市场份额、市场特征、发展趋势、客户需求、客户的购买行为和购买渠道。

企业可以通过回答市场、客户及渠道/合作伙伴方面的相关问题展开分析。

（1）市场方面。

♢ 市场正在发生或可能发生什么变化（资本、集中度、技术趋势）？

♢ 哪些要素会影响营销决策？

♢ 市场吸引我们的因素是什么（规模、增长率、利润率等）？

（2）客户方面。

♢ 客户主要有哪些应用场景？

♢ 客户最近的购买偏好在发生什么变化？为什么？

♢ 要想赢得客户，需要提供具有什么特色的产品包？

♢ 促使客户做出购买决定的因素，即 CSF 是什么？

♢ 他们为什么要向你购买产品？你做了哪些准备？

♢ 他们为什么不向你购买产品？

（3）渠道/合作伙伴方面。

♢ 哪种形式的中间渠道（可能）对你来说很重要？为什么？

♢ 哪些渠道会促使你和其他企业成为竞争对手或继续保持竞争关系？

企业可以通过以上分析发现潜在的价值转移和市场机会。

市场分析如表 6-3 所示。

表 6-3 市场分析

市场	市场空间/亿元	增速	渗透率	生命周期阶段	客户竞争状况	同行竞争状况
服务器	××			快速增长阶段	分散、无巨头	激烈,但无明显胜出者

表 6-4 所示为如何分析和了解某个客户,大家可以适当参考。

表 6-4 如何分析和了解某个客户

客户名称	所属行业	行业地位	主要需求	主要供应商	对供应商的评价
			性价比 性能 服务	华为、联想、浪潮等	

表 6-5 所示为如何了解客户的购买特点。

表 6-5 如何了解客户的购买特点

客户名称	购买特点	决策链	需求或偏好的变化趋势(近 3 年)
	招标 借助短名单 倾向知名品牌 ……	采购 CEO 董事长 全体员工 ……	

企业可以通过分析市场和客户需求,寻找价值转移过程中隐藏的市场机会。

3. 竞争对手

为什么要分析竞争对手?

常言道:"知己知彼,百战不殆。"分析竞争对手不仅可以为企业寻找投资方向提供参考,还可以使企业了解竞争对手,从而在商业战场上采取正确的竞争策略和行动措施。

大部分企业可能都会对竞争对手进行分析,但很多企业对竞争对手的分析并不到位,只是停留在对产品功能的分析(这当然也是分析的内容之一)上。

第 6 章
规划产品包：洞察先机，让产品竞争力赢在起跑线上

企业对竞争对手的分析应该全方位展开，即从"硬件体系"到"软件体系"全方位了解竞争对手，这样才能真正做到知己知彼，具体分析方法如下。

（1）识别竞争对手。

企业在识别竞争对手时可以采用美国竞争战略之父迈克尔·波特提出的五力分析模型，如图 6-15 所示。

```
              潜在竞争对手

合作伙伴      直接竞争对手      客户

              替代品
```

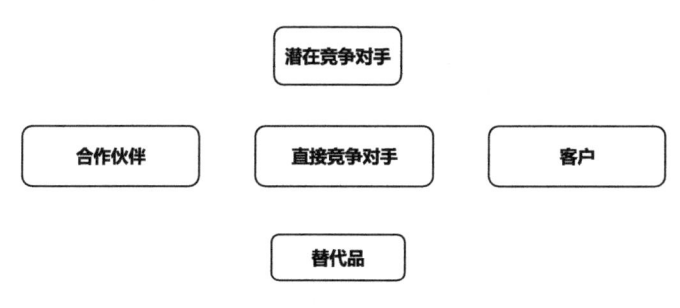

图 6-15　五力分析模型

五力分析模型是著名的竞争分析框架，读者可以自行阅读相关资料了解其详细内容。

需要特别指出的是，很多企业在分析竞争对手时，往往只看到直接竞争对手，却忽略了来自其他方面的竞争威胁，特别是潜在竞争对手。

现在是互联网和人工智能时代，行业跨界交叉非常频繁，这种跨界是造成价值转移的一个重要因素。例如，由于微信和支付宝支付十分便捷，大家出门时逐渐不再携带现金，这促使小偷在一定程度上减少了。如今，这种跨界的商业模式越来越多。

如何识别潜在的跨界者？其实，并没有非常直接的方法，而是要通过持续分析市场和客户需求，发现流量、时间和金钱等聚集引起的价值转移，保持对变化的敏感性，这就要求企业设立具有相关能力的洞察组织，而不是只靠老板。

技术进步会促使替代品出现，这也会对企业造成威胁。这方面的案例很多，每当出现一种新技术就会淘汰一批因循守旧的企业，从而诞生一批新企业。企业只有对技术发展趋势保持高度敏感并持续改进技术，才可能在技术的大变局中持续生存下去。

集成产品开发 IPD
— 让企业有质量地活着,实现客户价值和商业成功 —

那么,企业如何才能做到这一点呢?这里不得不提 IPD 的核心理念之一——能力要建立在组织上。也就是说,企业中要有专门的组织负责洞察技术发展趋势。关于技术体系的构建,请参见本书第 3 篇的相关章节。

表 6-6 所示为识别竞争对手的类型。

表6-6 识别竞争对手的类型

序号	竞争对手的名称	类型
		直接竞争对手、潜在竞争对手、替代品、合作伙伴、客户
1	××公司	直接竞争对手
2		

(2)对直接竞争对手进行分类。

因为直接竞争对手最重要,所以企业要对其特别关注。企业在识别出直接竞争对手后,应对其进行分类,以便深入分析。对直接竞争对手的分类及应对策略如表 6-7 所示。

表6-7 对直接竞争对手的分类及应对策略

序号	竞争对手的名称	分类	应对策略
1	××公司	标杆对手	学习、跟随,避免直接竞争
2	××公司	实力相当的主要竞争者	构建差异化优势,抢夺其市场份额
3	××公司	落后者	保持关注,严密监视其策略和变化

我们可以将直接竞争对手分为标杆对手、实力相当的主要竞争者和落后者。企业对直接竞争对手进行分类的目的是制定有针对性的竞争策略,以便在市场上遇到时采取合理的应对措施,不能对所有竞争对手都采取一样的竞争措施。

(3)深入分析竞争对手。

很多企业在分析竞争对手时存在以下误区:

- 只关注其产品功能甚至某个功能点,没有从其战略、团队和产品包的视角去分析和评估,导致"只见树木,不见森林"。
- 要么只有研发部门参与分析,其他部门基本不参与;要么大家的信息不能集成在一起,不能对竞争对手进行全方位的深刻分析,各自为政,这样自然难以采取比较高效的应对策略。

第 6 章

规划产品包：洞察先机，让产品竞争力赢在起跑线上

正如《孙子兵法》中所讲，两军作战，真正高明的将领不仅会分析当前的形势，还会分析"五事七计"，从政治基础、自然环境、地形地貌、将领的能力、法规制度等方面分析双方的情况。同样，企业应从"硬件体系"到"软件体系"全方位分析和了解竞争对手，力求做到知己知彼。

表 6-8 所示为全面分析竞争对手。

表 6-8　全面分析竞争对手

关键评估要素	评估结果	竞争对手甲	竞争对手乙
竞争对手的类型	标杆对手		
产品战略	未来 3 年的投入方向及资源		
	控制点		
商业模式	细分市场		
	客户群体定位及类别		
	盈利模式		
市场表现	占有率（按产品分类）及增长率		
	客户评价、偏好（按产品分类）、客户价值实现		
产品与技术	各产品的特点（尽可能全面）		
	技术架构特点（分产品），如分析竞争对手的交付效率、定制化效率		
各种策略	销售、服务、合作、竞争等方面		
团队及管理	主要成员的背景、经历及关键成就（包括失败），内部管理、运作效率及团队士气		
优劣势总结	主要优势		
	主要劣势		

深入分析竞争对手的主要目的是发掘竞争对手的优势并学习、发现竞争对手的劣势并攻克，以便在市场上遇到时采取合理的应对措施，并有力地回答"为什么客户选择你而不选择别人"。企业应当对竞争对手进行优势分析（销售等方面）和差异化特性分析（指导产品规划和开发）。

总体来说，企业在分析竞争对手时应注意以下几点。

♢ 全方位进行分析，需要企业的所有部门联合作战，即战略、产研、销售、服务、供应链等部门分别从各自的角度对竞争对手进行分析，最后将信息进行归纳总结，形成竞争对手的完整画像，做到能看清楚"一头大象"到底长什么样子。

- 企业应从产品包和技术架构的角度,全面分析竞争对手产品包的优劣势,据此进行自身产品研发,并向一线销售部门提供全面的分析报告,有力地支持一线销售部门签单。
- 企业不仅应对"硬件体系"(产品包和技术架构的优劣势等)进行分析,还应重视"软件体系"的分析:战略及投入、管理团队、管理体系和机制、内部运作效率、团队士气等。如果发现竞争对手的管理水平不够,那么即便它现在很强大,也不用过于担心,因为总有一天它会因为管理问题而衰落。长期来看,企业的"软件体系"具有更强大的生命力和竞争力,其决定着企业的未来。
- 形成组织级的运作机制,定期对现有的和潜在的竞争对手进行分析,制定合理的竞争策略。

从这些角度来看,大部分企业的竞争分析工作都还处于初级阶段。

4. 自己

分析自己也很重要。说到自己,很多人会说"我还不了解自己吗?"。事实上,你还真不一定了解自己。"知己知彼,百战不殆"这句话把"知己"放在"知彼"前面是有一定的道理的。

但是,很多企业对自己的"家底"并不是很清楚。

也许你发现了一个商业机会,但这个商业机会你是否能够"吃下去"并"消化掉"还是未知数,所以在洞察市场时,要对自己有很清晰的了解,不然很可能因狂妄自大导致投入的资源打水漂。

企业在分析自己时,要清晰地回答以下问题。

(1)产品线近3年的财务状况(收入和利润)如何?

(2)目前产品所处的生命周期阶段(产品的生命周期可以划分为萌芽、成长、成熟、饱和、衰退等阶段)?

(3)我们目前的细分市场有哪些?

(4)我们的市场地位和份额如何?

第 6 章

规划产品包：洞察先机，让产品竞争力赢在起跑线上

（5）我们积累了哪些资源、能力和优势（竞争对手不具备或者相对薄弱）？

（6）客户为什么向我们购买产品？

（7）客户为什么不向我们购买产品？

（8）我们为什么会失去客户？

（9）我们过去做的哪些事帮助我们赢得了客户？

（10）骨干员工离职率呈什么趋势？

（11）我们的薪酬待遇在行业中处于什么水平？

（12）哪些因素可能限制我们的发展？

企业若能够持续清晰地回答上述问题，则可以对投资决策起到一定的牵引作用，而不是头脑一热就投入资源。

下面用 SWOT 分析法对外部因素和内部因素进行综合分析，如表 6-9 所示。

表 6-9 用 SWOT 分析法进行综合分析

外部因素	内部因素	
	优势（S） ① ② ③	劣势（W） ① ② ③
机会（O） ① ② ③	SO（举措） ① ② ③ 利用优势，抓住机会	WO（举措） ① ② ③ 利用机会，克服劣势
威胁（T） ① ② ③	ST（举措） ① ② ③ 利用优势，避免或减少威胁	WT（举措） ① ② ③ 克服劣势，将威胁最小化

接下来以医疗设备行业为例，对这个行业进行综合分析，如表 6-10 所示。

表 6-10 对医疗设备行业进行综合分析

类别	具体细分	机会（需求增加）	威胁（需求减少）	挑战
环境	5G 大发展	智慧医疗		
	三孩政策	检测		
	老龄化问题			
	抑制"新三座大山"			
	政府采购	需求量增加	单价下降	
客户	客户群体发生的变化（增加的、减少的……）			
	购买判断依据和购买偏好的变化			
	购买渠道的变化			
行业	价值转移趋势（金钱、时间向哪个链条发生转移）			
	容量的变化（分客户、分区域、分产品）			
	标准的变化			
技术	具有影响力的新技术			
竞争	头部玩家都有谁？它们的主要优势是什么？我们要跟随谁			

6.4.3 市场细分

为什么要进行市场细分？

当你发现一个机会市场和方向时，该市场实际上有多种具有不同诉求的客户群体，很难有一款能满足所有客户诉求的产品。不同的细分市场和客户往往有着不同的诉求：可能是高性价比，可能是高品质，还可能是优质的服务……无论是食品、电子产品、服装、箱包，还是服务于信息系统的运维软件，都有着具有不同诉求的客户群体，因此需要对某个行业进行进一步的市场和客户群体细分，从而精准地制定产品的服务目标。

细分市场是企业构建差异化竞争力和进行投资组合的基础。市场与细分市场如图 6-16 所示。

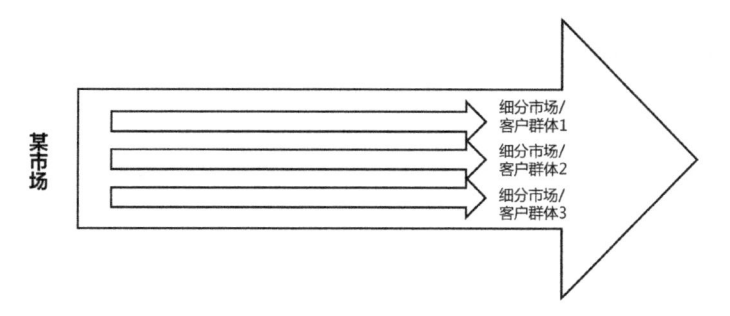

第 6 章
规划产品包：洞察先机，让产品竞争力赢在起跑线上

图 6-16　市场与细分市场

1. 如何进行市场细分

企业进行市场细分时可以按照以下问题逐步深入。

（1）谁购买（客户群体、购买渠道、决策者）？

（2）购买什么（产品包、和竞争对手对比）？

（3）为什么购买（痛点、偏好及关注点、竞争对手的劣势）？

（4）谁因为什么需求而购买什么产品（形成细分市场）？

下面来看一个市场细分样例。

（1）对价格敏感（客户群体：低收入人群）的、不易出现故障且维修费用低（偏好）的智能手机（产品包）的使用者。

（2）部署在核心骨干网的高端路由器（大容量、高可靠性、价格不菲、服务好）的购买者（大型电信运营商）。

可见，细分市场主要有 3 个构成要素，即客户群体（Who）、产品包（What）、客户偏好（Preference，代表产品包的差异化优势），如图 6-17 所示。

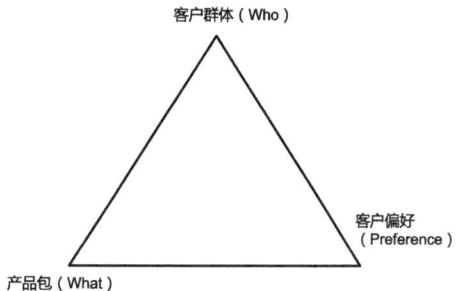

图 6-17　细分市场的构成要素

市场细分清晰地回答了"在一个大的行业或市场中，为哪些特定群体提供比竞争对手让这个群体更喜欢和更愿意购买的产品包"。

2. 确定细分市场

企业要想确定细分市场，应先分析潜在客户群体。

直接面向消费者的 ToC 领域和面向企业的 ToB 领域有不同的分类方式。

企业可以根据地理位置、人口特征、利润潜力等对消费者市场进行初步分类。图 6-18 所示为消费者细分市场的分类。

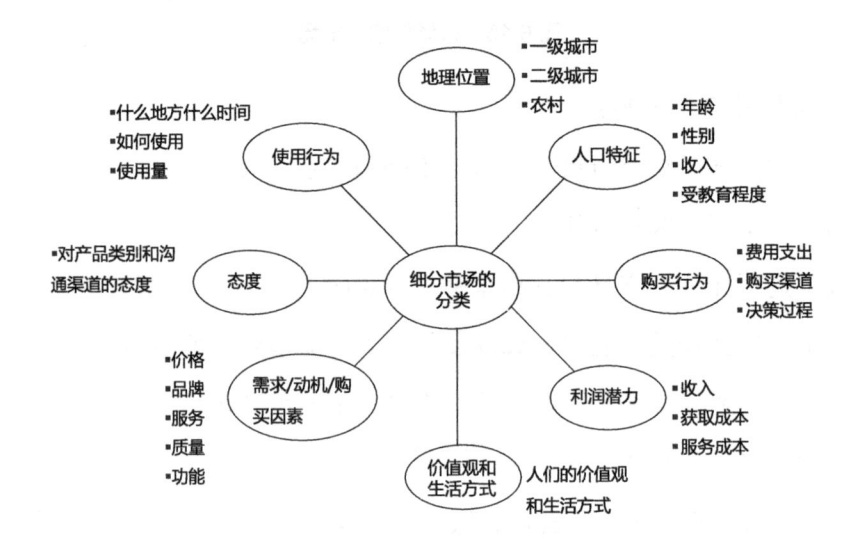

图 6-18 消费者细分市场的分类

企业级市场的分类相对来说没有那么多的变量，主要考虑以下因素。

♪ 行业地位。

♪ 市场规模（收入）。

♪ 投资预算。

♪ 区域条件（经济是否发达）。

♪ 未来的潜力。

……

市场细分最终要落实到客户群体（无论是 ToC 还是 ToB）的需求偏好和关注点上，即企业需要明确潜在客户群体到底关注什么、愿意为什么买单。

例如，对于按照年龄或职业划分的人群，关键是挖掘他们的需求偏好和

第 6 章

规划产品包：洞察先机，让产品竞争力赢在起跑线上

关注点的一致之处。他们的需求偏好和关注点的一致之处就是精准的细分市场。之后，分析这些潜在客户群体的偏好：他们会因为什么购买？

企业可以借助著名的$APPEALS模型分析客户对产品包的偏好。

$APPEALS模型从8个维度描述了客户的关注点，这也应该是产品包设计重点关注的内容，它们代表客户的购买标准、需求偏好及关注点等，如图6-19所示。

A—可获得性 购买过程：分销、销售、分配、渠道、交货期、广告、订购……

P—包装 视觉评估：样式、模块性、布局、尺寸、风格、结构……

P—性能 规格比较：速度、功能、规格、容量、精确度……

$—价格 价格比较：性价比、折扣、分期……

E—易用性 感觉的比较：体验、安装、可用性、升级、图形化、人类工程学、文档……

S—社会接受程度 其他方面的影响：品牌、社会职责、价值观……

L—生命周期成本 真实成本比较：寿命、正常运作/停工时间、磨损、售后服务、备件、能源、操作和维护成本……

A—保证 顾虑和响应：可靠性、可用性、可维护性、安全性、稳定性、完整性……

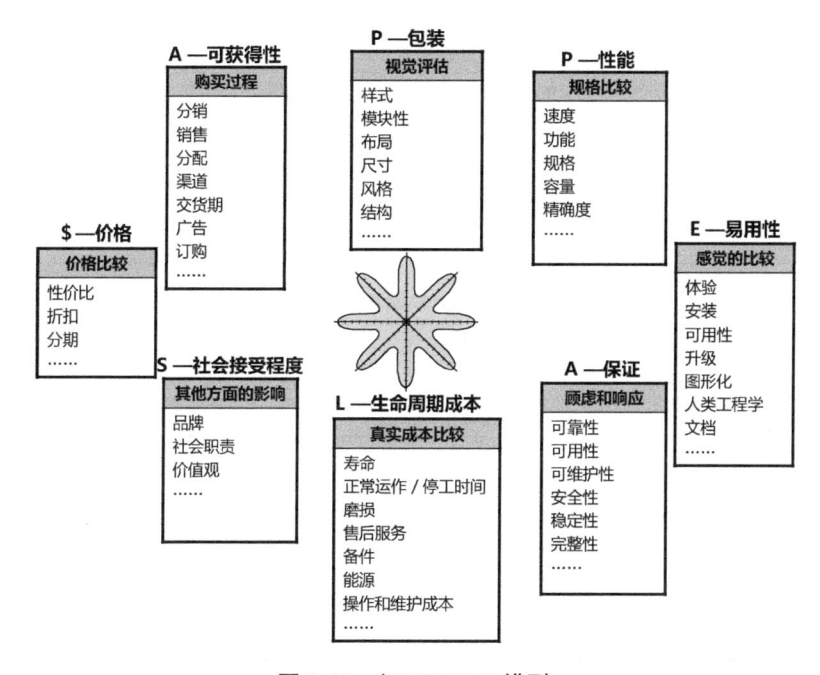

图 6-19　$APPEALS 模型

表 6-11 对$APPEALS 模型各要素的含义进行了描述。

表 6-11　$APPEALS 模型各要素的含义

各要素	含义
$—价格	反映客户希望为他们寻求的价值支付多少钱，涉及性价比、折扣、分期、技术、低成本制造、物料、人力成本、自动化程度、简易性、可生产性、维护费用等方面
A—可获得性	反映客户的购买过程，包括市场宣传、预售的技术支持和示范、购买渠道/供应商选择、交货期、为客户定制产品的能力等
P—包装	是产品包中影响客户体验的重要方面，描述客户期望的外观设计，包括样式、模块性、布局、尺寸、风格、结构、颜色、图形、工艺设计等方面

续表

各要素	含义
P—性能	描述客户对产品性能的期望，是客户愿意为产品付费的重要方面。从客户角度来衡量，包括速度、功能、规格、容量、精确度等
E—易用性	描述产品的易用程度，要考虑体验、安装、可用性、升级、图形化、人类工程学、文档等方面
A—保证	反映在可靠性、可用性、可维护性、安全性、稳定性、完整性等方面，如"三包"服务就是一种保证
L—生命周期成本	描述客户从购买到使用、升级换代整个生命周期的成本，要考虑寿命、磨损、售后服务、备件等方面，而不仅仅是购买产品本身的成本
S—社会接受程度	描述要考虑社会上的言论、第三方评价、顾问的报告、政府或行业的标准等对购买具有怎样的作用，涉及品牌、社会职责、价值观等方面

表6-12 所示为用$APPEALS 模型对华为早期移动交换机和其他厂家的分析对比。

表6-12 用$APPEALS 模型对华为早期移动交换机与其他厂家的分析对比

$APPEALS 各要素	权重	爱立信	诺基亚	西门子	华为
价格	25%	6	6	7	9+
供货（可获得性）	2%	7	7	7	9+
外观因素（包装）	3%	8	8	8	7-
功能（性能）	30%	9	7	8	7-
技术（易用性）	15%	8	7	8	8+
担忧（保证）	10%	8	8	8	7-
维护成本（生命周期成本）	10%	8	8	9	7-
社会接受程度	5%	9	7	8	6-

注：除权重外的数字为分值，满分为10分。

从表6-12 可以看出，华为早期移动交换机在价格、可获得性上具有明显的优势，因此愿意为这两个要素买单的客户就是华为的细分市场面向的客户群体。

而爱立信的细分市场面向的是对产品价格、可获得性不敏感，但对产品性能、社会接受程度敏感的客户群体。

基于$APPEALS 模型，每当调整权重的大小时，就会出现新的细分市场。企业可以基于此找到愿意为某些要素买单的客户群体，加上自己又在这些要素上具有优势，这样就找到了合适的市场。

第 6 章

规划产品包：洞察先机，让产品竞争力赢在起跑线上

企业基于前文提到的方法步骤，结合$APPEALS模型，就可以初步筛选出一系列细分市场。表 6-13 所示为初步筛选的移动交换机细分市场。

表 6-13 初步筛选的移动交换机细分市场

初步筛选的细分市场	描述	入选理由
国内南部地区	头部运营商：移动、电信	预算高； 对产品要求高； 有利于企业的战略地位
海外发展中地区	新兴运营商	对价格敏感（不是巨头市场、竞争压力小）； 可以快速打开市场，获得地区性突破

在上述基础上，对每个细分市场进行详细描述，如表 6-14 所示。

表 6-14 对每个细分市场的详细描述

细分市场的名称	当前的机会	未来 3 年的增长率	当前的市场份额	关键决策者
描述如何在本细分市场赚钱（企业及关键竞争对手的增值/业务模式）				
描述本细分市场中，客户面临的主要业务问题	描述最重要的 5 个业务驱动要素（本细分市场中客户最关心的事项）			
描述本细分市场中现有的产品包和竞争对手提供的产品包				
根据$APPEALS模型，描述客户的关键购买标准（哪些是他们最关心的）		描述主要的竞争对手及市场份额		
价格 可获得性 包装 性能 易用性 保证 生命周期成本 社会接受程度				

经过这样的过程，我们就可以初步找到适合投资的细分市场。

需要注意的是，当完成市场细分之后，企业应该能够识别出哪些细分市场是有吸引力的、哪些细分市场是没有吸引力的。不过，企业也不应该随意抛弃那些没有选择或未进入的细分市场,因为将来那些细分市场可能提供市场增长和新产品开发的机会。

企业还需要知道的是,市场细分不存在绝对的方法或标准。要想完成有效的市场细分,团队成员都要贡献自己的知识和能力。与其说市场细分的过程比较科学,不如说其属于一种艺术。企业在对市场进行细分时,最终并不只是靠某些方法,而是靠长期对所在行业及潜在客户群体需求偏好的洞察和理解,并逐渐建立和积累对商业价值转移趋势的敏感性所需要的能力。

哪些输入可以帮助你有效地洞察和识别市场需要的信息呢?

如前所述,产品规划需要对行业、市场及客户深度理解,这样才可能发现真正的价值转移机会。企业进行产品规划时需要参考各种信息,这些信息的来源如图 6-20 所示。

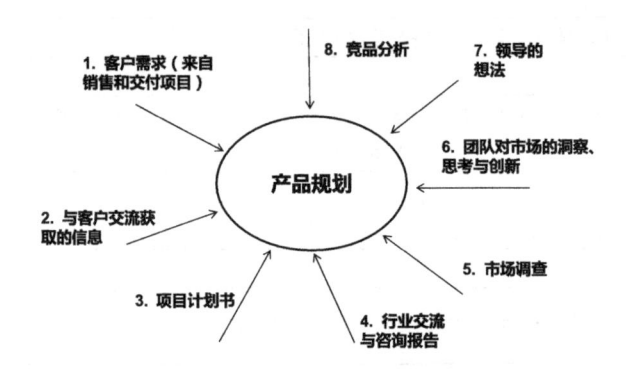

图 6-20 产品规划参考信息的来源

要想把产品规划做好,要由特定的组织(而不是某些个人)对行业进行长期的洞察、研究与分析,也就是说,企业要把能力建立在组织上。

3. 定义和选择客户群体

企业最终是要服务具体的客户的,那么应该如何选择客户群体呢?

企业在选择具体的细分市场后,既不可能为所有的客户都提供服务,也不可能随便挑几个客户来服务,而且并非对所有客户服务的方式(产品特性、价格、策略及使用的资源)都一样。

企业要努力在进行产品规划时,选择好客户群体,即仔细挑选自己想要

第 6 章
规划产品包：洞察先机，让产品竞争力赢在起跑线上

且能够服务的客户群体，并找到能融洽合作的伙伴。

客户群体主要有以下几种类型。

（1）战略客户：在某行业中具有领先地位或者具有成为行业领导者的潜力，是企业未来创造价值、建立品牌、获得利润和现金流的主力军。很多企业目前可能没有战略客户，应该花费精力重点去拓展战略客户。

（2）价值客户：已经给企业带来持续的利润和现金流，是企业十分重要的客户群体。

（3）流量客户：行业地位一般，给企业带来的影响属于长尾效应，数量较多，也能给企业带来利润和现金流。

（4）鸡肋客户：行业地位不高，未来前景也不够广阔，对企业也不能持续贡献利润和现金流，往往不会重复购买，不值得投入太多资源。

表 6-15 所示为企业客户群体的类型、特点和企业可采取的策略。

表 6-15 企业客户群体的类型、特点和企业可采取的策略

序号	客户群体的类型	特点	企业可采取的策略
1	战略客户	①行业地位高，含金量高。 ②能给企业带来巨大的利润和现金流，是企业未来发展的保障。 ③目前还不是企业的主要客户	①不断挖掘这类客户。 ②早期合作可以不追求利润，用优质的产品和服务逐步建立稳固的客户关系，以获得后续的订单。 ③追求较高的客户满意度
2	价值客户	已经给企业带来持续的利润和现金流	①像对待战略客户一样，全心全意地为其提供让其满意的产品和服务。 ②把成功的经验向战略客户迁移。 ③将战略客户的需求沉淀到产品和服务中
3	流量客户	①单一客户的现金流贡献不大，但客户数量较多，且大部分都能持续贡献利润和现金流。 ②虽然行业地位一般，但是企业持续的贡献者	①主要提升客户的满意度。 ②持续沉淀客户需求到产品和服务中。 ③提升产品和服务的竞争力
4	鸡肋客户	①行业地位不高，也难以成长，基本处于生存边缘。 ②每单的利润都不高，后续增长乏力	尽量避开这类客户，有利润和现金流时再合作，不浪费自身的宝贵资源

企业在选择客户群体时应注意以下几点：①挖掘战略客户；②不断增加价值客户的数量；③服务好流量客户；④避开鸡肋客户。

6.4.4 投资组合分析

经过认真分析，企业通常会发现一系列细分市场机会。但企业不可能同时用有限的资源对这些市场都进行投资，因此必须对这些初步选择出来的细分市场进行排序，确定投资的优先级、比例及节奏，以及整体的投资组合，既要考虑短期企业的业务增长，也要考虑企业长期竞争力的构建与提升。

在华为，有句话深刻说明了这一点：吃着碗里的（短期），看着锅里的（中长期），盯着田里的（未来）！

企业构建与提升长期竞争力所需的业务类型如图 6-21 所示。其中，H1 业务是企业当前存活所必需的，属于"碗里的"；H2 业务是中长期发展的保证，属于"锅里的"；H3 业务则能够确保企业未来具有竞争力，属于"田里的"。

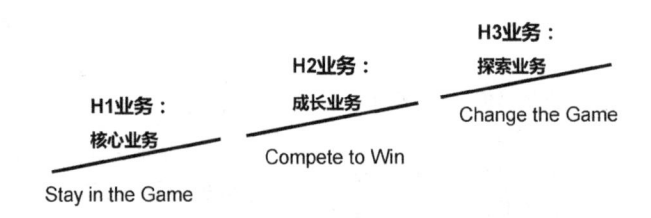

图 6-21 构建与提升长期竞争力所需的业务类型

表 6-16 所示为对 3 种典型业务的具体分析。

表 6-16 对 3 种典型业务的具体分析

业务类型	特征	重点管理	关键指标
核心业务	♪ 收入与利润的主要来源。 ♪ 企业当前存活的保证（碗里的）	近期的利润和现金流	♪ 利润。 ♪ ROI。 ♪ 生产效率
成长业务	市场增长和扩张机会的来源（锅里的）	市场突破和增长	♪ 收入增长。 ♪ 新客户/战略客户获取。 ♪ 市场份额增长

第 6 章

规划产品包：洞察先机，让产品竞争力赢在起跑线上

续表

业务类型	特征	重点管理	关键指标
探索业务	♪ 产品/业务创新的组合。 ♪ 有助于未来获得长期增长机会和领先的行业地位，以及颠覆行业、弯道超车（田里的）	♪ 回报的多少和成功的可能性。 ♪ 未来的行业地位及制高点	♪ 里程碑事件。 ♪ 技术的领先性、专利布局。 ♪ 新的突破性市场和机会

企业进行投资组合分析的目标主要有两个。

（1）从细分市场中进一步筛选出有价值和值得投入资源的机会。

（2）形成不同的业务组合，确保中长期和未来的投资节奏，不断构建竞争力。

华为的"2012 实验室"的任务之一是寻找 H2 业务和 H3 业务：5G 技术已经成熟，又投入人力和物力研发 6G，并将大量资源投入基础科学的研究等。

1. SPAN 工具简介

SPAN 工具主要被用于选择细分市场。

SPAN 工具主要从两个维度对市场进行描述。

（1）市场吸引力：细分市场的吸引力主要从市场规模、渗透率、增长率、利润潜力和战略价值 5 个维度来评价。

①市场规模：反映细分市场的收入规模，若规模小则缺乏吸引力，适合竞争力弱的企业入门。

②渗透率：反映细分市场的饱和度及竞争激烈程度，渗透率越高说明竞争越激烈，进入渗透率较高的市场时要认真决策，必须构建差异化优势或者争取弯道超车。

③增长率：反映细分市场未来 3 年的销售额或者销售量的增长水平，能够体现该市场的活跃度。

④利润潜力：细分市场的利润潜力主要受竞争激烈程度的影响，企业投资的主要目的是获得利润，细分市场的利润潜力越大，对企业的吸引力越大。

⑤战略价值：反映这一细分市场对企业的战略价值/重要性，可能目前的市场收入规模不大，但未来可期，可发展 H2 业务或 H3 业务，则也可适当投入资源。

（2）竞争优势：体现能让客户和企业成功的关键要素，如品牌、渠道、人才与技术、资金、供应链、内部管理（效率和组织动员能力）、市场份额等，也是企业在某细分市场是否具有竞争力和能否取胜的关键。

企业在使用 SPAN 工具时应注意以下两点。

①有时市场份额并不能反映企业是否具有竞争力，核心是内在的竞争优势，即使市场份额不高，也可以通过竞争优势从竞争对手那里抢夺市场份额。

②很多人往往只看中"硬"竞争力（技术、资金等），其实"软"竞争力（人才、激励、管理等）有时更重要，其更加无形化，难以识别和模仿，因此本书的一个核心观点是提升企业的"软"竞争力。

华为很早以前并不从事手机的研发和生产，但后来凭借强大的"软""硬"竞争力，成为手机领域的领导者。

SPAN 工具从两个维度构建了 4 种可能的细分市场策略，如图 6-22 所示。

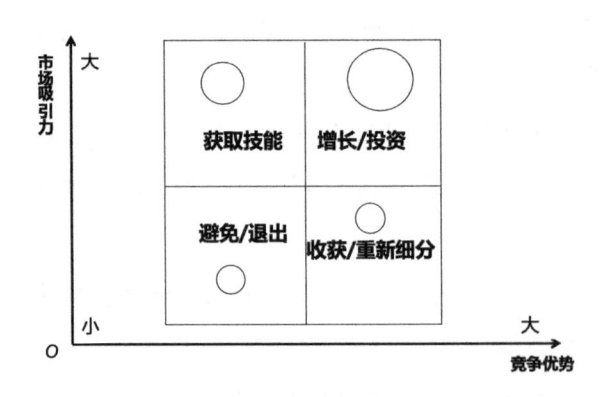

图 6-22 SPAN 工具构建的细分市场策略

增长/投资：处在这一态势下的细分市场具有巨大的吸引力，而且企业具有很大的竞争优势，这是企业需要大量投入资源进行开发的细分市场。

第 6 章
规划产品包：洞察先机，让产品竞争力赢在起跑线上

获取技能：处在这一态势下的细分市场通常还未盈利，虽然企业的竞争力弱，但这些细分市场具有足够的吸引力，企业需要充分衡量自己的潜力，决定能否投入资源，同时要打造对应的竞争力。

收获/重新细分：处在这一态势下的细分市场往往曾经是企业现金流的主要来源市场。虽然企业在此领域具有很大的竞争优势，但是价值趋势已经发生转移，未来这些细分市场的吸引力会下降。企业要么尽快变现、早做打算，要么在成熟市场中进一步挖掘新的细分市场，以持续盈利。

避免/退出：企业无论是满足客户需求的能力还是变现能力都不强，应该避免进入或退出该细分市场。

2. 优选细分市场

企业在初步选择出细分市场后，应运用 SPAN 工具对每个细分市场进行吸引力和竞争优势的排序，如图 6-23 所示。

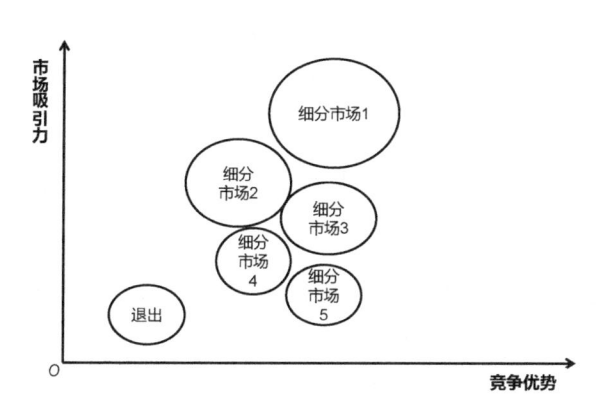

图 6-23 SPAN 工具下细分市场的分布

细分市场的评估如表 6-17 所示。

表 6-17 细分市场的评估

维度	细分维度	权重	得分（满分为 10 分）
市场吸引力	市场规模		
	渗透率		
	增长率		
	利润潜力		
	战略价值		

续表

维度	细分维度	权重	得分（满分为10分）
竞争优势	品牌		
	渠道		
	人才与技术		
	资金		
	供应链		
	内部管理（效率和组织动员能力）		
	市场份额		

企业应对每个细分市场进行打分，如表6-18所示。

表6-18 对每个细分市场进行打分

细分市场	得分（满分为10分）
细分市场1	
细分市场2	
……	
细分市场n	

企业应根据最终的细分市场评估结果，决定下一步的投资方向。

以华为为例，华为进入手机市场可以说是必然的。无论是市场吸引力（空间大、客户要求高），还是华为积累的能力（品牌、技术、人才、供应链、管理效率等），都让手机市场成为华为必然进入的市场。

到这里，企业已经对细分市场进行了精心挑选，这意味着企业已经有了具体的投资方向，下一步需要对这些优选的细分市场进行详细的分析，进入投资决策前的准备——产品立项！

6.5 产品规划经典案例

下面通过几个经典案例，对前文提到的市场分析原理和方法进行详细说明。

第 6 章

规划产品包：洞察先机，让产品竞争力赢在起跑线上

6.5.1 华为的业务发展

1. 国内通信业务：沿着价值链方向拓展

华为最初研发的是交换机（C&C08），它早期偶然进入这个领域。当时，通信业在国内获得了良好发展，是国家重点扶持的产业，国家在政策方面给予了大力支持。华为敏感地抓住了这个机会，预测到将来巨大的市场规模和国家对通信业大力投资的趋势，集中投入资源去拓展市场，进军无线、数据通信、光网络等领域，而不是去赚快钱和把有限的资金用于赶时髦，以确保打开行业缺口所需要的资源集中。

华为起初作为跟随者，向当时的行业巨头学习，引入了科学的管理体系（如 IPD），构建了自身的"软"竞争力。同时，华为为同层次的竞争对手提供先进的技术和优质的服务。

华为在早期有线产品的开发中，不仅积累了一定的市场口碑，还构建了对应的技术和人才体系，为向行业纵深领域（无线、数据通信、光网络等）拓展打下了坚实的基础。

华为早期虽然没有专门的洞察市场的组织，但"巧合"地运用了产品规划的思想，并采取了相关动作，一步一步抓住了行业价值转移的机会，从而获得了快速发展。在引入 IPD 后，华为专门成立了全公司层面的战略与 Marketing 组织，由其专门负责市场洞察和产品规划工作，把识别价值转移趋势的能力长久持续地建立在了组织上，这也是华为的产品能力比很多企业的产品能力强的重要原因。

图 6-24 所示为华为业务的价值转移，展示了华为沿着价值链方向不断深挖的过程，它是逐步成为通信业的领导者的。

华为在业务拓展的过程中，面临的主要挑战是什么？

华为为了拓展新业务和在市场上站稳脚跟，要与行业巨头竞争，面临技术能力、管理能力和效率不足的挑战。这促使任正非从 1998 年开始持续不断地引入西方先进的科学管理体系，吸引人才加入，不断提升管理能力和效率、增强内功，否则即使机会摆在面前也难以抓住。

华为沿着价值链方向纵深拓展

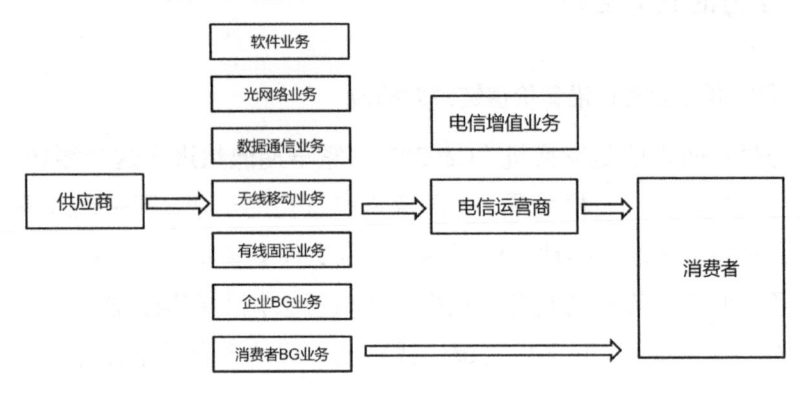

图 6-24 华为业务的价值转移

2. 光伏领域的崛起：新需求和机会

事实上，华为在光伏领域也取得了卓越的成绩，只是很多人不知道，可以说其是"低调的王者"。

华为进军光伏领域的时间并不是很长，当时光伏行业竞争已经很激烈了。那么，华为的机会在哪里？华为在光伏领域面临的挑战又是什么？华为在光伏领域的机会和面临的挑战如表 6-19 所示。

表 6-19 华为在光伏领域的机会和面临的挑战

维度	分析
市场	光伏逆变器是光伏发电的核心器件，华为进入光伏领域时，市场竞争已经很激烈
客户痛点	相比于其他发电手段，成本必须降下来，不然光伏发电难以成气候
行业特征	♪ 逆变器的成本基本受控于材料，很难从技术角度使其下降，华为在逆变器上并无明显的优势。 ♪ 其他厂家大都在逆变器的成本和性能上发力，没有端到端集成的能力
华为的优势	♪ 强大的集成和服务能力。 ♪ 强大的无线和分布式通信技术
机会	通过与客户交流，发现客户追求的是发一度电的成本要低于其他发电手段，华为发现在整体成本中，维护成本很高。华为发挥自身在通信领域的技术优势，用手机做维护终端，提供基于无线网络的智能光伏解决方案，极大地降低了人工维护的成本，从而使整体成本大幅降低，此举奠定了华为在整个市场的领先地位
总结	改变思维方式，从客户最关注的点出发，不在光伏逆变器这一产品领域"纠缠"，发现和抓住从单一产品向解决方案转变的机会

华为面临的挑战并不是产品技术和服务方面，而是对此行业需求的理

第 6 章
规划产品包：洞察先机，让产品竞争力赢在起跑线上

解、产品营销及样板店的打造。华为长期实施 IPD 积累的能力在这里发挥了巨大的作用，团队很快就抓住了此行业客户的痛点和需求，并把在通信市场积累的营销经验很快复制到此行业，迅速获得了客户的信任。华为凭借自身在产品或服务解决方案方面的优秀能力，最终成了行业的佼佼者。

3. 海外市场：挖掘新的市场

当时，虽然 3G 网络已经成熟，但其商业化前景并不明朗——运营商、设备商等都不清楚 3G 网络的商业价值在哪里，巨大的投资该如何收回。因此，虽然 3G 网络已经很成熟，但 3G 牌照迟迟未发，这对投入了大量资金和人力的通信设备商来说无疑是当头一棒（小插曲：还得感谢伟大的乔布斯，其带领团队重新定义了智能手机的操作方式）。

华为也在 3G 通信方面投入了大量资金，但并没有获得经济回报，这对当时这个本来就缺乏资金的民营企业来说无疑是雪上加霜。

而国内的 GSM 建设基本已经饱和，再加上领先者的竞争，如果没有新的业务增长，那么对华为来说必然非常危险。

于是，华为把目标转向海外，以寻求新的突破。华为的海外细分市场如表 6-20 所示。

表 6-20　华为的海外细分市场

细分市场名称	提供的产品和服务	客户群体的偏好
海外通信市场	移动通信及其他通信解决方案	产品和服务的价格不能太高，注重高性价比； 端到端提供服务（交钥匙工程，不仅仅是设备）； 不挑剔自然环境，能持续、稳定地提供服务； 能提供融资服务，以获得建设和运营的资金

但是，海外通信市场是国际巨头深耕多年的，不可能轻易让一个外来者分一杯羹，更何况国际巨头有了在中国市场被华为击败的教训，它们对华为拓展海外市场严阵以待、高度警惕。

华为该如何做？该从哪里突破呢？

从市场细分的角度来看，华为一方面面临国际巨头的阻击，另一方面自身产品的竞争力与国际巨头相比确实还有一定的差距。因此，华为要想在海

集成产品开发 IPD
— 让企业有质量地活着，实现客户价值和商业成功 —

外细分市场中取得突破并非易事。

华为在刚转向海外时选择了以下细分市场。

- 对价格敏感：推出价格相对低廉的产品，因为国际巨头的产品价格较高，所以采用最初打开国内通信市场的方式。

- 对服务要求高：提供优质服务，国际巨头往往很高傲，对客户漠视不理，并且服务费极高，响应慢。

- 端到端工程交付（交钥匙工程）：很多客户希望获得勘探、设计、安装、调试、上线等全链条服务，但国际巨头往往不愿意干苦活、累活，这给华为提供了进入市场的机会。其他企业不愿意干苦活、累活，华为干！华为海外市场的拓展史，可以说是艰苦奋斗，在枪林弹雨中成长的历史。

- 经济欠发达或者自然环境恶劣的地区：这些地区也对通信有着巨大的需求，国际巨头的产品和服务价格较高，在发生自然灾害或政局不稳时，国际巨头往往会选择舍弃这些地区。华为和客户坚守在一起，以极高的性价比和无可比拟的服务征服了客户，并与其建立了长期稳固的关系，而国际巨头没有做到这一点。某年某国发生地震，很多设备商早早撤离了现场，而华为的工程师勇做逆行者，为当地提供通信服务，这体现了华为以客户为中心的文化，华为最终被海外客户接纳，并获得了众多忠诚客户。

- 融资：很多运营商没有启动资金，华为以担保的方式为这些运营商提供启动资金，而其他国际巨头一般不会提供这种服务，它们倾向于高价卖设备。

华为在海外瞄准有上述偏好的客户群体，找到并逐渐打开了自己的海外细分市场，并在此过程中获得了海外市场经营经验及相应的人才队伍，再加上不断提升产品性能，后来逐步进入高端市场！

4. 手机业务：寻找新的细分市场客户

华为在进入手机领域时，该市场的竞争已经十分激烈。当时，手机市场最大的厂商是苹果，其他国内外厂商也占据了一定的市场份额。

对华为来说，做出合理的市场定位至关重要。华为在建立自主品牌的道路上经历了许多磨难，也遭受过早期产品没有竞争力、市场定位不准等挫折。

第 6 章

规划产品包：洞察先机，让产品竞争力赢在起跑线上

后来，华为找到了自己具有竞争优势的细分市场。表 6-21 所示为华为当时面临的竞争环境。

表 6-21 华为当时面临的竞争环境

维度	分析
趋势	①4G 时代来临，智能手机时代来临。 ②手机市场容量巨大。 ③除了苹果，其他厂商基本在同一起跑线上（从功能机转向智能机）
苹果手机的地位和客户痛点（客户对苹果手机的不满之处）及客户群体细分	①苹果手机占据着很大的市场份额，而且在消费者心中有很高的地位。 ②苹果手机规格单一，可选择性不高。 ③苹果手机拍照功能并不出色。 ④苹果手机电池容量一般，屏幕小。 ⑤苹果手机通话质量一般，信号弱。 ⑥客户群体细分：苹果手机面向有支付能力的高端消费者
竞争对手	苹果、三星、小米等
华为与其他厂商的优势对比	①苹果技术强，商业壁垒高。 ②三星成本控制好，仅次于苹果。 ③小米等品牌面向中低端消费者，具有成本优势。 ④华为的优势：基带通信技术深厚积累；硬件和供应链能力深厚积累
华为和苹果的劣势对比	苹果的劣势：价格高，屏幕小，电池容量一般，规格单一。 华为的劣势：品牌知名度不高，没有直接面向消费者的经验，需要重新构建整个体系

基于当时的市场竞争状况，华为对手机市场进行了细分和重新定位，如图 6-25 所示。

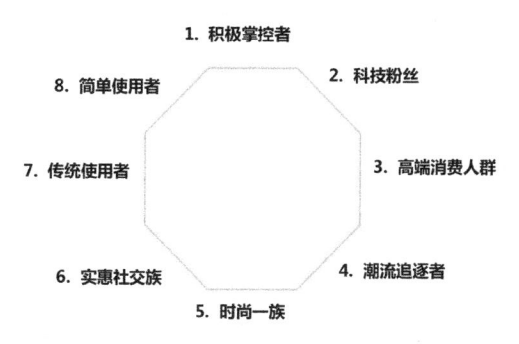

1. 积极掌控者
2. 科技粉丝
3. 高端消费人群
4. 潮流追逐者
5. 时尚一族
6. 实惠社交族
7. 传统使用者
8. 简单使用者

图 6-25 华为对手机市场的细分和重新定位

华为初步划分出了 8 类潜在的细分市场（这 8 类潜在的细分市场有一定的重合），划分的依据是客户群体的消费偏好和动机，最终华为选定了两类细分人群：高端消费人群中的商务人士和时尚一族中的年轻人。华为选定的细分市场如表 6-22 所示。

表 6-22　华为选定的细分市场

维度	具体内容
细分人群	♫ 高端消费人群中的商务人士。 ♫ 时尚一族中的年轻人
华为手机的优势	♫ 高端消费人群中的商务人士大都喜欢屏幕大、待机时间长、通话质量高的手机，华为以此与苹果争夺市场，产品价格低于苹果。 ♫ 拍照功能强大。 ♫ 时尚一族中的年轻人对价格敏感，追求时尚且注重产品质量，华为手机能满足他们的需求
总结	华为不直接和苹果硬碰硬，而是"以己之长攻敌之短"，确定自己的细分市场和方向

6.5.2　IBM 的转型

1．IBM 当时面临的行业趋势

20 世纪 90 年代初期，IBM 的业绩大幅度下滑，徘徊在破产的边缘，当时很多人都在等着看 IBM 的笑话，准备围观美国高科技行业的象征——蓝色科技巨人"关门大吉"，甚至已经有媒体开始预言哪天 IBM 会破产清算。

2．IBM 的发展受价值转移的影响很大

随着半导体技术的快速发展，体积较小的小型计算机逐渐替代体积庞大、笨重、成本高昂的大型计算机（IBM 是大型计算机的绝对霸主），这是技术进步引发的不可逆趋势。

而当时的 IBM 因为长期垄断市场，渐渐失去了用心为客户服务的初心，内部官僚主义盛行，甚至开始不把客户放在眼里，对客户的需求视而不见。部分客户已经有了替换 IBM 产品的想法，只是苦于没有替代品。

半导体技术和网络技术的兴起与发展，从功能上来说，使小型计算机可以替代大型计算机，新厂家推出的产品价格低廉，而且服务远超 IBM，越来越多的客户转向选择高性价比的产品。

IBM 仍然看不到（或者不愿意看到）技术进步带来的计算机小型化和网

第 6 章

规划产品包：洞察先机，让产品竞争力赢在起跑线上

络化，以及商业模式的变化带来的价值转移趋势。IBM 反而逆势而行，顽固地坚守昂贵的大型计算机的投资和研发策略，没能及时、快速地"革自己的命"，直至逐渐衰败。

上述各种不可逆转的趋势结合在一起，导致 IBM 大型计算机被市场和客户抛弃，后来 IBM 濒临破产也就不足为奇了。

在 6.4.1 节中我们提到了价值转移趋势的 3 种应对方式，IBM 虽然很强大，但一样不能和趋势对抗。因此，IBM 可以选择做小型计算机、微型计算机，与众多迎合趋势的厂家竞争，以获得一定的市场份额。

如果你是 IBM 的负责人，你会选择哪一种应对方式呢？路易斯·郭士纳没有选择前文提到的第一种和第二种应对方式。第一种应对方式自不必说，但他为什么没有选择第二种应对方式呢？

IBM 作为当时的科技巨人、美国高科技行业的象征，其运营成本是非常高的，在分散的小型计算机市场去和众多经营灵活、服务快速且技术不落后的小型计算机企业竞争，基本没有胜算，况且众多 IBM 客户也不再愿意为 IBM 昂贵的产品和服务买单，路易斯·郭士纳作为 IBM 的领路人，深刻洞察到了这一点。

3．路易斯·郭士纳的选择

IBM 虽然当时在市场中连连败退，但那只能说明其在市场竞争中失败了，并非 IBM 的技术和研发实力有问题。因此，路易斯·郭士纳结合行业趋势、IBM 自身的优势，选择了另外的转型和发展之路。

4．发现新的价值转移机会

路易斯·郭士纳曾经多年担任跨国集团的 CEO，具有卓越的商业洞察力，他敏锐地洞察到在计算机小型化和网络化趋势下，新的商业需求带来的新的价值转移，这是 IBM 的新机会。

这个新机会具体表现为：虽然很多客户越来越倾向通过小型计算机和计算机联网来完成商业任务，原来完全由 IBM 独家系统完成的任务，现在要由不同厂商的设备完成，但这些来自不同厂商的众多设备在合作完成任务时

集成产品开发 IPD
— 让企业有质量地活着,实现客户价值和商业成功 —

会出现集成困难、难以调试等问题,一旦出了问题就难以定位,而这些厂商都在推卸责任。这对客户来说是必须解决的问题。

这些小型计算机厂商无论是技术实力还是品牌知名度都不足以支持其承接大型企业的系统集成任务。于是,市场上出现了新的业务痛点和机会:系统集成和服务。

IBM 凭借强大的技术实力、较高的品牌知名度及仍然雄厚的资本,成为为大客户提供系统集成和服务的最佳选择。

在洞察到这个新的价值转移趋势后,IBM 立马开始削减相关大型计算机的投资,只保留最有竞争力的方向的投资,把宝贵的资源投入开发与系统集成相关的软件和硬件,并增强了系统服务方面的能力,同时在管理上进行大刀阔斧的改革,以适应新的发展战略。

在 IBM 从以大型计算机研发为主转向以系统集成和服务为主之后,开拓了很多与此相关的新业务,如咨询业务(华为后来师从 IBM 引入 IPD),并提出了电子商务、智慧地球、云计算等概念。IBM 由于提出了云计算概念并发布了相关产品,因此重新引领了信息技术行业的潮流,重新占据信息技术行业的领导者地位。

IBM 的成功转型是非常经典的在新趋势面前,发现新的价值转移趋势,找到对自己有利的新机会的案例。IBM 对市场的理解和新价值转移机会的洞察如图 6-26 所示。

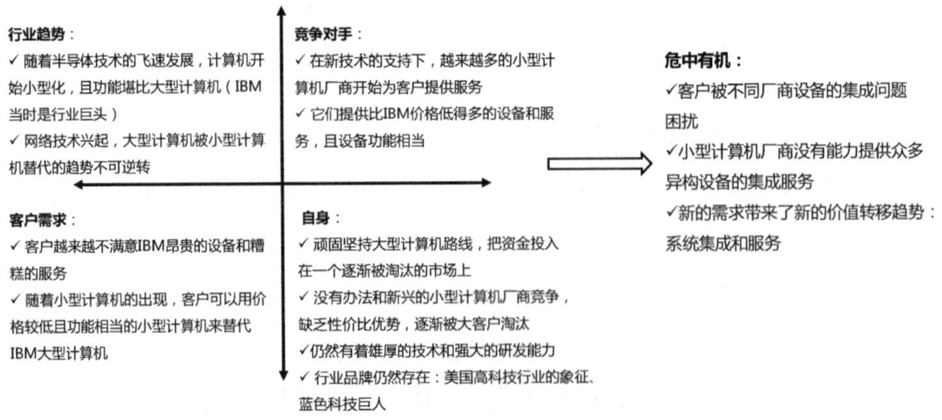

行业趋势:
✓ 随着半导体技术的飞速发展,计算机开始小型化,且功能堪比大型计算机(IBM 当时是行业巨头)
✓ 网络技术兴起,大型计算机被小型计算机替代的趋势不可逆转

竞争对手:
✓ 在新技术的支持下,越来越多的小型计算机厂商开始为客户提供服务
✓ 它们提供比IBM价格低得多的设备和服务,且设备功能相当

危中有机:
✓ 客户被不同厂商设备的集成问题困扰
✓ 小型计算机厂商没有能力提供众多异构设备的集成服务
✓ 新的需求带来了新的价值转移趋势:系统集成和服务

客户需求:
✓ 客户越来越不满意IBM昂贵的设备和糟糕的服务
✓ 随着小型计算机的出现,客户可以用价格较低且功能相当的小型计算机来替代IBM大型计算机

自身:
✓ 顽固坚持大型计算机路线,把资金投入在一个逐渐被淘汰的市场上
✓ 没有办法和新兴的小型计算机厂商竞争,缺乏性价比优势,逐渐被大客户淘汰
✓ 仍然有着雄厚的技术和强大的研发能力
✓ 行业品牌仍然存在:美国高科技行业的象征、蓝色科技巨人

图 6-26 IBM 对市场的理解和新价值转移机会的洞察

第 6 章

规划产品包：洞察先机，让产品竞争力赢在起跑线上

5．IBM 转型时面临的挑战

表 6-23 列出了 IBM 向系统集成和服务提供商转型时面临的主要挑战，以及路易斯·郭士纳进行的壮士断腕般大刀阔斧的改革，IBM 凭此最终转型成功。

表 6-23　IBM 转型时面临的主要挑战及路易斯·郭士纳进行的改革

IBM 转型时面临的主要挑战	路易斯·郭士纳进行的改革
官僚主义横行，早已将客户的需求抛到脑后，不把客户放在眼里	重塑企业文化：客户第一，IBM 第二。 要求全体员工建立以客户需求为导向，客户是衣食父母的认知。 在执行上，向客户道歉，表明 IBM 的不足和愿意改正的诚意，并把客户的意见作为对 IBM 员工评价的依据之一，而且和员工的收入挂钩
内耗严重，流程混乱，"大锅饭"，现金流越来越少	大力进行内部的组织和流程变革，完善 PACE（IPD 的前身），建立以客户需求为导向的组织和流程体系（经 IBM 实践，后来发展为华为引入的 IPD 体系）
	改革绩效激励，员工的收入和 IBM 的整体经营水平及部门业绩挂钩，不再是旱涝保收
	砍掉没有光明前景的投资项目，把资源投入与系统集成和服务相关的领域

如果没有路易斯·郭士纳对 IBM 进行的改革，那么 IBM 很难转型成功，说不定会走向消亡的结局。

很多企业只看到了商机，但没有意识到若不解决阻碍商机发挥价值的问题，则最终往往商机也不属于自己。

正是因为 IBM 具有从失败通过变革到浴火重生、再次辉煌的实战经历，任正非才下定决心向 IBM 学习，重点学习它的管理，坚决"穿一双老外的鞋"，如果自己的"脚"大了，宁可砍自己的"脚"！

6.5.3　我国信息技术应用创新产业相关政策带来的机会

我国注重科技创新，致力于把关键技术握在自己手中，并制定了一系列信息技术应用创新产业政策。在核心软件和硬件领域，如操作系统、数据库、办公软件、芯片、高端机床等都要逐步国产化。

国家政策的支持对产业的发展至关重要，各家企业应抓住信息技术应用创新产业相关政策带来的千载难逢的机会。

6.6 产品立项：产品设计的开始

产品立项是 IPD 两大核心理念的关键实践活动。

（1）产品开发是投资行为。

通过产品规划过程，企业可以发现适合自己的商机，把有限的资源用在最有利于自己的地方。企业应对立项的可行性和收益进行核算，以便获得商业成功。

（2）产品的竞争力是设计出来的。

产品立项是产品设计的开始，其决定了产品的竞争力。世界上伟大的产品很多都是设计出来的。苹果在推出新产品时，会从功能、服务、生产制造、商业模式、宣传推广等方面进行全方位的设计，之后才会采取行动。正因为苹果的产品具有很强的竞争力，所以其才一直在市场上处于领先地位，其竞争力就是设计出来的。

华为轮值董事长徐直军在 2006 年度 PDT/TDT 经理高级研讨会上指出："所有的前端的前端的最前端就是 Charter，如果 Charter 做错了，那么事实上全是错的，所以我觉得 Charter 的质量是产品质量的保证。Charter 开发定位为做正确的事，它确定了方向，研发是正确地做事，如果前端出错了，产品就不可能有高质量。"2007 年，他又在华为"战略与 Marketing"办公会议上明确指出："Marketing 要保证开发出'好'Charter，从根本上提升华为的研发效率，扭转研发人员经常加班但有 25%的版本被废弃的被动局面。产品管理体系的各级人员一定要清楚自己的责任，要认识到产品管理部做任何工作都是为了 Charter 的质量提升。"（徐直军讲话来源于《从偶然到必然：华为研发投资与管理实践》，作者夏忠毅，是 2019 年清华大学出版社出版的图书，后续来源同）可见，华为对 Charter 高度重视。

Charter 是产品任务书，是产品规划的结果和最终交付，可以理解为 Charter 相当于企业向投资机构申请投资时需要提供的商业计划书。

很多企业的产品之所以缺乏竞争力，其中一个很重要的原因是事先没想好该如何做，或者根本没有做计划，脚踩西瓜皮——滑到哪里算哪里，结果

第 6 章
规划产品包：洞察先机，让产品竞争力赢在起跑线上

如何全凭运气。

深刻理解 Charter 的内容和开发过程（组织、流程），是理解 IPD 及产品面向商业结果的关键。

Charter 开发过程包含图 4-1 中的模块 1'、模块 3 和模块 4：产品规划部门（"营"的组织）经过长期市场洞察，发现潜在细分市场的商机，对候选的细分市场进行深入分析后设计产品包（产品立项报告——Charter），向企业提出立项申请，请求投入资源。之后，企业的投资决策部门对 Charter 进行深入评审，决定是否投入资源。

6.6.1 深刻理解产品立项报告

做正确的事的前提是确保产品能够满足客户需求、解决客户的业务痛点，并且能够给客户带来商业价值和帮助企业取得商业成功。这就要求企业在正式开发产品之前就清晰地定义有竞争力的产品。产品规划和产品立项能够帮助企业做正确的事。

6.6.2 产品规划和产品立项的关系

产品规划是洞察市场、理解客户需求能力的长期构建的过程。在华为，战略与 Marketing 组织负责对市场、行业和客户进行长期分析与洞察。经过多年的持续努力，华为构建了组织级的理解市场、行业和客户的卓越能力。这也是华为能够在市场多变的外部环境下总能先于竞争对手找对方向或者快速调整到正确轨道上的重要原因。

2006 年，徐直军在"战略与 Marketing 体系"大会上明确指出："做正确的事是华为面临的最核心的问题，解决这个问题是'战略与 Marketing'最核心的职责。这就要求我们重点抓好'产品规划'，要明确未来应该开发什么产品、产品应该具有哪些具体特性、产品应该何时上市、产品的成本应该是多少等。产品立项是战略性的，只有战略正确，后续的 Marketing 活动才有意义、有价值。"

产品规划是长期构建能力的过程，不是一朝一夕能够完成的。很多企业就是因为没有构建起组织级的市场洞察和规划能力，往往在机会来临时只能看着机会从身边溜走，还会说"早知道……就……了"。

产品规划就如运动员、演员平时长期的训练，属于"台下十年功"，而Charter属于"台上一分钟"，展现的是"训练"结果。如果企业没有长期的产品规划能力的构建和积累，就很难有优秀的Charter。

6.6.3 Charter 的核心内容

Charter 是产品设计的开始，是产品开发的投资决策依据，深刻体现了"产品开发是投资行为"的核心理念。

Charter 的核心价值在于指导研发部门一次性把正确的事做正确，主要回答关于产品是否能够取得商业成功的如下核心问题。

（1）客户价值。该产品服务于哪些客户群体？是否对这些客户群体有价值？解决客户群体哪些痛点和业务问题？能不能帮助客户成功？

（2）企业成功。该产品能够给企业带来的收益如何？值不值得投入？对企业的战略地位和品牌有何贡献？

（3）如何做。该产品如果值得投入，如何做才有竞争力？客户凭什么购买你的产品？

现实中，创业者要想投资人投资，那么应当清晰地回答上述核心问题，否则投资人是不会轻易投资的。

在开发 Charter 时也是一样的道理。企业的资源有限，必须用在刀刃上，而这个刀刃要能够清晰地回答"产品是如何帮助企业和客户获得成功的"。

2011年，徐直军在产品管理部部长角色认知研讨会上谈道："什么叫商业成功？是否取得了商业成功的衡量标准是你所负责的产业挣了多少钱，是不是比竞争对手挣得多一些，这就意味着你的产品是不是有竞争力，毛利是不是高，市场份额是不是高。"

第 6 章

规划产品包：洞察先机，让产品竞争力赢在起跑线上

通过前文我们知道，很多企业的立项其实只是研发内部的立项，和商业成功的要求相差甚远，只是 Charter 中产品功能的一部分，严格来说，那并不是产品立项，只能算研发内部的开发要求。

因此，Charter 是关于产品如何才能取得商业成功的初始产品包设计，其核心要素包括"四点一策略"，如图 6-27 所示。

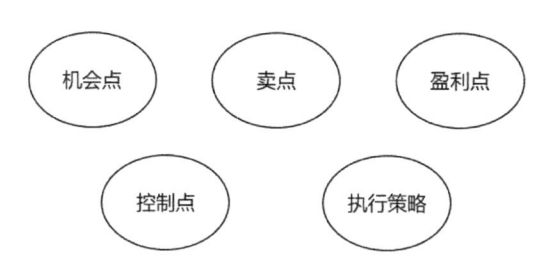

图 6-27 Charter 的核心要素

Charter 决定着在企业资源有限的情况下产品的方向，主要解决要在什么行业和细分市场做什么产品、做成什么样子、达到什么目标和如何确定产品竞争力等问题。

因此，Charter 的核心内容包含产品规划最关注的问题，这些问题可以用 4W2H（Why，What，When，Who，How much，How）来清晰阐述，如图 6-28 所示。

图 6-28 Charter 的核心内容

表 6-24 从 4W2H 维度对 Charter 的核心内容进行了详细说明。

集成产品开发 IPD
— 让企业有质量地活着，实现客户价值和商业成功 —

表 6-24 Charter 核心内容的详细说明

核心要素	4W2H 维度	详细说明
机会点	Why	产品价值： 回答产品为什么要立项。通过产品规划，从宏观和微观层面对市场进行分析，回答产品的目标客户群体是谁、能为客户带来什么价值、能为企业带来什么价值及如何构建竞争力。围绕目标客户群体的痛点和商业价值，明确目标市场的机会点。 如果不进入这个市场、不做这款产品，企业的损失有多大（对收入、行业地位等的影响）
卖点	What	产品构想与竞争优势： 市场需要的产品包是什么样子的？ 客户凭什么购买你的产品？针对客户的痛点，描述企业的独特价值和关键竞争力，以及产品包的差异化优势。 输出初始产品包需求
盈利点	How much	反映投入产出的思想： 从人、财、物等角度说明开发产品需要投入的成本与费用。 商业模式： 该产品主要卖什么？如何卖？怎么定价？如何获取利润？ 该产品投入多长时间能够为企业带来多少收入和利润？该产品对企业战略、品牌、技术和能力建设的贡献度
控制点	How	"护城河"： 产品包的竞争优势，明确需要构建哪些要素（如技术壁垒、专利布局等），以及如何构筑"护城河"，以防止竞争对手抄袭或者尾随
执行策略	How	实现产品卖点、盈利点、控制点的关键路径及所需要的各种策略： 技术层面包括平台、芯片、关键部件、关键技术和专利等。 开发实现策略、盈利策略、营销策略、服务策略、存量市场的版本替换更新策略、合作策略等
团队	Who	能够满足产品开发需要的项目组团队（角色和能力）
里程碑	When	产品开发节奏和版本规划： 确定将产品推向市场的最佳时间，讲清楚产品推出的时间和对客户的承诺、版本规划及产品的生命周期

正确的产品立项和钱紧密相关，企业的目的是使投资收益最大化。而大部分企业的产品立项只是研发部门的开发任务和计划，与商业成功的要求相差甚远。这也是很多企业立项后要么成功率低，要么后续问题不断，导致产品缺乏竞争力，甚至错失市场机会的重要原因。

可见，Charter 的质量直接决定了产品的竞争力。

6.6.4 设计盈利模式

IPD 强调产品开发是为了实现客户价值和商业成功,因此在开发 Charter 的过程中,产品的商业模式和盈利模式设计是极为关键的部分,如果没有该部分的设计,就谈不上是商业行为,而是纯粹的研发部门立项,偏离了企业做产品的真正目的。

成功企业的产品经理大多数都是出色的工程商人,他们都很清楚设计产品的目的是通过打动客户实现商业成功,因此在产品立项阶段就对商业模式有了明确的定义。如果你在设计一款产品时从未考虑如何商业变现,那么可能还停留在技术工程师的思维。如前所述,大部分企业在产品立项时基本不涉及商业模式设计,因此谈不上是面向商业的产品设计,可以说它们从一开始就偏离了 IPD 的目标。

《商业模式新生代》(亚历山大·奥斯特瓦德、伊夫·皮尼厄著,2011 年出版)一书提出了运用商业画布的方法设计产品商业模式。运用商业画布的方法设计产品商业模式如图 6-29 所示。

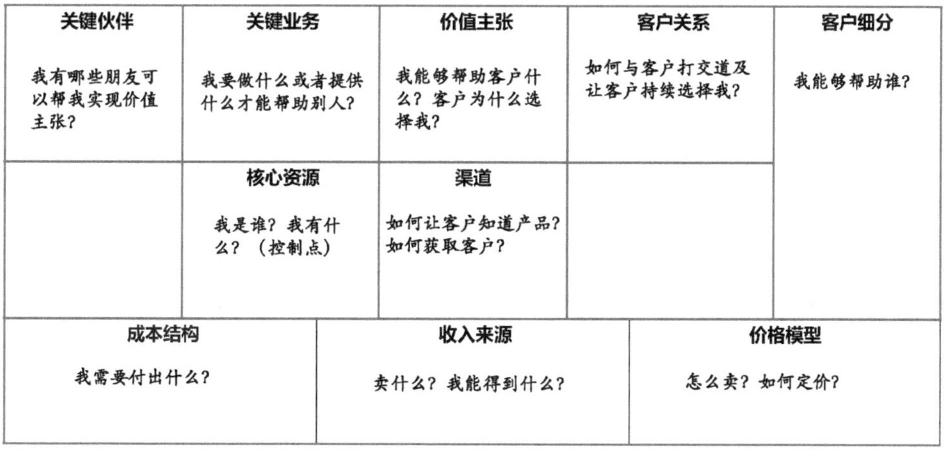

关键伙伴	关键业务	价值主张	客户关系	客户细分
我有哪些朋友可以帮我实现价值主张?	我要做什么或者提供什么才能帮助别人?	我能够帮助客户什么?客户为什么选择我?	如何与客户打交道及让客户持续选择我?	我能够帮助谁?
	核心资源	渠道		
	我是谁?我有什么?(控制点)	如何让客户知道产品?如何获取客户?		
成本结构		收入来源		价格模型
我需要付出什么?		卖什么?我能得到什么?		怎么卖?如何定价?

图 6-29 运用商业画布的方法设计产品商业模式

盈利模式(图 6-29 中的收入来源、价格模型)设计是产品设计的核心。表 6-25 所示为盈利模式设计参考。

表 6-25 盈利模式设计参考

卖什么	收费模式	怎么卖	定价原则
①卖硬件。 ②卖软件。 ③卖咨询服务和工具。 ④卖集成解决方案。 ⑤卖组合。 ⑥卖专利和平台。 ⑦卖流量	①免费+增值。 ②预付（订阅）。 ③后续付费。 ④阶梯收费。 ⑤广告。 ⑥抽佣	①按产品包计价。 ②按人天计价。 ③按用户数计价。 ④按带宽计价	①价值定价。 ②营收成本。 ③市场竞争。 ④品牌溢价

商业模式和盈利模式设计是产品实现商业成功的重要保证，主要回答"卖什么、怎么卖、怎么定价"这一关键问题。很多企业在这个方面做得不是很好，尤其是在产品的早期立项阶段，更是考虑不足，甚至完全没有考虑商业模式和盈利模式设计。

纵观华为的产品发展史，其获得较大商业成功的产品系列，如交换机、无线、光网络、数据通信等，都是在 Charter 阶段就已经构建了良好的商业模式，因为这是构建产品竞争力的关键。

商业思维能力是企业对产品规划人员及经营者的重要能力要求。

6.6.5 CDP：Charter 开发流程

Charter 对于产品取得商业成功起着至关重要的作用，它应该体现产品的竞争力和如何取得商业成功。

为了开发出高质量的 Charter，华为强调要像开发产品一样开发 Charter，要像管理产品开发过程一样管理 Charter 开发过程，包括要有团队、管理体系、流程等的支持。在开发 Charter 期间，相关人员尽量要专职，要全流程受控，并且要对 Charter 开发过程中的各个环节提出质量要求。

在华为，Charter 开发由 CDT 负责，并且遵循一定的 CDP。

Charter 开发流程分为 5 个阶段，即产品立项准备、市场分析、产品定义、执行策略和 Charter 移交，如图 6-30 所示。

第 6 章

规划产品包：洞察先机，让产品竞争力赢在起跑线上

```
产品立项准备    Why        What、When    How、How      IPMT投资
                                          much、Who    决策评审
成立CDT        市场分析    产品定义      执行策略      Charter移交
                            △            △            △          to PDT，
                           CDR1         CDR2         CDR3         CDT解散
```

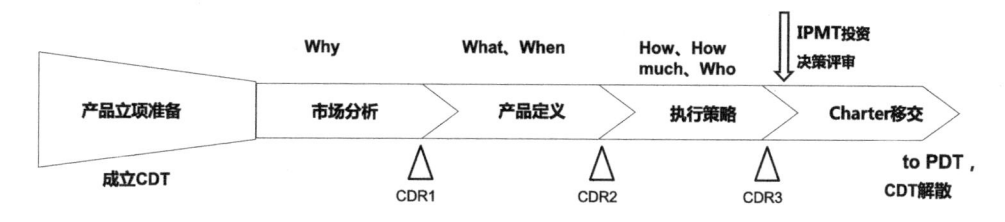

图 6-30 Charter 开发流程

1. 产品立项准备（产品构想）

在此阶段，产品规划专家通过市场、客户需求、竞争分析，以及行业洞察、标准和专利分析等活动，发现新的行业和市场机会，进行新产品构想，并形成原始的产品构想。这时的产品构想比较简单，也可以说只是一个轮廓。当新产品概念形成后，向上级决策组织提出组建 CDT，如果获得批准则正式启动产品开发项目，进入市场分析阶段。

CDT 是开发高质量 Charter 的组织保证。CDT 是一个跨领域、跨部门的团队，团队成员来自规划、销售、服务、研发、制造、供应、财经等专业领域，由产品规划专家作为 CDT Leader。CDT Leader 要求有丰富的产品规划方面的经验及成功的洞察实践，其在很大程度上决定了 Charter 的质量。

产品立项准备阶段的工作内容如表 6-26 所示。

表 6-26 产品立项准备阶段的工作内容

维度	工作内容
输入	产品规划专家经过长期的洞察形成初步产品构想：市场机会、竞争、初步卖点等
目标	向上级决策组织提出 Charter 开发申请，组建合格的 CDT
关键活动	①整理产品初步构想，与相关专家探讨，让构想更完善； ②向决策机构提出 Charter 开发申请； ③组建 CDT； ④制订任务计划（中间评审计划及 Charter 评审日期）
输出	①CDT； ②初步任务计划

很多企业仅把产品立项当作研发部门的事，这和 IPD 的要求有较大的差距，华为对产品立项高度重视（体现了"产品开发是投资行为""产品的竞争力是设计出来的"核心理念），聚集各个领域的专家组建了 CDT，在产

品规划专家的领导下,发挥集体的智慧,让产品竞争力赢在起跑线上。

2. 市场分析

在组建 CDT 后,Charter 开发的第一个活动是市场分析,目的是回答清楚为什么要做这款产品,也就是对"Why"的回答。

CDT 要在已有的产品构想基础上,充分与客户进行直接和广泛的沟通交流,弄清楚客户主要的问题和期望是什么、有什么样的应用场景,以及市场竞争形势是怎样的,确认市场上有哪些商业机会,进一步完善初始产品构想。

在此基础上,CDT 会初步形成产品备选特性(产品包的卖点),明确产品的目标客户群体、能为客户和企业带来什么价值,从而进一步分析产品规划过程中的下列问题。

(1)宏观市场形势是怎样的?产品的市场前景如何?有什么样的价值转移趋势?有什么样的机会?存在哪些危险和挑战?

(2)细分市场有什么样的应用场景?客户对产品有什么样的需求?

(3)产品的目标细分市场和客户是谁?产品给客户带来什么价值?

(4)目标市场有没有吸引力(可以使用 SPAN 工具分析),推出此产品将给企业带来什么收益(市场、行业地位等方面)?

(5)如果不提供这款产品将给企业带来什么影响(收入、未来竞争等方面)?

市场分析阶段的工作内容如表 6-27 所示。

表 6-27 市场分析阶段的工作内容

维度	工作内容
输入	组建 CDT
目标	回答"Why",为进一步分析产品包卖点做准备: ①明确新产品的细分市场和目标客户群体; ②评估新产品对客户的价值; ③分析客户期望、细分市场特征、产业发展、竞争态势; ④分析企业的潜在收益和价值

续表

维度	工作内容
关键活动	与客户互动：与客户高效交流是获得高质量 Charter 的基础，企业不能闭门造车。开发 Charter 的过程就是不断与客户互动，进而提升自己的过程。 市场分析：从宏观市场、细分市场、重点客户和典型客户 3 个层面分析新产品的市场。企业可以从国家政策、标准、市场发展趋势、技术发展趋势、竞争态势等方面分析产品的市场前景及宏观市场对产品市场机会的支撑和制约，从而发现价值转移趋势和新商机。 行业技术分析：分析与新产品相关的技术环境驱动要素、行业技术变化对新产品的影响，特别是产业链发展健康与否对新产品的影响。行业技术分析维度包括标准、产业链、技术、芯片、组件、IPR 等，企业应输出关键技术能力需求和产品目标成本要求，指导后续的开发落地。 竞争分析：分析新产品给企业带来的竞争力的提升，通过对竞争环境、竞争地位和竞争对手的分析，输出新产品的差异化优势和竞争策略。 合作分析：从新产品产业链的角度，分析哪些技术和平台需要自己研究开发、哪些可以合作研究开发。对于需要合作研究开发的技术和平台，企业需要预先挑选合作伙伴，输出合作资源地图，评估合作伙伴的综合能力，提出合作策略和建议。 商业模式初步分析：新产品主要卖什么？怎么卖？对于不同的市场和客户怎么定价？新产品怎么变现（大部分企业的产品立项缺乏此核心内容，偏离了产品的商业目标）
输出	对该产品市场情况一致的分析结果

在完成上述市场分析工作之后，CDT 需要向上级决策组织汇报市场分析结果，评审通过后进入产品定义阶段。

3. 产品定义

此阶段主要回答"What"问题，在市场分析阶段形成的基本客户需求的基础上，归纳总结解决方案，设计产品包（功能包、服务包、工具包、计费营销包、体验包、增值包）卖点，阐述产品做成什么样子才能满足客户需求及产生商业价值，并说明产品和竞争对手相比具有的明显优势。比如，产品能更高效地解决客户的业务痛点和带来商业价值，产品的成本更低、性能更高且更稳定、端到端的体验更好。

此阶段要阐述清楚让客户叫好的产品包卖点，为将来叫座打下基础：讲清楚产品应该做成什么样子，识别出价值特性并排序。此外，企业还应基于价值特性排序及当前的研发资源进行需求优先级排序，形成初始产品包需求。企业可以通过归纳总结产品的价值特性和成本目标，明确产品的商业价值和竞争力。产品定义阶段的工作内容如表 6-28 所示。

表6-28 产品定义阶段的工作内容

维度	工作内容
输入	对该产品市场情况一致的分析结果
目标	回答"What"问题及部分"How"问题，为执行策略做准备： ①明确新产品的产品包卖点设计； ②明确差异化优势及需求优先级排序。 此阶段是最为核心的阶段，产品的竞争力和差异化优势在此阶段构建。大部分企业都没有在此阶段完整、清晰地阐述产品包及其优势
关键活动	①明确产品目标成本： 根据产品卖点、竞品对比、企业端到端的成本及客户的TCO，初步确定产品的成本结构。注意不要只关注局部成本，要关注全部成本，包括产品制造成本、服务成本、维护成本等。 ②商业模式设计： 识别产品最有价值的卖点和特性，回答清楚怎么卖，比如是按功能点卖还是按人天费用卖，或者按端口、用户数、连接数卖等，为后续定价奠定基础（这是绝大多数企业在产品立项阶段都没有考虑的，而IPD强调产品规划和产品立项是为了取得商业成功，不考虑怎么卖就不是在设计商业产品）。 ③确定初始产品包需求及优先级排序： CDT将识别出的初始产品包需求与主要竞品进行对比分析，和研发人员讨论，发现不足并做出调整，确保版本的卖点和规格具有竞争力； 及时与客户互动，确定这些需求的价值，并及时更新卖点； 根据产品定位及差异化优势，对这些需求进行动态优先级排序，目的是将价值需求完整、清晰地传递给开发团队，让开发团队尽早理解价值需求，并在后续的产品开发过程中快速响应和满足它们
输出	初始产品包需求

在完成上述流程并通过内部的评审之后，Charter开发进入执行策略阶段。

4. 执行策略

此阶段主要回答"How""When""How much""Who"相关问题，涉及开发Charter需要用到的相关资源、成本和费用、团队成员、商业计划的各领域策略及关键措施。

♫ 新产品应该什么时间上市？版本节奏（包含每个版本的关键特性）如何安排？

♫ 要想使产品包取得商业成功，而不是只停留在目标、口号上，需要采用哪

第 6 章

规划产品包:洞察先机,让产品竞争力赢在起跑线上

些策略(如开发策略、合作策略、营销策略、生命周期管理策略、服务策略、质量策略和生产策略等)?

- ♫ 产品实现的关键路径是什么?需要哪些关键技术及如何获取这些技术(是合作研发还是自己研发)?
- ♫ 需要投入多少资源?
- ♫ 合适的团队成员有哪些?
- ♫ 风险有哪些?如何应对?

执行策略是大多数企业在进行产品立项时不太关注甚至不考虑的内容,但它对产品包取得商业成功非常重要。执行策略阶段的工作内容如表 6-29 所示。

表 6-29 执行策略阶段的工作内容

维度	工作内容
输入	初始产品包需求
目标	回答 "How" "When" "How much" "Who" 相关问题,为投资决策评审做准备: ①上市时间及版本节奏安排; ②各领域策略及关键措施; ③资源投入预估和产出分析; ④竞争力和控制点; ⑤关键路径、风险及应对措施; ⑥合适的团队成员
关键活动	①规划版本里程碑:版本迭代规划及特性、上市时间; ②制定端到端的策略及关键路径:如开发策略、合作策略、营销策略等。在制定定价策略和营销策略时,企业应进行市场空间预测、价格预测、销量预测,初步制定新产品营销目标和营销策略,明确新产品如何走向市场,制定新产品的渠道策略(如直销、分销等多种方式),让新产品被市场和客户认识; ③分析投入产出:预测资源投入及投资损益,确保新产品有盈利空间; ④构建控制点:确保产品包卖点有难以跨越的"护城河"; ⑤预测风险:分析和定义可能出现的各种风险(如客户、技术、渠道、团队等方面的风险)及应对措施; ⑥提名 PDT 核心成员; ⑦向 IPMT 提出立项申请,准备立项评审
输出	经过 CDT 及相关专家评审通过的 Charter,准备将其提交给 IPMT 进行投资决策评审

执行策略阶段是开发 Charter 的最后一个阶段,在完成上述工作后,CDT 准备好向 IPMT 汇报的 Charter 评审材料并进行汇报,获得执行商业计划的批

准（投入资源、成立 PDT、移交 Charter）。

5. Charter 移交

在 IPMT 评审通过后，完成 CDP，进入 Charter 移交阶段。

在此阶段，CDT 对 Charter 开发的经验、教训进行总结和归档，并正式将 Charter 移交给 PDT，之后就可以解散了。在 PDT 成立后，原 CDT 各领域的核心成员加入 PDT，继续进行产品开发。

6.6.6 产品包需求

初始产品包需求是 Charter 的关键输出，它能够指导后续研发人员做正确的事，体现了产品包的主要内容（见 5.1 节对产品包的描述），是对最终交付给客户（包括外部客户和内部客户）的产品包的完整、准确的描述，以及对产品包进行开发、验证、销售、交付的依据。PDT 在开发产品时，主要在初始产品包需求的基础上不断完善和深入。

产品包需求来源于对客户原始需求的分析和判断，是站在客户视角感知到的有价值的要素集合，体现了产品对客户的商业价值。产品包需求如图 6-31 所示。

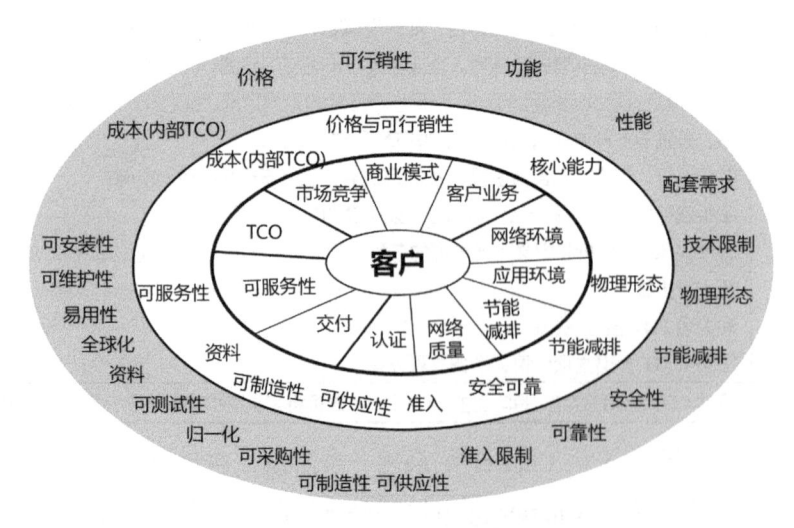

图 6-31 产品包需求

第 6 章

规划产品包：洞察先机，让产品竞争力赢在起跑线上

产品规划阶段的产品包需求侧重点与研发阶段的产品包需求侧重点是不一样的。徐直军指出："从产品立项到计划决策评审有一个过程，大概需要 3 个月到半年的时间。在 CDP 阶段，产品包需求的侧重点在于给出客户最关心、能够解决差异化问题、具有竞争力等核心需求。现在我们回想起来，R4 软交换里面最重要的是 2G 和 3G 合一，如果做到了这一条，就解决了差异化和竞争力的问题，配合其他七八条特性，产品就有竞争力了。Charter 开发阶段不要只注重细节需求，避免把最重要、最根本的问题忽视了。"

企业要确保 Charter 开发阶段体现客户商业价值的需求能被准确、完整地传递给后端的 SE，让产品的技术设计者充分理解这些需求代表的应用场景及商业价值，不能只看到各种技术层面的指标，却不知道为何要按照这些指标去做事，否则大概率会导致后续产品设计走弯路。

因此，产品包需求是产品最重要的、有差异化优势的，以及最能体现产品对客户的商业价值的需求。

产品包需求的参考样例如表 6-30 所示。

表 6-30　产品包需求的参考样例

类别	需求简要描述	版本规划	优先级	来源
功能包	必须符合国标的相关条款	V1R1	高	电信、移动
非功能性需求	性能达到××CAPS	V1R1	高	某地区大型通信运营商
	平均无故障工作时间必须达到国家要求（可靠性）	V1R1	高	某地区大型通信运营商
服务包	服务等级协议必须符合国标的相关条款	V1R2	中高	某地区大型通信运营商
	远程升级、调试	V1R2	中高	某地区大型通信运营商
计费营销包	支持按服务、人天计费 支持按用户数、连接数计费	V1R1	高	移动

6.6.7 如何才能开发出高质量的 Charter

Charter 对于产品设计至关重要，因此华为把开发 Charter 看得和开发产品一样重要，并构建了 Charter 开发流程，其中的关键活动包括与客户互动、市场分析、竞争分析等，各个阶段都对关键活动有计划、有评审、有输出，以开发出高质量的 Charter。这体现了 Charter 对产品商业成功的重要性。

企业要想开发出高质量的 Charter，需要贯彻一些重要的管理原则。螺旋式上升的高质量 Charter 开发过程如图 6-32 所示。

Charter 的内容来自洞察和创意
Charter 的高质量来自高效管理，产品规划部门的负责人是 Charter 质量的第一责任人
✓ 不断与客户沟通、确认
✓ 与行业专家持续深入交流
✓ 持续更新各阶段的内容
✓ 借鉴竞争对手的作品
✓ 严格地进行阶段评审、改进

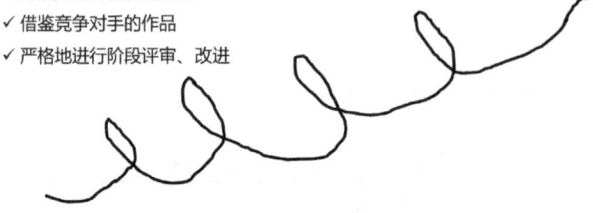

图 6-32 螺旋式上升的高质量 Charter 开发过程

第一，Charter 开发是一个螺旋式上升的过程：CDP 让后续的每个阶段都可能更新前几个阶段的成果，确保 Charter 持续更新，比如产品定义阶段会更新市场分析阶段的内容和结论。

第二，Charter 的核心是清晰地呈现所开发产品完整的、实现客户商业价值的、有竞争力的构想。企业应当在各个阶段与客户沟通交流后确定并持续更新这些构想。

第三，在 Charter 开发过程中，Charter 开发团队基于获取的客户需求，形成对产品的初步构想，每个阶段都必须经过内部的充分讨论和严格评审，Charter 质量的第一责任人是产品规划部门的负责人。内部讨论包括与行业专家、产业链上下游专家及合作伙伴等沟通交流，形成更清晰的产品构想。

在内部讨论之后，Charter 开发团队就产品构想和客户再次进行交流、内部再次进行评审，并不断循环这个过程，以开发出高质量的 Charter。

第四，借鉴竞争对手优秀的产品构想和设计。竞争分析在一定程度上决定着产品规格的底线和高质量 Charter 的下限。

经过上述严格的质量管理过程，到了需要向 IPMT 移交 Charter 的时候，CDT 就能拿出确保取得商业成功、满足客户需求和实现客户商业价值、有差异化竞争力的 Charter 了。这和创业团队向投资人宣讲创业计划书类似，优秀的创业计划书更容易获得投资。

6.6.8 产品立项总结

深刻理解 Charter 是产品立项成功的保障。Charter 主要回答的 3 个核心问题如图 6-33 所示。

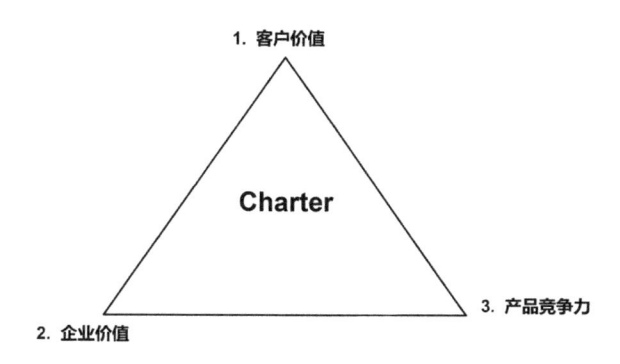

图 6-33　Charter 主要回答的 3 个核心问题

（1）客户价值。

♪ 产品服务哪些客户群体？

♪ 产品能够解决客户的哪些痛点和业务问题？

（2）企业价值。

♪ 企业要投入多少资源？

♪ 企业能够获得多少利润？

♪ 企业怎样获得利润？

(3)产品竞争力。

- 产品有什么卖点?
- 如何实现产品?
- 产品卖点有什么控制点("护城河")?

6.7 产品立项决策评审：产品开发是投资行为

产品规划和产品立项体现了 IPD "产品开发是投资行为"的核心理念。不仅如此，产品规划和产品立项还体现了 IPD 的其他核心理念。

基于市场需求进行创新与开发：这意味着产品要瞄准客户的需求和痛点、帮助客户实现商业价值，既不能像闭门造车那样"自嗨"，也不能对客户唯唯诺诺，而是要进行洞察和分析，抓住客户真正的需求。

产品的竞争力是设计出来的：在 Charter 开发阶段，企业要对产品包的卖点、盈利点及控制点等方面进行全方位设计，让产品竞争力赢在起跑线上。

"产品开发是投资行为"体现了 IPD 关于商业成功的核心理念。很多企业的老板或者少数高层一拍脑袋就把资源投入进去，看起来气壮山河，但是企业是商业组织，是以持续盈利为目标的，并非"人有多大胆，地有多大产"。没有科学的产品规划和产品立项，企业很快就会把好不容易积累起来的资源消耗殆尽。

正如《孙子兵法》中对战争的描述：战争消耗巨大，要慎战。如果不得不战，就要进行周密的"庙算"：衡量敌我双方各方面的优劣势，制订严谨、详尽的作战计划，等待合适的机会，一鼓作气击败敌人。若盲目作战，则被消灭的概率极大。

产品立项也一样，企业的资源有限，企业要进行精心的设计及严格的决策评审，以确保企业把有限的资源投入能给企业带来效益的领域。

第 6 章

规划产品包：洞察先机，让产品竞争力赢在起跑线上

实际上，很多企业的产品立项既缺乏对商业成功的考虑，在评审时也非常不严谨。这些企业中参与评审的人员往往是来自研发部门的技术人员，他们主要是对产品功能和规格进行评审。这时的产品立项属于研发部门内部的立项，并没有站在产品是否能够取得商业成功的投资视角。

大部分企业的投资决策机制是怎样的呢？

从我们接触过的企业来看，大部分企业的投资决策机制基本上是下面这样的。

（1）企业的投资决策主要靠老板的眼光与能力，其他人要么对老板唯唯诺诺，充当执行角色，要么即使提出不同意见，也不被老板认可。

企业发展初期，业务规模不大，老板的能力往往起着主导作用。随着企业的发展壮大，客户要求越来越高、商业环境越来越复杂、竞争对手越来越强大，这种依靠老板的个人能力做投资决策的机制往往会给企业的发展带来巨大的风险。

（2）有的企业虽然设立了 IPMT，但是没有投资分析和决策的内在机制，也就是没有流程和能力的长期支撑，导致 IPMT 形同虚设，IPMT 的成员实际上也没有能力对投资决策负责。这也是为什么很多企业的老板不愿意听取下属关于投资的意见，显而易见，最终结果还是老板说了算。

上述投资决策机制是企业发展壮大和实现目标的巨大障碍。

IPD 把产品开发当作投资行为进行管理，这决定了其对产品立项的评审非常严格，评审组织是 IPMT。IPMT 成员主要是企业的董事长、总经理及市场、研发、质量、服务、供应链、财务等各职能部门的负责人，他们被称为投资决策委员。IPMT 成员不是普通员工，而是高层管理者，他们掌握着各种资源，对企业的投资结果负责，并对 IPD 流程的每个阶段进行审视，确保每个阶段的结果都能达到产品立项时的投入产出要求，体现"产品开发是投资行为"这一核心理念。

CDT 在完成 Charter 之后，就可以向 IPMT 申请产品立项决策评审了。CDT 和 IPMT 之间的关系就像创业团队和投资人之间的关系。投资人最关心什么？他们最关心需要投入多少资源、收益有多少，以及投资

集成产品开发 IPD
— 让企业有质量地活着，实现客户价值和商业成功 —

的产品是否具有竞争力、是否能够取得商业成功。

IPMT 成员就像投资机构的投资决策委员一样，要对投入的真金白银负责。图 6-34 所示为 Charter 评审的关键活动。

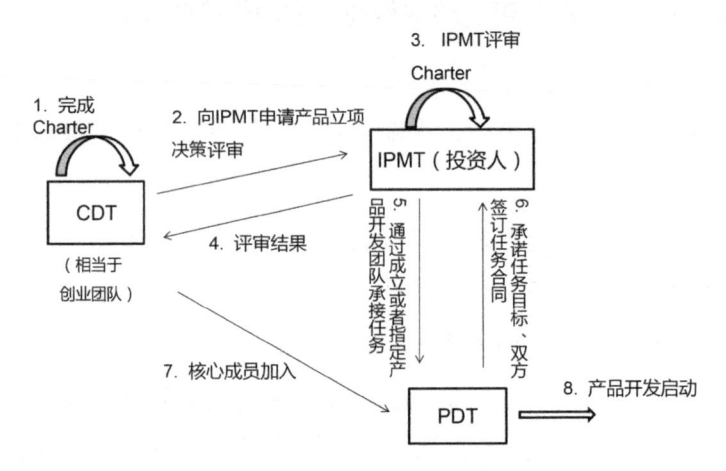

图 6-34　Charter 评审的关键活动

华为的一位专家曾说："以前，华为的产品立项主要是'一声令下'（直到现在，这仍然是大多数企业的做法），也就是老板说做什么，大家就跟着做，没有那么多问题和想法，产品取得商业成功往往靠老板或者少数英雄，外加一些运气。随着外部环境的不确定性越来越大，这种方式会让产品的成功率大大下降，更像是扔骰子赌正反面。"

在引入 IPD 后，原来的"一声令下"变成了"十万个为什么"。IPMT 成员及相关专家围绕产品是否具有竞争力、是否能够取得商业成功，对 Charter 进行全方位评审，让很多问题在投入资源之前就显露出来并得到解决，用集体智慧提高企业资源投入的成功率。这既体现了管理层对企业的经营结果负责，也是 IPD 的核心理念。

IPMT 在评审 Charter 时要思考以下问题，如果回答都是正向的，就可以批准申请，之后投入资源成立 PDT 或者指定已有的 PDT 承接 Charter 开发任务。

- 企业的产品线组合路标中是否包含该产品？
- 该产品是否能够给客户带来价值和收益？

第 6 章

规划产品包：洞察先机，让产品竞争力赢在起跑线上

- 该产品是否能够吸引客户？
- 该产品是否能够通过商业模式实现持续盈利？
- 如果不能盈利，该产品有没有其他收益(是否能够促进其他产品的销售)？
- 目前的行业环境怎么样？产业链情况怎么样？能否支持该产品尽快上量？
- 该产品后续的发展情况怎么样？
- 和竞争对手的产品相比，该产品是否具有竞争力？怎样增强该产品的竞争力（控制点有哪些）？
- 如果不开发该产品，企业会有多大的损失？

IPMT 的评审结果有以下 3 种。

（1）通过/带风险通过（Go/Go with Risk）：评审通过，企业承诺投入资源（合适的 PDT 成员及其他资源），进入下一个阶段。

（2）Redirect（重新修订）：Charter 对 IPMT 关心的问题没有给出有说服力的答案，IPMT 责成 CDT 完善相关信息或者重新选定方向，之后再次向 IPMT 申请产品立项决策评审。

（3）No Go（否决）：IPMT 认为该产品不符合企业方向或者没有竞争力，不予立项，CDT 解散，相关资料归档。

IPMT 评审 Charter 的流程如图 6-35 所示。

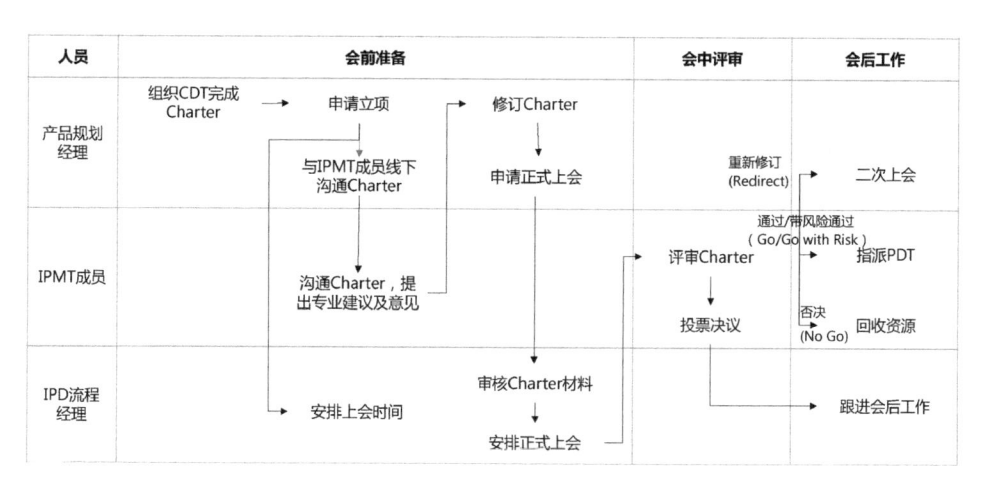

人员	会前准备			会中评审	会后工作
产品规划经理	组织CDT完成Charter →	申请立项 →	修订Charter	重新修订(Redirect) →	二次上会
		与IPMT成员线下沟通Charter	申请正式上会		
IPMT成员		沟通Charter，提出专业建议及意见		评审Charter ↓ 投票决议	通过/带风险通过(Go/Go with Risk) → 指派PDT 否决(No Go) → 回收资源
IPD流程经理		安排上会时间	审核Charter材料 ↓ 安排正式上会		跟进会后工作

图 6-35　IPMT 评审 Charter 的流程

集成产品开发 IPD

— 让企业有质量地活着，实现客户价值和商业成功 —

IPD 的 Charter 评审决策过程和机制与以前"一声令下"的产品立项相比发生了根本的变化。

- 充分体现了"产品开发是投资行为"的核心理念，企业的资源是宝贵的，企业要对投入的真金白银负责——对投入产出和商业成功负责。
- 充分发挥管理团队的集体智慧，所有管理者都要对产品的商业成功负责，都要对产品立项决策评审提出基于投入产出的、有价值的评审意见。这个过程可以逐步提升企业管理团队对经营结果负责的能力（大多数企业只有老板考虑经营结果，其他人不对经营结果负责，也不考虑经营结果），从而大大提高企业产品立项的成功率。这样一来，企业的成功不再只依赖老板或者少数英雄，而是依赖组织能力，让成功从偶然变为必然！

如果把企业比作军队，Charter 被 IPMT 批准就类似于参谋部的作战计划被统帅部批准，后续可以进入作战动员阶段和准备阶段（组建 PDT、启动产品开发）。

IPD 体系的投资决策采用的是委员会投票、少数服从多数的机制，避免了企业创始人的个人眼光和能力受限带来的风险。任正非虽然有一票否决权，但没有一票通过权，这最大限度地保证了投资的合理性。

组建和持续运营 IPMT 是企业长期健康发展的关键动作。持续的投资决策活动可以提升 IPMT 成员对所在行业的商业洞察力和商业分析能力，不断培养能够带领团队对产品商业成功负责的干部，为企业取得商业成功打下坚实的基础。很多企业没有类似的投资决策机制或者机制运作得不顺畅，导致企业欠缺最重要的能力（商业经营能力），往往只有老板一个人或者少数人对经营结果负责，企业欠缺在市场上打胜仗的能力，所以很多老板感到很累。

6.8 产品立项的经典案例

6.8.1 苹果的盈利模式

很多人对苹果的产品有所了解。苹果的盈利模式是怎样的呢？

苹果的盈利模式如表 6-31 所示。

表 6-31 苹果的盈利模式

卖什么	收费模式	怎么卖	定价原则
①卖产品。 ②卖售后服务。 ③卖配件。 ④卖与软件下载及云存储相关的增值服务	①预付。 ②租金	①按产品和配件计价。 ②按维保服务内容计价。 ③按下载内容和次数计价。 ④按存储容量计价	按价值定价，通常制定高于竞争对手的价格

苹果的产品定价高、利润高。苹果为何能够做到这一点？

你可能会说因为苹果有卓越的产品包设计。确实如此，那么大家知道苹果手机是如何诞生的吗？从公开的信息来看，苹果在乔布斯时代就遵循着一个重要的原则：苹果的所有产品都应该是精心设计出来的。就如前文所述的 Charter 开发过程（虽然苹果不这么称呼），苹果的所有产品都经过了精心的前期设计，以确保产品在诞生时就有明显优势。

如果乔布斯对产品的设计不满意，他就不允许产品进入开发阶段。这一点与 IPD 的产品规划和产品立项思想不谋而合。很多企业的产品从诞生起就没有什么优势，后期不断改来改去，既不能领先于竞争对手，也不能让客户满意，这也是很多企业只有通过打价格战才能在市场上生存的重要原因。

为什么苹果的设计很难被其他企业复制？为什么其他企业很难撼动苹果的地位？这涉及产品的控制点设计。

6.8.2 对华为造车的分析

关于华为是否应该造车曾经闹得沸沸扬扬,虽然华为官方已经声明不造整车,但各种观点仍然层出不穷。

本节用一个案例阐述企业在产品立项时应该重点考虑哪些要素,从产品立项的角度简要分析华为造车的利与弊(仅做示范,不代表实际)。

从产品立项角度对华为造车的简要分析如表 6-32 所示。

表 6-32 从产品立项角度对华为造车的简要分析

维度	简要分析	初步结论
原因	新能源汽车是大势所趋; 新能源汽车市场规模巨大; 华为需要新业务增长点	可以考虑投资
优势	华为是有影响力的公司(知名品牌); 华为在营销、软件、硬件、云计算领域有深厚的积累; 华为有"狼性"和进攻精神,能打恶仗、大仗,并且具有丰富的经验	可以考虑投资
劣势	新能源汽车所需要的技术涉及底盘、动力电池、变速电机及驱动、机械制造等关键领域; 华为在上述关键领域没有积累相关人才和技术,技术需要长期积累,不可能迅速获得; 华为的人力成本比其他企业高; 华为的创新能力有限	弱(关键),不建议投资
行业竞争	特斯拉、比亚迪、宁德时代基本垄断了新能源汽车的动力电池,华为在此方面没有竞争力; 除了特斯拉凭借自我创新及低成本创新能力盈利、比亚迪凭借多年的深厚积累及政策扶持勉强盈利,大部分新能源汽车厂家是亏损的,并且不确定何时能够盈利	弱(关键),不建议投资

从表 6-32 中可以看出,华为不但在造车方面基本没有优势,反而可能给自己树立更多的敌人和带来沉重的负担。这并非说华为造不出车,而是说华为要想造出真正被消费者认可、有竞争力的车,甚至让所造的车像其他产品一样成为品牌,绝非易事。不过,在以下情况发生时,华为可以造车。

(1)华为敢于集中投入,每年投入巨资(以华为的人力成本和目标,应该是百亿元级的长期投入)造车。

第 6 章
规划产品包：洞察先机，让产品竞争力赢在起跑线上

（2）华为能够在新能源汽车所需的动力电池技术方面有新的突破，避开特斯拉、比亚迪、宁德时代的专利壁垒，实现弯道超车，并且华为能够掌握该技术。

造车并非华为 ICT 的主航道，仅仅是一个可能的新业务增长点，并不符合集中投入的要求。同时，短期内，华为难以在动力电池技术方面取得突破。

华为如果投入资源造车，那么极可能很久之后才会盈利，这样会给华为的稳健经营带来巨大的负担。

华为这家把 IPD 的核心理念"产品开发是投资行为"深度理解和做到极致的公司，一定会先深入考虑造车对自身的价值和可能产生的收益，再决定是否投入资源。

更重要的是，华为的经营理念已经从追求规模转变为追求收入和利润，把持续打造主航道的核心竞争力和稳健经营放在第一位。在没有把握的情况下，华为是不会随便投入资源的，否则可能对自身的发展乃至生存造成不良影响。

因此，华为决定不造车是正确的。

当然，趋势会发生变化，消费者的喜好、对车的要求会影响新能源汽车领域的竞争格局。华为有强大的品牌影响力、研发能力和执行力，随着新能源汽车技术的不断发展、产业生态的逐步成熟、成本的进一步降低，华为未来在造车领域会具有更大的话语权，毕竟决定未来市场地位的是综合实力。

6.9 在 Charter 阶段构建产品竞争力

通过前文的阐述，相信大家已经清楚产品竞争力是企业实现商业目标的前提，而产品竞争力的源泉是产品规划和产品立项。大家可以把 Charter 阶段看作产品立项阶段。企业应该在 Charter 阶段构建产品竞争力（不应等到开发阶段才开始构建），让产品一诞生就比竞争对手更有优势。产品竞争力构建于产品的起始阶段，如图 6-36 所示。

集成产品开发 IPD
— 让企业有质量地活着，实现客户价值和商业成功 —

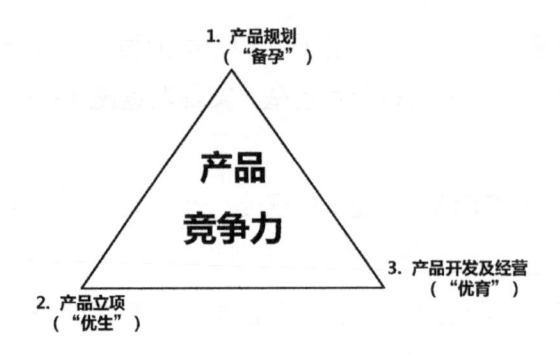

图 6-36　产品竞争力构建于产品的起始阶段

企业越是在前期（"备孕""优生"）投入精力，产品质量越高、成本越低。若企业等到后期（"优育"）才开始发力（开发、测试、生产、服务），必然成本更高，产品质量也未必有保障，甚至会降低客户满意度。

因此，企业需要在产品的"优生"阶段投入精力。

6.9.1　什么样的产品才真正具有竞争力

很多企业喜欢追求爆款，好像只要有爆款就一定能成功一样。事实上，企业成功与否的关键是产品是否真正具有竞争力。

产品包卖点、客户关注点、控制点决定了产品在市场上的竞争力，企业要在 Charter 阶段充分考虑这 3 个方面。产品竞争力的 3 个构成要素如图 6-37 所示。

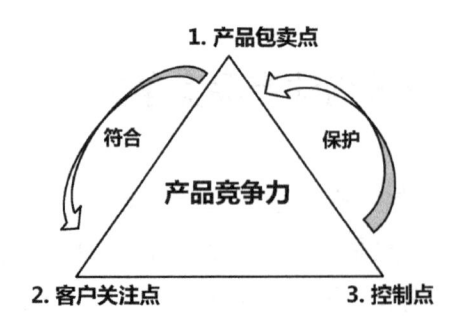

图 6-37　产品竞争力的 3 个构成要素

第 6 章

规划产品包：洞察先机，让产品竞争力赢在起跑线上

真正具有竞争力的产品通常有以下特点。

（1）产品包卖点突出，与竞争对手相比有差异化优势。

（2）产品包卖点符合客户关注点（业务痛点）。很多企业的产品包卖点并不是客户真正关注的，这样的卖点其实是伪卖点，不能为客户和企业创造价值。苹果和华为的产品包卖点很突出，它们的产品在外观、功能、质量、操控、服务等方面做得很好，这些卖点是客户非常喜欢和愿意为之买单的，因此是有价值的、真正的卖点。

（3）当产品包卖点是客户关注的和愿意买单的卖点时，企业必须有自我保护——控制点，确保自身产品的卖点不会被竞争对手轻易抄袭。如果竞争对手能轻易抄袭，那么说明企业的卖点不是好的卖点。此种产品往往是"为他人作嫁衣裳"，谈不上真正具有竞争力。很多企业的产品都缺乏保护产品包卖点的控制点（"护城河"）。

真正具有竞争力的产品有卖点、客户愿意为卖点买单、卖点有控制点，能够防止竞争对手轻易抄袭。

企业在不同的发展阶段有不同的产品竞争力体现。

任何企业都是一步一步发展起来的，产品竞争力也不是一下就成为世界级的。企业不同发展阶段的产品竞争力特点及可以采取的策略如表 6-33 所示。

表6-33　企业不同发展阶段的产品竞争力特点及可以采取的策略

发展阶段	产品竞争力特点	可以采取的策略
起步阶段	跟随型：模仿标杆企业的产品包，根据 $APPEALS 模型中的客户关注点，找出差异化优势	降低成本，优化服务
竞争阶段	竞争型：学习标杆企业及竞争对手的长处； 可以借助技术突破和国家政策，实现弯道超车	一定要有几个卖点比竞争对手有优势，同时不能有明显的短板； 当年，华为的交换机和海外巨头竞争的优势之一是在局部技术上领先（率先采用光纤连接技术，大大降低了成本，缩小了设备的体积，大幅度提升了可靠性和可维护性）

续表

发展阶段	产品竞争力特点	可以采取的策略
成熟阶段	标杆型：开始引领细分市场，具有一定的技术优势和市场优势，基本摆脱价格战，面向高价值客户；可以通过技术创新实现弯道超车，跻身一流企业行列	全面优化产品包卖点，并利用自身优势构建控制点
领先阶段	降维打击型：具有强大的创新能力和引领行业与市场的能力，以及洞察能力和规划能力，跻身世界级领先企业行列，服务全球高价值客户	增强规划能力、创新能力和技术能力，提供突破性的产品卖点，并构建标准和技术专利的"护城河"，全面超越竞争对手

无论企业处于哪个发展阶段，都要具备图 6-37 中的产品竞争力构成要素，并在相关市场上努力打造爆款产品。

6.9.2 控制点：产品竞争力的"护城河"

如前所述，企业要想让产品在市场上保持竞争力，卖点就必须有"护城河"——控制点保护，有控制点保护的卖点才真正具有竞争力。

常见的控制点如图 6-38 所示，序号越大的控制点，其控制力和竞争力越强。

```
10  标准
9   价值链控制
8   绝对的市场份额、资源独有
7   品牌、专属经营权
6   拥有良好的客户关系
5   技术领先
4   功能、性能、品质领先
3   10%～20% 的成本优势
2   具有平均成本
1   一般产品能力
```
（数量越来越少）

图 6-38　常见的控制点

任何企业要想在市场上占据领先地位，都应具备图 6-38 中的几个控制点。比如，高通拥有标准，苹果拥有标准、价值链控制及绝对的市场份额，

第 6 章
规划产品包：洞察先机，让产品竞争力赢在起跑线上

华为拥有标准、品牌等。如果一家企业不具备控制点，基本上就处于行业的末端，极可能不得不靠价格战维持生存，很难有高利润。

现实情况不容乐观，大部分企业都在追求爆款产品，但因为缺乏控制点，大都在市场上昙花一现，最后成了其他企业的"反面教材"，而且成就了其他企业！

越高端的控制点所对应的企业数量越少，所以企业的竞争，越在高端反而越没有那么激烈，恰恰具有平均成本和一般产品能力的企业竞争更加激烈！

6.9.3 经典案例分析：苹果和华为产品的控制点

请大家思考一个问题：苹果和华为的手机市场占有率那么高，是行业产品的标杆，其卖点大家都是知道的，为什么其他企业不能效仿它们？它们有哪些控制点阻止了其他企业复制？

为什么很多企业好不容易有一个爆款产品，但很快就被竞争对手复制了？

苹果有哪些控制点呢？

苹果最大的特点是，有一个自成体系的完全由自己控制的系统，这个系统就像一堵围墙，不与任何其他厂家的设备兼容，只有自己的用户和设备才能得到服务。这从根本上保证了苹果的商业模式可以有极高的利润，因为自己有完全的定价权，其他厂家无法"染指"其系统。苹果的控制点设计如图 6-39 所示。

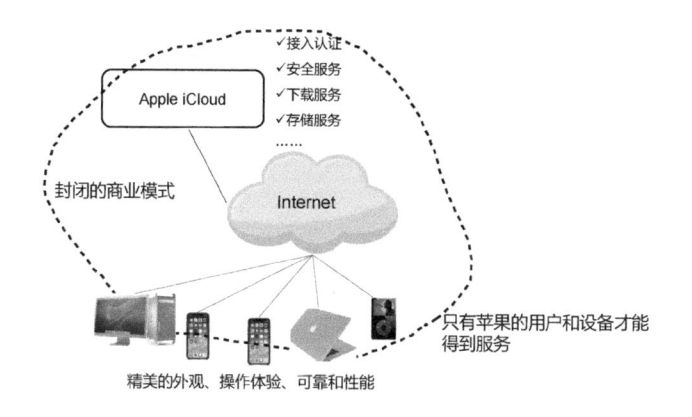

图 6-39 苹果的控制点设计

集成产品开发 IPD
— 让企业有质量地活着，实现客户价值和商业成功 —

苹果这种封闭的商业模式，使其具备了良好的控制点。

那么，其他企业为什么不模仿苹果这种封闭的商业模式呢？这背后又有哪些控制点？

这其中的核心是苹果卓越的人才、超高的内部管理效率、世界级的核心技术所造就的良好的产品包设计和体验，其他厂家达不到苹果的水平：丝滑流畅的操作体验、良好的产品体验和服务。苹果的关键控制点如表 6-34 所示。

表 6-34 苹果的关键控制点

序号	关键控制点	表现
1	闭环的商业模式，只有自己的用户和设备才能得到对应的服务	高定价、高利润
2	自己研发的操作系统 iOS 和 iCloud 服务，可以保证所有的服务安全	高超的技术确保了产品良好的操作体验和性能，具有极高的技术门槛，竞争对手难以抄袭
3	自己研发的核心硬件（A 系列 CPU、硬件加速芯片等核心器件，以及基带芯片）	
4	各种专利技术	

在苹果手机如此成功的情况下，华为手机为何能在重压下获得自己的一片天地，而且价格能不断逼近苹果手机呢？

这主要得益于华为手机构建了差异化的竞争优势。

- 更好的通话质量。
- 接近苹果手机操作体验的 UI（User Interface，用户界面）。
- 自己研发的、性能不输于苹果的 A 系列麒麟芯片，大大提升了性价比，成本较低，能够获得较高的利润。
- 更好的拍照效果。

......

为什么华为手机能够在苹果手机的光环下构建这些差异化优势呢？这就要探究华为手机的"护城河"——控制点了。华为手机的控制点如表 6-35 所示。

第 6 章

规划产品包：洞察先机，让产品竞争力赢在起跑线上

表 6-35　华为手机的控制点

序号	控制点	表现
1	自己研发的麒麟芯片，低成本、高性能	高定价、高利润
2	自己研发的基于安卓的鸿蒙 OS（Operating System，操作系统），大大提升了软件性能，操作体验接近苹果 iOS	♫ 世界级一流的无线通信技术。
3	基于自主技术的基带通信技术（芯片和算法），让通话质量更优	♫ 强大的产品研发技术人才团队。
4	与徕卡摄像的技术合作	♫ 基于 IPD 的高效的产品开发流程

如果你的产品既有客户愿意买单的卖点，卖点又有控制点保护，那么即便你把底牌给竞争对手看，竞争对手也只能眼睁睁地看着你占据市场、把钱赚了，你的产品也会成为爆款！反之，就算你的产品有卖点，也是在为他人作嫁衣裳！

【思考】

1．你们公司产品的卖点是什么？
2．这些卖点是客户真正关注和愿意为之买单的吗？
3．这些卖点有控制点保护吗？

6.9.4　设计出卓越的产品的关键理念

产品设计者需要具备什么潜力和能力才可能设计出卓越的产品？

1．产品设计之根本

设计出卓越的、让客户真正满意的产品并非易事。产品设计者乔布斯可以称为典范。他的很多产品设计思想和理念值得产品设计者学习和借鉴。他对追求产品的极致美、超出客户期待及极简体验有独到的思考和见解，这主要得益于他对客户需求的真正理解。因此，深刻地理解客户真正的痛点和需求是产品设计之根本。

在乔布斯的产品设计理念中，第一条就是让客户产生共鸣。

集成产品开发 IPD
- 让企业有质量地活着，实现客户价值和商业成功 -

"紧密结合顾客的感受，我们要比其他任何企业都更好地理解使用者的需求。"——《史蒂夫·乔布斯传》（沃尔特·艾萨克森著，2014年出版）

从笔者接触的很多企业来看，它们的产品竞争力弱、不能让客户满意和产生共鸣的根本原因是，没有真正搞清楚客户到底想要什么，往往客户说什么就做什么，也就是被动响应，其结果就是不断改进产品，但客户又往往不满意，最后双方都感到崩溃！这在市场上是常常见到的。

《史蒂夫·乔布斯传》一书介绍了乔布斯自己总结的产品设计理念。他认为，产品是有生命的，具备灵魂、使命、情感、价值等关键要素，不能仅简单地提供客户说的某些功能，你要清楚能够给他们带来什么价值。乔布斯的产品设计理念如图 6-40 所示。

灵魂

使命　生命　情感

价值

图 6-40　乔布斯的产品设计理念

以在商业上大获成功的动画片《玩具总动员》为例，在此动画片的前期设计中，乔布斯的皮克斯团队和迪士尼团队都给这些无生命的玩具添加了生命特征：玩具的价值是什么？当然是和主人一起玩耍、得到主人的青睐和让主人开心，这是玩具的毕生追求。一旦一个玩具被抛弃了，它的生命也就终结了。这样的情感设计引起了儿童、大人的共鸣，该动画片因此成为经典！

在乔布斯的产品设计中，任何一款产品都应该被赋予生命和使命，它们都有独特的价值，能够满足客户的一定需求。离开这一点，一款产品就很难成功！

第 6 章
规划产品包：洞察先机，让产品竞争力赢在起跑线上

2. 很多企业存在的问题

很多企业的产品设计缺乏灵魂，主要是为了被动响应客户提出的某种想法，缺乏真正解决客户问题和痛点的价值，或者没有识别出产品的真正价值。图 6-41 所示为洞察客户需求的冰山模型。

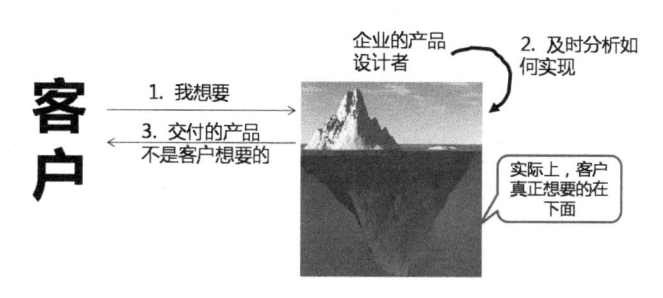

图 6-41 洞察客户需求的冰山模型

为什么不能识别出产品的真正价值？主要原因有以下两点。

（1）并非出于真正的热爱设计产品，主要为了谋生、不得不去完成这份工作，由于内心缺乏激情，因此自然难以迸发出创造力和想象力。

（2）不能真正理解客户，不懂客户和行业的需求及业务痛点，浮于表面，自然难以设计出有价值的产品。

乔布斯是出于热爱、出于改变世界的想法设计产品的（这点其他人已经输在起跑线上了，只能从其他方面来弥补差距）。另外，他确实有异于常人的对客户的深刻洞察力！

【思考】作为产品设计者的你，可否自问一个问题：你设计的产品是否能让客户产生共鸣？

产品设计者要想真正设计出打动客户的产品，需要具备一些素质和能力，如图 6-42 所示。

（1）内心热爱产品设计工作，具有改变行业的热情和梦想，而不仅仅为了应付一份工作。

（2）深刻洞察客户背后的需求，理解客户真正想要什么、他们的痛点是什么，能够引导客户而不只是被动响应。

（3）在客户关注和需要的地方追求完美及卓越。

（4）站在客户的角度，让产品的操作和使用具有极简性、便捷性。

图 6-42 产品设计者需要具备的素质和能力

掌握 Charter 的设计方法是基本要求，Charter 是产品设计最终结果的呈现，但要想设计出卓越的 Charter，产品设计者还需要具备"冰山下"那些更为重要的素质和能力。

6.10 从做项目到做产品：企业定位和竞争力的分水岭

以做项目为主和以做产品为主的企业，有不同的市场地位和生存质量。处在产业链顶端的企业大多以提供卓越的产品而闻名，而以项目为主的企业成本高、利润低，自然行业地位不高、生存质量差。本节主要阐述这两种经营模式，以及 IPD 以产品为中心是如何解决企业运营成本高的问题的。

6.10.1 产品的重要概念：基线版本（产品族、V 版本和 R 版本）

在 IPD 中，产品基线版本是其中的核心概念，IPD 不断打造可以持续继承、迭代升级的产品，让企业在市场上不断增强竞争力。正如《道德经》所言："合抱之木，生于毫末；九层之台，起于累土；千里之行，始于足下。"

只有不断构建产品基线版本，才能不断升级和演绎，才能持续不断地构建和沉淀长期的产品竞争力。

第 6 章

规划产品包：洞察先机，让产品竞争力赢在起跑线上

在 Charter 的开发设计中，4W2H 中的一个 W（When）就是指产品（包）的版本节奏：何时推出什么版本、面向什么客户群体、主打什么卖点及其有什么竞争力。

产品包对应的版本主要有以下 3 种情况。

（1）某细分市场中的一个新产品包。

（2）某细分市场中现有产品包的升级。

（3）某细分市场中现有产品包的替代。

什么是产品族？产品族是指由多个 V 版本组成的产品，各 V 版本中又含有多个 R 版本。例如，交换机、NGN 与接入网是固网产品线下面的产品族。

什么是 V 版本？V 版本是指根据市场定位（细分市场、客户群体）或开发平台的区别所规划的一系列产品，一款产品可以有多个 V 版本。V 版本是产品族大的版本规划，它的设置、变更必须由产品线 IPMT 来决定。

V 版本一般对应着某个大行业的重点客户群体，或者某重大业务特性和重大技术路线的技术平台。

出现下列情况需要生成新的 V 版本。

- 客户群体定位发生大的变化。
- 技术路线发生变化。
- 底层依赖的技术平台变更。
- 重大业务特性发生变化。

在上述情况下，V 版本需要升级，并将其作为"主"版本来处理，如从 V001 到 V002。

比如原先规划的 V1 版本，后来因为从电信网络转变为联通网络，或者从 Windows 平台切换到 Linux 平台等，V 版本要进行升级。

什么是 R 版本？R 版本在 V 版本下，面向某个细分市场或者客户群体，如金融市场、运营商市场、政企市场等。

比如，V001R001 版本面向金融市场、V001R002 版本面向政企市场等。

在 Charter 的产品路标中，要明确所有 V 版本和各个 R 版本的形成时间、特性组成。R 版本的设定与变更也需要由产品线 IPMT 决定。

出现下列情况需要形成新的 R 版本。

- ◊ V 版本下衍生了新的细分市场或者市场及客户特性发生重大变化。
- ◊ 对市场竞争力、技术和成本等因素进行综合考虑，根据计划更改产品特性，向市场发布新的版本。

比如，从 V001R001 版本、V001R002 版本向 V002R001 版本的变化。图 6-43 所示为产品的版本路标规划。

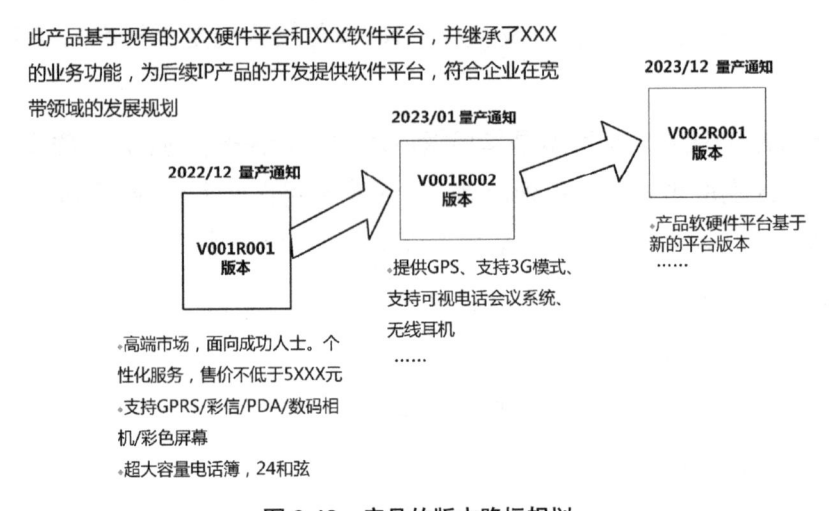

图 6-43 产品的版本路标规划

IPD 通过不断构建基线版本（V 版本和 R 版本），持续积累产品的竞争力。

6.10.2 项目型企业和产品型企业

华为从 IBM 学到的制造业 4 条基本规律之一是"产品技术必须领先，不能只是一个一个的项目"。任正非当时醍醐灌顶，从华为引入 IPD 开始，就一直在打造以产品技术为中心的解决方案，而不是像以前一样去做一个一个的项目。

第 6 章

规划产品包：洞察先机，让产品竞争力赢在起跑线上

曾有一篇文章《为什么很多软件企业做不出产品》刷过屏，其中列出了软件企业"内卷"的一些原因：一是市场竞争激烈，二是商业环境差，企业难以做出优秀的产品。

在笔者看来，软件行业之所以竞争激烈，商业环境只是外部的一个因素，本质还是企业本身的产品竞争力不够。作为甲方，若得不到自己期望和心仪的产品，自然就会提高要求和标准，而大部分乙方又不能达到甲方的要求，竞争惨烈也就在所难免了。

很多企业竞争力弱的一个重要原因是不是在做产品，而是在交付一个一个的项目！由于没有产品基线的底座，因此不能持续继承和积累能力。

IBM 和华为都认识到，产品型企业必须追求产品和技术领先，而不是去做一个一个的项目。很多企业没能做出产品的一个主要原因是缺乏做产品的思维，只是具备做项目的思维，其结果必然是成本居高不下、缺乏竞争力。

从产品设计的角度来看，有两种主要的思维方式，即项目型思维和产品型思维，不同的思维方式导致企业的产品结果和竞争力不同。

什么是项目型思维？

项目型思维主要具有以下特征。

- 客户让做什么就做什么，不去思考背后的业务诉求和痛点：为什么？场景有哪些？
- 只是在这个项目中能够实现、能够交付验收就行了，而不会思考能否应用到其他项目中。
- 如果其他项目也遇到了，就再做一遍，或者即便想用以前的，但发现几乎没法用，基本还是要重做。
- 虽然项目做了很多，却缺乏积累，大部分都要重新做一遍。可怕的高成本就是这样来的。

项目型企业的交付成本随着交付项目数量的增加而增加，更可怕的是，因为项目之间互相不能重用，不仅成本在不断增加，还不能积累产品和技术方面的系统性能力，项目做了很多，但利润不增加甚至减少，而且竞争力没有构建起来。

项目型企业就像猴子掰玉米——一路忙过来，掰一个扔一个（没有继承和积累），最后发现什么也没有继承和积累到。

项目型企业的特点如图 6-44 所示。

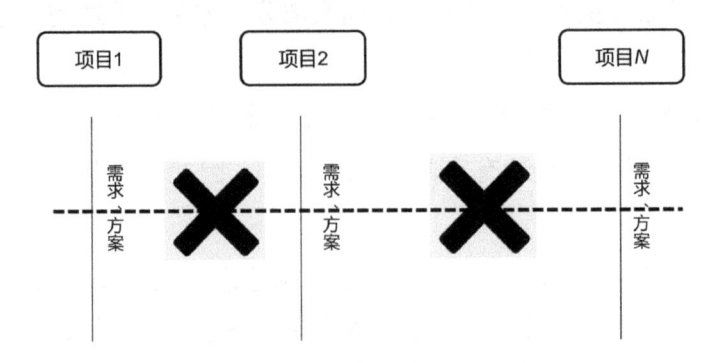

✓ 没有抽象出通用性和相似性；不同项目反复做；
✓ 不能提炼出通用性，新的项目要重新做

图 6-44　项目型企业的特点

什么是产品型思维？与项目型思维对应的就是产品型思维。产品型企业能够从某个客户的需求中深挖背后的业务痛点；能够根据需求抽象出业务通用模型，提炼出通用方案，并应用到基线版本中（V 版本和 R 版本），不断积累，让基线版本越来越强；随着基线版本的能力持续增强，越来越多地被应用到其他项目中，不再重复"造轮子"，从而大大节省研发资源、提升质量和降低成本。

产品型企业会从项目的需求中深挖、抽象、创新、归纳、牵引和演绎，尽量做到一次开发而多个项目使用，而不是每个项目都重新做一遍，这样就大大降低了项目的交付成本。

Charter 规划的产品就是可以继承、扩展和优化的基线 V 版本或 R 版本，有了产品基线，才能使产品能力不断提升，还能应用到各种不同的市场和项目中。产品型企业的特点如图 6-45 所示。

第 6 章

规划产品包：洞察先机，让产品竞争力赢在起跑线上

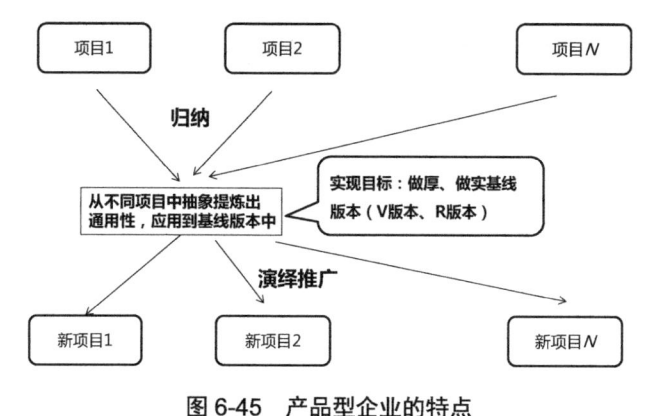

图 6-45　产品型企业的特点

产品型企业和项目型企业的人力投入模型如图 6-46 所示。

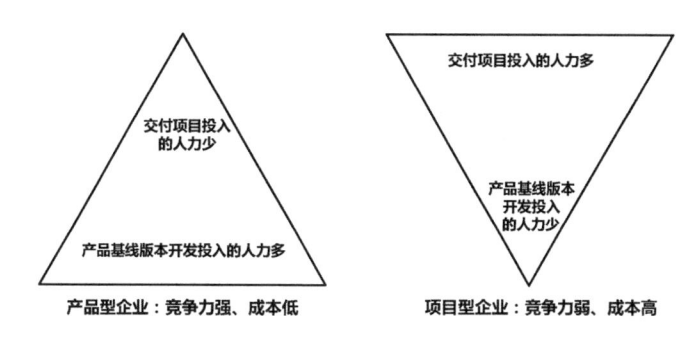

图 6-46　产品型企业和项目型企业的人力投入模型

从图 6-46 中可以看出，以构建产品和技术为中心的企业（产品型企业），在产品基线版本（V 版本和 R 版本）开发中会投入较多的人力，做到一次开发、多次部署（交付多个项目）。随着产品基线版本能力越来越强，投入交付项目的人力会越来越少，项目越多，成本越低。产品型企业的成本和项目数量之间的关系是 $1:N$（一次开发、多次应用）。

而以项目为中心的企业（项目型企业），因为没有产品基线版本做底座支撑，大部分人力都在项目中疲于奔命，项目越多，需要投入的人力越多，而且因为项目之间不能互相复用，只能重复开发，形成恶性循环。项目型企业的成本和项目数量之间的关系是 $N:N$（成本持续增加）。

更重要的是，如果有了强大的产品基线，即便在后续新的项目中客户没有提到产品已经能够满足的需求，企业也可以主动引导客户构建使用产

品基线的能力，或者当客户需要某项功能时，基线产品已经具备，很快可以响应客户。这也是企业要以产品为中心的原因：主动牵引客户而不是被动响应！

笔者接触过很多企业，大部分企业还处于做项目阶段，没有基线产品，无法积累能力，不断重复开发，随着项目的增加，只能不断增加人力。这是它们成本居高不下的一个根本原因。

企业要想提升竞争力和降低成本，必须构建产品型思维，做出可复用、可升级的产品基线版本。

下面问一个比较扎心的问题：为什么很多企业（尤其是软件企业）挣钱难？

一个很关键的原因是很多企业都在做项目，没有卓越、可复用的基线产品，大量的成本都消耗在了项目的交付中，"吃掉"了企业大部分的利润！

IPD 通过构建以产品为中心的价值创造模式，持续继承、复用、积累和升级，可以有效地避免随着项目增多导致成本越来越高。

因此，IPD 以产品为中心的理念和模式是企业提升产品竞争力及降低成本的利器。

6.11 初识 IPD 的核心运作机制："打群架"、集成作战

IPD 在构建产品竞争力和实现客户价值的过程中，依赖一个核心运作机制，以确保目标的达成。这个机制就是 IPD 中的 "I"（Integrated，集成），可以说 IPD 中的 I 非常关键。有一个比较形象的说法：I 就相当于 "打群架"、集成作战，是 IPD 的核心运作机制。

在产品全生命周期管理过程中，集成（"打群架"）贯穿始终，这也是 IPD 能够实现目标的重要保证，如图 6-47 所示。IPD 的各个模块都是由 "打群架" 的组织完成的。

第 6 章

规划产品包：洞察先机，让产品竞争力赢在起跑线上

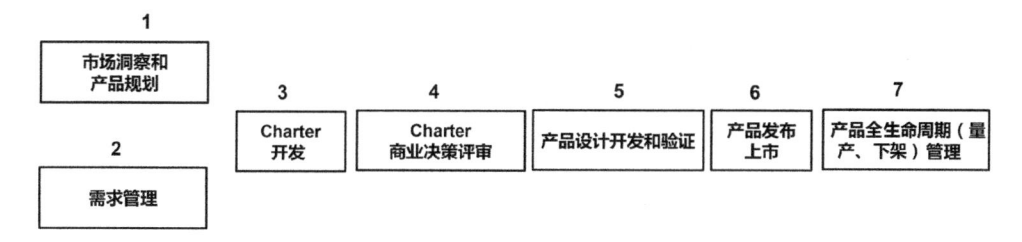

```
1                3          4          5              6          7
市场洞察和       Charter    Charter    产品设计开发和   产品发布    产品全生命周期（量
产品规划         开发       商业决策评审  验证          上市        产、下架）管理

2
需求管理
```

图 6-47　IPD 每个阶段都在"打群架"

在 IPD 构建产品竞争力和实现客户价值的过程中，每个关键阶段都需要"打群架"，这样才能获得期望的结果。

什么是"打群架"？

要想理解什么是"打群架"，应先知道什么不是"打群架"。很多企业（甚至是大多数）在为客户创造价值的过程中，有一个共同的问题：各个部门（销售、研发、采购、生产、服务、质量、财务等）各自为政，或者相互之间只是一种串行传递的工作关系，头不知尾、尾不能呼应头，后面不知道前面发生了什么，只是被动响应，前面也不知道后面做得是否符合要求，经常发生产品到了客户手中才发现各种问题，不得不返工，导致成本上升、质量下降。大家都忙着完成各自的 KPI，貌似都很忙，但最终结果不理想。

客户的满意度一旦下降，企业的竞争力就会下降。

因此，在为客户创造价值的过程中，各个部门正确的动作应该是：关注产品全生命周期管理过程，为了同一个目标（实现客户价值和商业成功）深度协同作战、并行工作！

就如战场作战，陆军、海军、空军 3 个军种肯定不能各打各的，而是为了实现共同的作战目标，有共同的作战计划及协同机制，这样方可达成作战目标。

IPD 为什么要强调"打群架"？

前面已经阐述过，IPD 的目标是为客户提供卓越的产品，而产品有广泛、深刻和丰富的内涵，产品开发绝非只是研发部门的事情，企业所有部门都要站在自身的专业角度为产品竞争力做出对应的贡献。因此，卓越的产品是整个企业群策群力的结果，各个部门应当深度协作、"打群架"。

到现在为止，本书中已经出现了多次"打群架"。在图 6-47 中，模块 1、模块 3 和模块 4 是本节的主要内容，我们已经看到 IPD "打群架"的模式及意义。

6.11.1 市场洞察和产品规划的"打群架"

华为有战略与 Marketing 体系（"营"的组织），其专注于公司及产品的战略方向洞察，其中产品线组织有对应的产品管理部，它专门负责产品方向的市场洞察、产品规划和立项开发。

在产品规划的过程中，虽然产品管理部担负主要职责，但绝对不是只靠自己闭门造车，而是和行业专家、客户、一线销售人员及各产品线开发团队紧密互动、互通有无，不断完善对行业和客户的理解，从而发现产品的商业机会，这是最为广泛的"打群架"。

6.11.2 Charter 开发的"打群架"

产品管理部在和相关专家"打群架"的过程中，发现了商业机会和产生了产品构想，之后会申请成立负责 Charter 开发的 CDT，开始又一场"打群架"。

CDT 是标准的"打群架"配置。图 6-48 所示为 CDT 的成员。

图 6-48 CDT 的成员

CDT 是虚拟团队，存在时间为从 Charter 开发到 IPMT 评审结束。

CDT 中的产品经理（产品管理部）是牵头人和负责人。

CDT 的成员参与 Charter 开发的全过程，包括市场分析、产品定义、执行策略、Charter 移交。

CDT 对开发高质量的 Charter 负责，确保产品在立项时对准客户价值，具有竞争力和高投入产出比。

CDT 的成员是来自市场、知识产权、财务等部门的专家，最大限度地保证了通过"打群架"来发挥集体智慧及产品立项的商业成功，避免由个人能力和眼光有限带来的风险。

6.11.3　Charter 商业决策评审的"打群架"

很多企业的产品立项评审往往是研发人员在评审产品规格，这种评审根本不是面向商业成功的，只是研发内部评审。

IPD 的产品立项评审是面向商业成功和投入产出比的评审，是决定是否投入企业资源的投资行为，因此其评审主要面向商业成功的可能性，评审人是企业的高层管理者，不是研发人员。

在 IPD 中，对产品立项评审负责的是 IPMT。其成员是掌握企业资源的各个部门领导，对企业的真金白银投入和结果产出负责。图 6-49 所示为 IPMT 的成员。

图 6-49　IPMT 的成员

集成产品开发 IPD
— 让企业有质量地活着，实现客户价值和商业成功 —

IPMT 是常设虚拟组织，对产品的投资损益负责。IPMT 主任有否决权。

IPMT 也是典型的"打群架"组织，成员是企业各个部门的负责人，他们均对产品的投资损益负责。这样可以充分发挥集体的智慧，避免仅依靠老板或者少数英雄，从而提升投资成功的概率。

很多企业对产品立项这种投入产出活动开展得很草率、仓促：往往是老板一声令下，其他人只是执行或者只是进行内部评审，成功与否完全取决于老板个人的能力。更重要的是，难以培养企业管理团队对商业成功的认知和判断能力，很难有对经营结果负责的干部队伍，非常不利于企业的长期发展。

在本节中，我们初识了 IPD 的"打群架"，后面我们将会看到越来越多的 IPD"打群架"机制。

第 7 章

需求分析和管理体系：让你更懂客户

通过第 6 章的学习可知，Charter 是产品设计的开始，但 Charter 又来自哪里？

由前文可知，产品规划所参考的信息有很多来源，实际上它们大多都指向一个方向——客户需求，既包括显性的，也包括隐性的。

Charter 是产品设计的开始，而理解客户需求又是 Charter 的前提，没有对客户需求正确、深入的理解，是不可能有高质量的 Charter 的。对客户需求和客户价值理解的深度及广度决定着产品的竞争力。

就如战场上的斥候（侦察兵），战前必须了解敌情。企业要想规划好产品包，应当先深刻理解客户需求。

实际上，大部分企业对客户需求的理解存在巨大的问题，这就导致产品竞争力弱。

7.1 大部分企业在客户需求理解方面存在的问题

乔布斯曾说过："要想设计出卓越的产品，你就要比其他人更理解客户真正的需求。"这也说明了苹果的产品如此优秀的重要原因。

华为核心价值观第一条：以客户为中心。相信没有哪家企业会说自己不以客户为中心，但真正做到的企业很少。那么，该如何理解这句话呢？

集成产品开发 IPD
— 让企业有质量地活着，实现客户价值和商业成功 —

以客户为中心的本质是：洞察客户真正的需求或痛点，并予以解决，帮助客户成功、成就客户！但是很遗憾，很多企业仅仅在喊口号！

苹果和华为这两家世界级标杆企业，都把对客户需求的理解放在了极其重要的位置，这也是它们取得成功的关键。

根据我们对企业的调查，很多企业都把需求分析和管理放在了突出的位置，主要体现在外部和内部两个方面。

（1）从外部看。

- 客户发现你提供的产品不是他想要的或者存在较大偏差，客户认为你不懂他。
- 功能具备了，但是性能等不理想。
- 客户需求经常变，你疲于应付，客户十分不满。

（2）从内部看。

- 前端需求收集变成了二传手，没有分析和讨论，客户说什么就是什么，没有挖掘到客户真正或者潜在的需求，或者自己闭门造车，想当然地"创新"需求，但实际上客户根本不为之买单。
- 需求满天飞，常常重复或遗漏。不能全程跟踪和管理，经常出现某个需求找不到了或者相似的需求反复被提及的情况。没人对需求管理负责。
- 可靠性、可服务性、可制造性等方面的需求考虑不足，下游环节问题频发。
- 没有对需求进行充分分析，就进入设计和开发阶段，导致后端频繁修改，造成高成本。

很多企业的需求就像没有根的浮草，四处飘荡，难以管理。企业上上下下不得不反复开发和修改，做大量的工作，造成高成本、质量差、客户满意度下降。产品开发过程中出现的返工导致团队无成就感、十分沮丧，严重影响了整体的士气和战斗力。

这些情况不仅影响产品的质量和成本，还影响组织稳定及企业的商业成功。

造成这些情况的主要原因是缺乏对需求的正确分析和管理。

第 7 章
需求分析和管理体系：让你更懂客户

7.2 需求认知的 4 种境界

结合标杆企业、对比其他企业，我们可以把企业对需求的认知分为 4 种境界，如表 7-1 所示。

表 7-1 需求认知的 4 种境界

序号	类别	说明
1	Mr. Yes 型	被动响应： 客户说什么就做什么，态度很好，但结果不好，反复开发、成本高、客户满意度低
2	自嗨型	闭门造车： ♫ 自己认为客户需要什么就做什么，但结果客户并不买单。技术型企业常常会发生这种情况，技术人员喜欢以技术是否先进、是否炫酷为标准进行产品的设计和开发 ♫ 实际上客户并不为技术买单，而是根据是否需要、是否能够解决自己的问题决定是否买单 ♫ 最终结果是成本高、客户满意度低
3	抓本质型	企业应该追求的境界： 既不完全参考客户的要求，也不自己想象，而是根据客户表达的诉求，挖掘其真实需求，真正解决客户的问题
4	创新引领型	♫ 虽然客户并没有明确提出需求，但企业可以先设计出来，没有需求创造需求，没有客户创造客户，引领行业的发展 ♫ 和自嗨型貌似有点像，但实际上有着巨大的差别：自嗨型是伪创新，客户并不需要。创新引领型则是发现客户真正需要的，只不过客户自己并不能清晰地提出来，因为往往客户也不清楚自己到底想要什么，当企业将产品呈现给客户时，他才知道是否需要。比如，苹果的智能机虽然用户提不出来，但实际上很多人都喜欢，都愿意为之买单

第一种境界和第二种境界实质上都是不理解市场、行业和客户的真正痛点导致的。

华为在引入 IPD 之前，同时处于第一种境界和第二种境界。那时候，研发人员总以为自己想出来的产品就一定是客户愿意为之买单的，以技术是否领先为标准。但实际上，客户认为华为很幼稚，不知道他们到底想要什么，最后导致销售和服务人员在客户那里被动响应。

处于第三种境界和第四种境界的企业实质上都长期对市场、行业和客户

集成产品开发 IPD

— 让企业有质量地活着，实现客户价值和商业成功 —

进行了洞察和分析，并建立了对应的能力。第四种境界尤其重要，人类发展的历程就是一个不断创造真正需求的过程，新的需求不断推动人类的发展。华为在引入和实践 IPD 后，构建了需求分析能力且积累了核心技术。目前，它已经达到了第三种境界，能真正把握客户的需求和痛点，并开始为客户创造新的需求、引领行业，可以说一只脚已经踏入第四种境界。

【思考】你们企业对需求的认知处于哪种境界？

客户的需求可以分为两类，如图 7-1 所示。

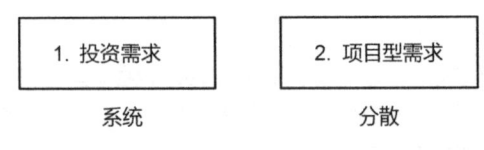

```
┌──────────────┐        ┌──────────────┐
│ 1. 投资需求   │        │ 2. 项目型需求 │
└──────────────┘        └──────────────┘
     系统                    分散
```

图 7-1　两类客户需求

第一类是投资需求，是客户中长期的战略需求、最为核心的需求。企业要能够站在客户视角理解其战略规划及投资逻辑，提供卓越的产品解决方案和服务，满足客户的投资需求，这是理解和把握客户需求的较高境界。

做到这一点对企业来说并不容易，要想理解客户的战略规划及投资逻辑，企业需要有强大的市场规划和洞察能力，并与客户建立良好的关系，能够在战略层面与客户对话，弄清楚客户中长期所需。事实上，大部分企业还达不到这种境界。

第二类需求是客户在不同的项目中提出的分散的需求，这类需求众多，且来自不同角色，甚至有时未必是真正的需求，需要企业仔细甄别。企业长期对这类需求进行识别，在理解到位后，就能逐步提升洞察客户与市场的能力，逐步达到理解客户战略规划及投资逻辑的水平。

不能真正识别和理解第二类需求是大多数企业都存在的情况，更不用说理解客户战略层面的诉求了。

客户在表达需求时往往是不系统、不完善甚至偏颇的，因此无论是面对哪类客户需求，企业都需要理解其背后真正的诉求和痛点。

7.3 认识需求的内涵和外延

很多企业对需求的内涵和外延理解不深刻、不全面，忽略了很多客户关心的重要内容，这样自然在设计和开发产品时就会出现很多缺陷，后期不得不一直反复修改。

需求的分类如图 7-2 所示。

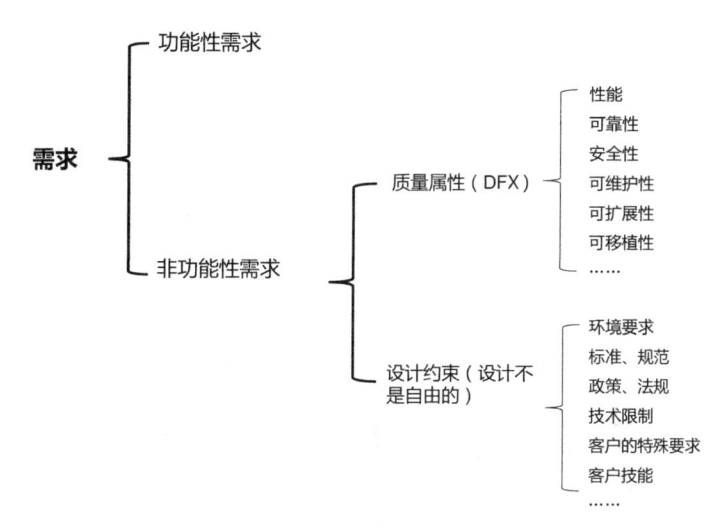

```
                    ┌─ 功能性需求
            需求 ───┤
                    │                      ┌─ 性能
                    │                      ├─ 可靠性
                    │        ┌─ 质量属性(DFX) ─┤ 安全性
                    │        │              ├─ 可维护性
                    │        │              ├─ 可扩展性
                    │        │              ├─ 可移植性
                    │        │              └─ ……
                    └─ 非功能性需求 ─┤
                             │              ┌─ 环境要求
                             │              ├─ 标准、规范
                             │              ├─ 政策、法规
                             └─ 设计约束 ───┤ 技术限制
                                (设计不    ├─ 客户的特殊要求
                                 是自由的)  ├─ 客户技能
                                            └─ ……
```

图 7-2 需求的分类

需求是产品包设计的重要内容，需求和产品包一样具有丰富的内涵。如图 7-2 所示，需求=功能性需求+非功能性需求，非功能性需求=质量属性+设计约束。

很多企业在分析客户需求时存在的一个问题是，基本只考虑功能性需求，而忽略了让产品真正具有竞争力的非功能性需求。质量属性对于产品竞争力非常关键，也是产品包中功能包、服务包、工具包、计费营销包、体验包和增值包的主要内容。

笔者经常看到很多企业的产品，虽然功能有了，但功能表现不佳，也就是客户说的"不好用"！这说明企业在设计产品时对非功能性需求考虑不周，甚至没有考虑。比如产品的可维护性、可安装性、可服务性、可靠性等，导

致产品很"脆弱"，外部条件稍微发生变化，就表现得极其不稳定。很多企业到了客户现场才发现非常多的和 DFX 相关的问题频发，不但改进成本极高，而且客户非常不满。

企业在进行产品设计时，应将大部分时间和精力花在 DFX 上面。软件代码很多都是为了防止出现异常而设置的，在出现异常时会及时发出警报，单纯支持功能的代码反倒不多。

7.4　IPD 中的需求管理

企业要想解决需求问题，应当注重两个方面，即需求分析和需求管理，如图 7-3 所示。

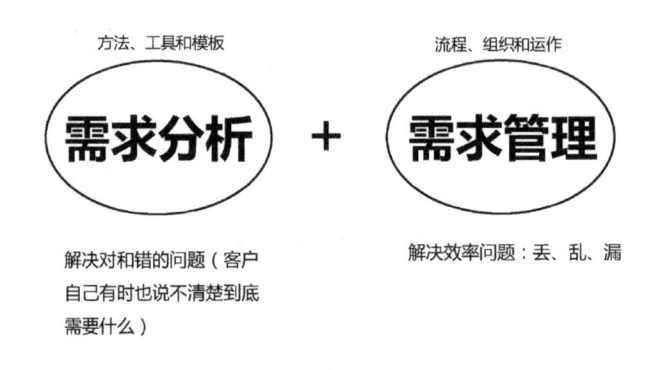

图 7-3　需求分析和需求管理

需求分析能保证对客户需求的理解正确、完备，解决的是对和错的问题，通过采用合适的方法、工具和模板来实现。

需求管理的目的是避免需求"丢、乱、漏"，解决的是效率问题，通过流程、组织和运作来实现。

IPD 提供了全面的需求管理机制，通过组织和流程让需求不再混乱。

需求管理是产品设计的前提，连接着市场与产品，对产品竞争力的构建有着极其重要的价值和作用。需求管理在 IPD 中的位置如图 7-4 所示。

第 7 章

需求分析和管理体系：让你更懂客户

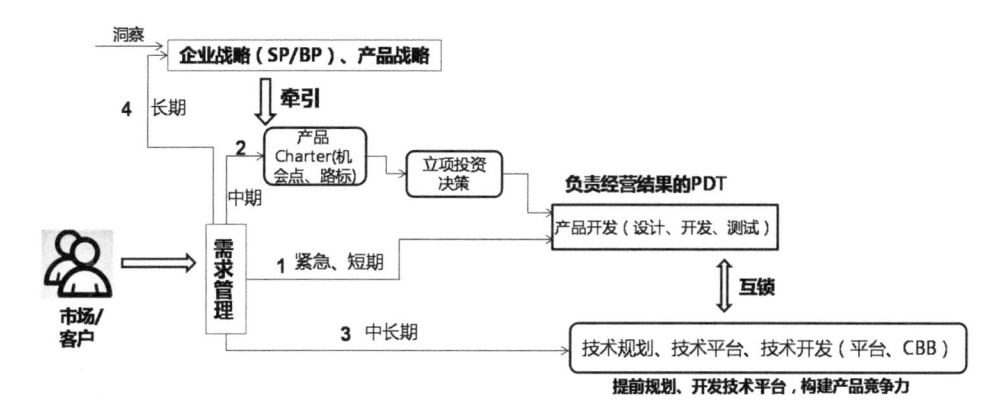

图 7-4 需求管理在 IPD 中的位置

首先，企业应知道需求从哪里来。需求的来源如图 7-5 所示。

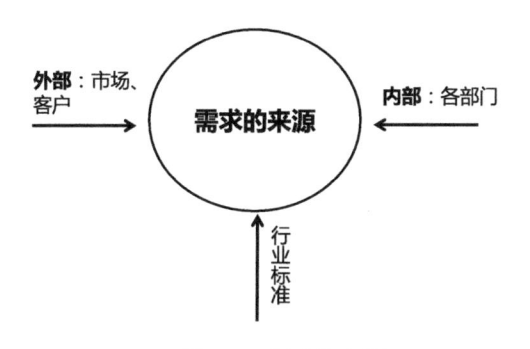

图 7-5 需求的来源

对企业来说，需求可以来自各个方面：外部（市场、客户）、内部各部门及行业标准。内外部都可以提出对产品的相关需求，因此企业应对这些需求进行统一管理，否则需求就会出现"丢、乱、漏"的情况。

笔者在辅导企业的过程中，被很多企业问过类似的问题：应该由哪个部门主要承担需求来源的收集工作？需求一般来自哪里？是市场部门还是研发部门？

现在大家知道了，任何部门都可以提出与产品相关的需求。很多企业的提问说明它们对需求缺乏管理，它们不知道需求从哪里来，也不清楚这些需求有了之后该如何进行有效的管理。

7.4.1 需求管理流程

需求和产品一样，也有生命周期。很多企业之所以需求管理混乱，就是因为缺乏对需求生命周期各阶段的高效管理。

IPD 通过构建组织和流程，对需求生命周期的各个阶段进行高效管理，确保需求不丢、不乱、不漏。需求生命周期管理流程如图 7-6 所示。

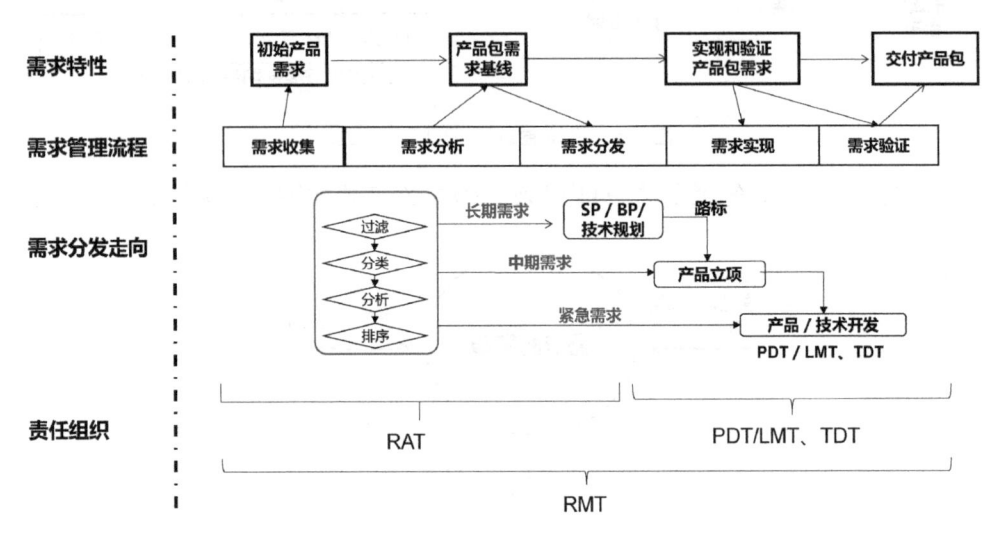

图 7-6 需求生命周期管理流程

需求管理流程主要包括需求收集、需求分析、需求分发、需求实现和需求验证几个阶段。

1. 需求收集阶段

在这个阶段，由 PDT 的相关组织 RAT 进行需求的收集。需求收集有主动收集和被动收集两种方式。

主动收集指的是 RAT 主动向客户、销售人员等询问产品需求；被动收集指的是 RAT 接纳各方提出的需求。

RAT 定期对收集的需求进行整理，为需求分析做准备。

第 7 章
needs分析和管理体系：让你更懂客户

2. 需求分析阶段

在这个阶段，RAT 对需求进行以下方面的深入分析。

- 需求的真实性。
- 需求的价值（客户和产品层面）。
- 需求的完备性和通用性。
- 需求的重要性（优先级）。
- 需求实现的大概工作量评估。

RAT 在对以上方面进行分析后，先给出每个需求的初步分析结论并通知需求提出者，再根据优先级对需求进行分发。

3. 需求分发阶段

根据上一阶段需求分析的结论，将需求分发到不同的部门。

需求分发方向及说明如表 7-2 所示。

表 7-2 需求分发方向及说明

序号	需求类型	分发方向	说明
1	低价值	—	分析后认为需求没有价值，则告知需求提出者，并给出拒绝的理由
2	长期	战略规划部门	属于长期需求，交由战略规划部门进行进一步分析和长期跟踪
3	中期	产品规划部门	属于中期需求，交由产品规划部门跟踪，纳入产品立项的新版本中
4	中长期	技术规划部门	属于中长期技术规划的需求，交由技术规划部门长期跟踪研究，纳入下一个技术规划平台版本
5	紧急、短期	PDT	属于客户紧急且有价值的需求，交由 PDT，纳入当前版本的开发计划，及时交付给客户

4. 需求实现和需求验证阶段

在需求分发到各自的责任主体后（如 PDT），需要对需求进行设计和实现。

在通过验证后，通知需求提出者确认需求实现的程度，如果达到了要求，则消除这一项，至此需求生命周期完成。

经过上述严格的需求管理过程，所有需求都能够很好地被管理起来，不会出现"丢、乱、漏"的情况。

7.4.2 需求属性的变化

在需求生命周期的过程中，其属性在不断发生变化，具体如图 7-7 所示。

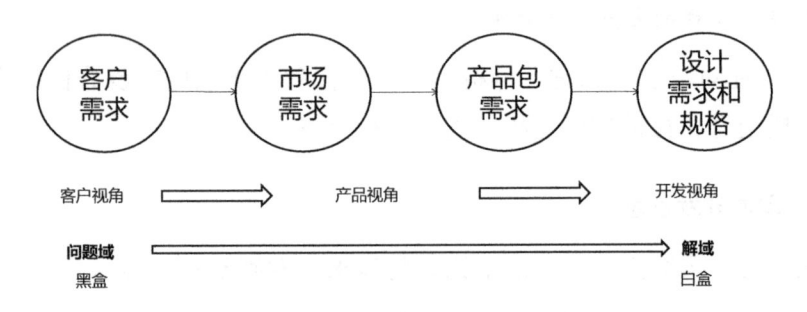

图 7-7 需求属性的变化

需求属性的变化为：客户需求（原始需求或者诉求）→市场需求（分析后的真实需求）→产品包需求（汇总后的产品需求，产品设计的基础）→设计需求和规格。

需求属性从客户需求到产品设计需求和规格的演变过程，是一个去伪存真、由粗到细的过程，是从客户视角到产品视角再到开发视角变化的过程，是从问题域（黑盒）到解域（白盒）的过程。

各种需求属性的特点如表 7-3 所示。

表 7-3 各种需求属性的特点

需求属性	特点
客户需求	♪ 客户直接提出的需求，往往这类需求未必是客户真正的需求或者表达不清晰。 ♪ 很多企业在需求方面的主要问题是客户说什么就做什么，没有搞清楚客户到底真正想要什么，导致结果不对、返工
市场需求	是在客户需求的基础上，RAT 分析后识别出真假并与客户确认，而且有价值的需求

第 7 章
需求分析和管理体系：让你更懂客户

续表

需求属性	特点
产品包需求	♪ 市场需求的集合（分析、抽象提炼、分解或汇总），是产品后续设计和开发的基础。 ♪ 设计人员站在产品设计的视角，但仍然是客户能够看懂和理解的、系统所呈现出的特性集合。 ♪ 是市场和产品的分界线
设计需求和规格	♪ 设计及开发人员视角，从产品包需求到产品设计需求和规格，从黑盒到白盒。 ♪ 是研发人员设计实现方案的输入。 ♪ 不再是客户视角，而是开发视角

需求属性的变化是一个需求分解和跟踪的过程，上一阶段的需求在后续阶段都要有所对应。很多企业的需求状况是前后不对应，前面提出的需求到了后面却找不到了。

需求属性的变化示例如表 7-4 所示。

表 7-4 需求属性的变化示例

需求属性	变化示例
客户需求（客户视角）	手机不支持通话中录音
市场需求（产品视角）	客户希望手机在通话过程中能够录音、存储，并提供手动控制功能
产品包需求（产品视角）	①手机需要具备通话录音功能并能由使用者手动控制，需要支持×××的录音和存储要求。 ②其他市场需求
设计需求和规格（开发视角）	①通话中可启动录音（支持的音频格式、存储容量）。 ②通话中可停止录音。 ③支持录音文件的存储及管理（寻找、回放、删除）。 ④启动和停止可单手操作。 ⑤操作界面美观

7.4.3 需求管理组织

需求管理流程必须落实到组织中执行。IPD 主要由 RAT 和 RMT 负责管理需求生命周期，确保需求不丢、不乱、不漏。需求管理组织（虚线框）如图 7-8 所示。

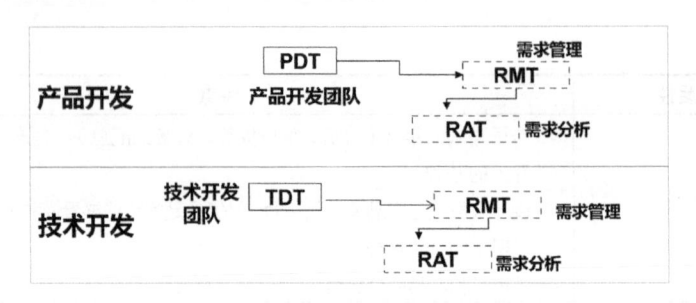

```
产品开发      产品开发团队 PDT ──→ RMT  需求管理
                              └──→ RAT  需求分析

技术开发      技术开发  TDT ──→ RMT  需求管理
              团队            └──→ RAT  需求分析
```

图 7-8 需求管理组织（虚线框）

RAT 和 RMT 都是 PDT 下的常设虚拟组织，每个 PDT 下面都设有一个 RAT 和一个 RMT。

1. RAT

在需求生命周期过程中，RAT 负责需求收集和分析工作，并经 RMT 批准后对需求进行分发。RAT 的核心成员示例如图 7-9 所示。

```
        研发
    ┌─────────┐
    │   RAT   │
    │  Leader │
    │         │
    服务    市场
```

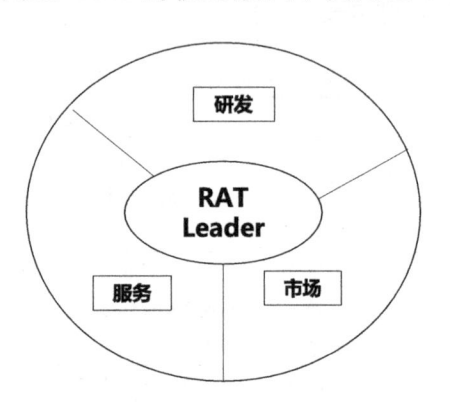

图 7-9 RAT 的核心成员示例

RAT 是产品需求的唯一处理入口，所有与产品相关的需求都必须经过 RAT 处理后才可进入下一个阶段。RAT 核心成员的来源和职责如表 7-5 所示。

表 7-5 RAT 核心成员的来源和职责

核心成员	来源	职责
RAT Leader	产品规划部门的专家	负责本产品领域需求分析和团队运作
研发	研发团队的架构设计部	代表研发部门，负责需求分析、实现方案及工作量评估

第 7 章
需求分析和管理体系：让你更懂客户

续表

核心成员	来源	职责
市场	销售体系的代表	代表市场和客户，根据需要与客户进行沟通、进行需求澄清
服务	服务部门的专家	对涉及产品的可服务性方面的需求负责分析和建议

RAT 负责需求分析结果：正确性、价值、实现工作量评估及初步结论。

在需求收集阶段，RAT 会收集汇总各方的需求，为需求分析做准备，如表 7-6 所示。

表 7-6 需求收集汇总

序号	需求来源（内部、外部）	需求提出者（内部代理或外部客户）	原始需求描述	外部客户名称	紧急程度
1					
2					

RAT 会定期基于收集到的原始需求召开需求分析会，给出需求分析的初步结论。表 7-7 所示为需求分析结论。

表 7-7 需求分析结论

序号	对应的原始需求编号	提炼出的市场需求（真实需求）	优先级（高、中、低）	工作量初步评估（人天）	初步结论	RMT 确认结论	当前处理责任人
1					①拒绝（没有价值或者价值很低）；②延期（承诺版本的大概交付时间）；③将中长期需求分发到战略规划、产品规划和技术规划部门，对中长期需求特性进一步跟踪、纳入后续版本规划；④紧急需求，立即处理（提交 PDT，制订计划）；⑤与某个需求重复或类似，合并处理		
2							

在需求分析结论经过 RMT 确认后，RAT 将需求分析结论告知需求提出

者。如果需求提出者对需求分析结论有异议，那么可以进一步与 RAT 沟通或者由 RMT 做决策。

2. RMT

每个 PDT 下面对应一个 RMT，由其负责本产品领域需求分析结论的最后决策，是 RAT 的上级部门。RMT 的核心成员如图 7-10 所示。

- 负责需求管理流程、方法和工具的推行工作，以及需求管理人员的技能提升，管理 RAT，保证团队成员的稳定。
- 调整和批准 RAT 的需求分析结论。
- 解决 RAT 与需求提出者对需求分析结论的分歧。

图 7-10 RMT 的核心成员

RMT 的核心成员来自产品线 PDT 各领域负责人，RMT Leader 由产品线产品规划负责人担任。

从 RAT 和 RMT 可以看出，无论是需求分析还是需求决策，都不是某个人的事情，而是整个团队的事情，需要依靠全体成员的智慧，这再次体现了 IPD "打群架"这一核心协同运作机制。

7.5 需求管理和分析的重要价值

若需求管理不到位，则会导致重复开发、高成本。一般来说，需求管理不到位的原因如下：

（1）缺乏对需求生命周期端到端的管控；

（2）缺乏对需求的正确分析和理解；

（3）后续实现需求的过程中，缺乏需求的分解、跟踪，导致需求后续丢失。

第 7 章

需求分析和管理体系：让你更懂客户

上述情况必将导致开发反复和成本上升。很多企业中有一个特别明显的问题，很多人（尤其是销售人员）直接把需求提交给开发团队，甚至直接打电话找某个开发人员要求去实现需求，这是一种无管控的状态，在需求数量增多时必然出现问题：无法管理、重复、丢失。

图 7-11 展示了 IPD 的需求管理，其可以让需求不再混乱。

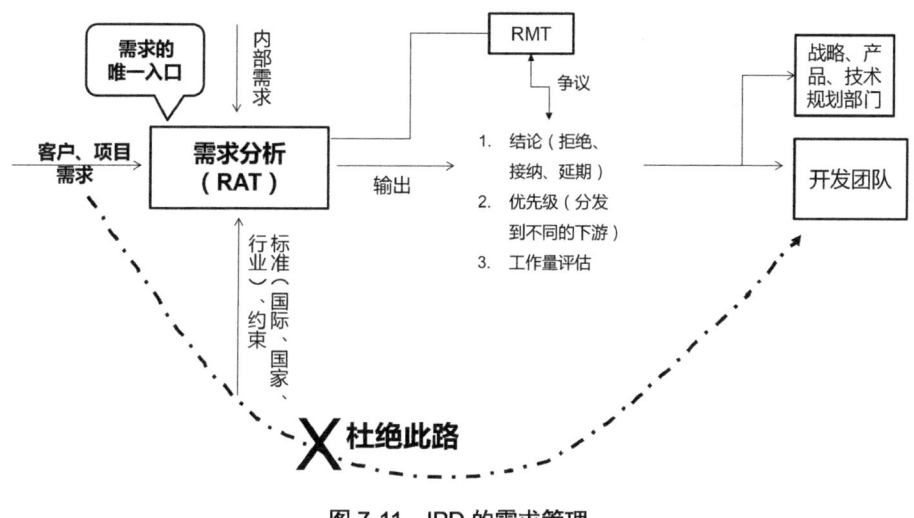

图 7-11　IPD 的需求管理

IPD 的需求管理确保了需求只有经过 RAT 收集和分析后，才能进入产品开发的下一个环节，杜绝了很多企业的需求到处都有入口，随处都可以直接流入开发团队乃至某个开发人员手里的现象，确保了需求的可控。

我们知道 IPD 是规划、设计和开发面向某个市场和客户群体的、可复用的产品基线版本（V 版本、R 版本）的，而产品基线版本来自各方通用、可复用需求的累积和叠加。通过需求分析、不断加入产品基线版本中的需求，让产品基线版本的能力越来越强，也越来越能满足更多的市场和客户需求。产品基线版本的能力越强，后续在交付新的市场和客户项目时，重新开发的工作量就会越来越小，成本也会越来越低。

很多企业之所以成本一直居高不下，是因为产品基线版本的能力太弱。需求分析和产品基线版本的关系如图 7-12 所示。

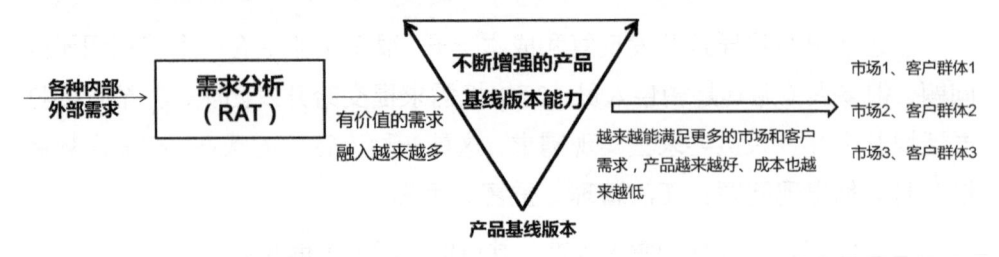

图 7-12 需求分析和产品基线版本的关系

从图 7-12 可以看出，通过识别出越来越多有价值的需求，并融入产品基线版本中，可以让产品基线版本的能力不断增强，再反过来以低成本部署到各应用中。因此，正确理解和分析客户需求是产品能力强大的前提！

如何从数量繁多的客户需求中挖掘出真正有价值的需求呢？这是需求分析的核心工作。

7.6 需求分析的结果要求

企业要先明确需求分析的目标。需求分析既不是对客户需求简单的直接接受，也不是闭门造车般的"自嗨"。需求分析要达到一定的目标，让产品基线版本的能力越来越强，如图 7-13 所示。

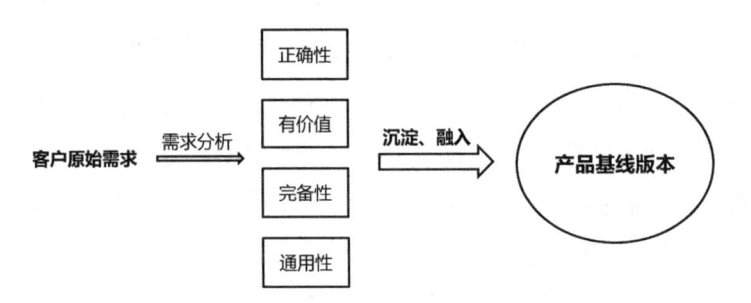

图 7-13 符合要求的需求融入让产品基线版本的能力越来越强

7.6.1 正确性

这是需求分析首先要达成的目标。

第 7 章
需求分析和管理体系：让你更懂客户

大多数时候，客户是不知道自己真正想要什么的。福特有句名言：如果你问客户想要什么，他会回答你"一匹更快的马"。乔布斯说过，客户的话不完全可信，所以你要知道他到底想要什么。

这也是需求分析面临的问题之一：客户需求经常改变。出现这个问题的根本原因是客户往往不能表达自己真正的诉求。

正确性就是你要根据客户提出的诉求，挖掘出他诉求背后真正的痛点，只有识别出他诉求背后真正的痛点，才能给出正确的解决方案。

很多企业因为没有抓住客户真正的痛点，客户说什么就做什么，最后不得不反复修改和返工，不仅成本高，客户还不满意。

客户表达的诉求不等于真正的解决方案（客户真正的意图）。针对客户需求的正确的解决方案如图 7-14 所示。

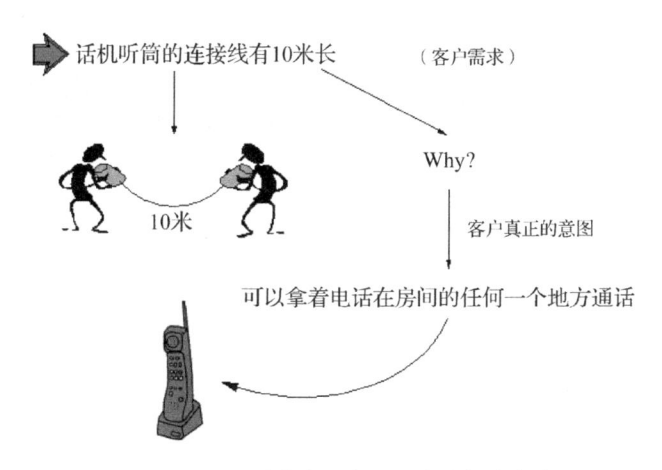

图 7-14 针对客户需求的正确的解决方案

在图 7-14 中，客户的原始需求是话机听筒的连接线有 10 米长。

如果你不去深究客户提出此需求的原因，很可能当你做了 10 米长的连接线后，客户很快就说要 15 米长、20 米长的连接线，你就会很崩溃。

真相是什么呢？客户希望在办公室里移动着接打电话。当你知道了真正的应用场景后，就知道正确的解决方案应该是提供无线电话，而不是通过加长连接线解决这个问题。

解决这个问题的关键是深入了解客户的应用场景，搞清楚客户诉求背后的真正问题是什么。图 7-15 说明了去伪存真是需求分析的首要动作。

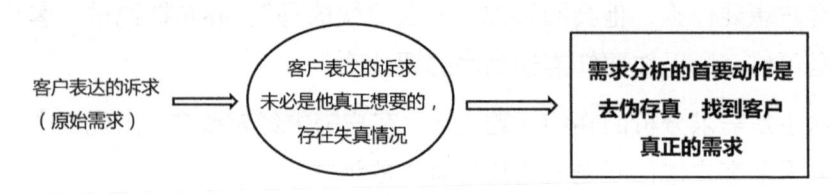

图 7-15 去伪存真是需求分析的首要动作

7.6.2 有价值

需求应当有价值，有时候可能客户的想法总体是对的，但满足客户需求付出的代价和收益是不对等的，对企业和客户来说不合适，性价比太低。图 7-16 所示为要寻找性价比较高的解决方案。

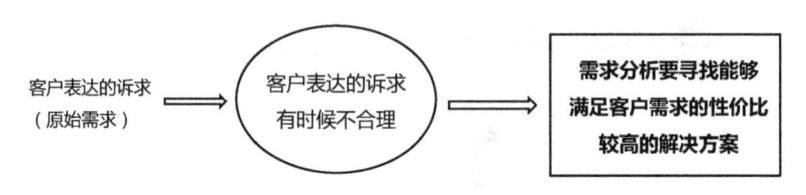

图 7-16 要寻找性价比较高的解决方案

这类需求很多，企业要集思广益，要么用其他低成本解决方案来实现，要么考虑延期实现。

识别这种需求的核心是要关注客户需求背后真正的痛点是什么，往往客户只是表达了其中一种方案，不是最优的。当然，如果客户的需求是不合理的甚至是无理的（既不可能满足又对客户没有价值），那么要坚持以生存为底线，明确地予以拒绝！

很多企业容易犯的错误是盲目按客户要求来做，最后得不偿失，工期很长、质量不高、客户也不满意。

以前文 10 米长话机听筒连接线需求为例，你用这种解决方案也许一时可以，可是最终不能解决根本问题。

又如，客户说想从你这里买一把充气钻，但你没有这种产品。如果你只是停留在这里，这个生意就终止了，实际上客户只是想在墙上打个眼，挂一幅画，没有充气钻也是可以做到的。你可以为客户提供能够解决其问题的更为简单的方案，让这个生意做成。

7.6.3 完备性

完备性是影响产品质量和成本的重要因素。客户需求的完备性如图 7-17 所示。

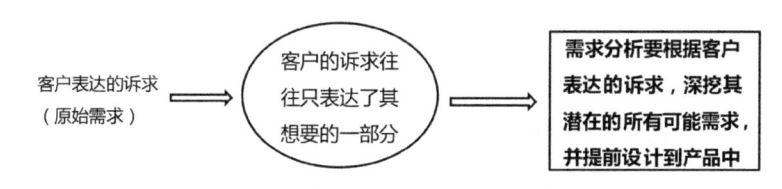

图 7-17 客户需求的完备性

客户的诉求往往要么不合理，要么只提到一部分，只是当时他没有意识到。但往往最后他又会追加需求，这是导致客户需求变化快的主要原因。

产品设计者和 RAT 要有"火眼金睛"，不然可能只满足了客户需求的一部分，还有很多冰山下的需求需要满足，这会导致后续需求不断变更的事情发生。

比如，客户提出了原始需求：用点赞的方式呈现客户对产品的满意程度。

这是一种合理的需求，但站在需求分析的角度，这大概率只是客户需求的一部分。客户后续很可能提出其他呈现方式，如选择星星（★★★★★）个数、打分等。

因此，站在产品 RAT 进行需求分析的视角，在客户提出这个需求时，要敏感地意识到他还会有其他需求，因此要提前准备多种方案，如增加选择星星个数、打分等方式，当客户后续再提出类似需求时，就可以直接提供给客户，而不用再重新开发，而且可以将其作为收费的功能。

这就要求 RAT 能够根据客户的诉求，不断挖掘其更多可能的需求。

7.6.4 通用性

通用性对提升产品竞争力非常重要。

当从一个客户那里得到一个需求时，不仅要考虑为该客户实现，更要考虑这个需求是否具有通用性，是否可以用在其他类似的客户那里。

如果具有通用性，则在设计方案时要充分提炼公共特性，将其作为产品基线版本的能力。随着越来越多的通用性需求融入产品中，产品基线版本的能力会越来越强，后续再交付新的项目时，开发工作量就会下降，从而降低成本。

很多企业存在的问题是，只是实现了某个特定客户的需求，但往往这类需求具有一定的通用性，当遇到另外一个客户再次提到类似需求时，因为没有对通用性提前进行提炼，不得不又开发一遍，导致成本上升。

客户需求的通用性如图 7-18 所示。

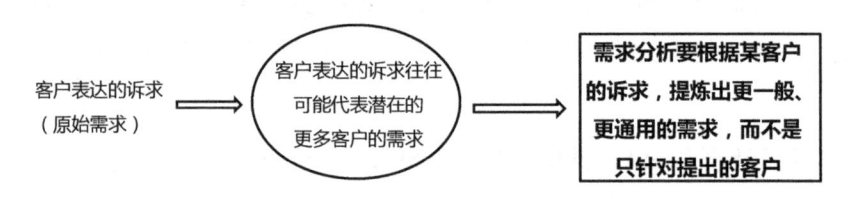

客户表达的诉求（原始需求） → 客户表达的诉求往往可能代表潜在的更多客户的需求 → 需求分析要根据某客户的诉求，提炼出更一般、更通用的需求，而不是只针对提出的客户

图 7-18　客户需求的通用性

随着价值需求和通用性需求越来越多地融入产品基线版本中，产品基线版本的能力越来越强，后续交付的成本会越来越低。

7.7　需求分析七步法：洞察客户真正的需求

说起需求分析，大家应该都不陌生。但很多企业的需求分析是从客户需求直接到了如何实现（方案设计），缺乏真正分析需求的过程，那不叫需求分析，而是叫被动响应。

那么，如何正确进行需求分析呢？

第 7 章
需求分析和管理体系：让你更懂客户

结合 IPD 体系、长期产品开发的实践经验及辅导企业的经验，笔者总结出了正确提炼客户需求的方法，可以有效地提升产品竞争力，如图 7-19 所示。

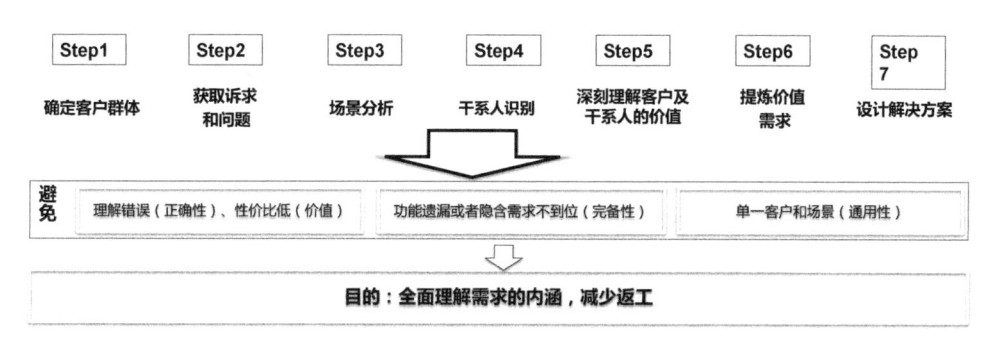

Step1	Step2	Step3	Step4	Step5	Step6	Step7
确定客户群体	获取诉求和问题	场景分析	干系人识别	深刻理解客户及干系人的价值	提炼价值需求	设计解决方案

避免	理解错误（正确性）、性价比低（价值）	功能遗漏或者隐含需求不到位（完备性）	单一客户和场景（通用性）

目的：全面理解需求的内涵，减少返工

图 7-19　需求分析七步法

7.7.1　Step1：确定客户群体

需求分析的第一步是确定客户群体，既可以向确定服务的客户群体主动获取需求，也可以定期接收客户的反馈，与所服务的客户群体建立常态沟通的渠道和机制，为进一步分析做准备。

7.7.2　Step2：获取诉求和问题

此步骤是获取客户原始的诉求和问题，要从各个角度去获取客户相关的诉求和问题，不能只听取一个人的说法。同时，尽量获取与此需求相关的背景、以前如何处理、效果如何、客户的想法等信息。

如有必要，还需要了解客户当前的组织架构、网络组网及运行的信息。

7.7.3　Step3：场景分析

在获取客户的原始需求之后，就进入需求分析最重要的环节：场景分析。场景分析是从客户需求到真实价值需求的关键步骤，大部分企业都缺乏对场景的深入分析，这导致不能真正理解客户的意图，达不到需求分析的目的。

1. 什么是场景

场景包含六大要素：特定时间、特定地点、特定空间、特定参与者及其交互活动及交互的结果。

理解需求一定要了解需求所处的场景，只有了解了场景，才有可能提炼出真实有价值的、更多潜在的、通用性的需求。

场景中的需求像状态机，场景不同，即便输入相同（客户的诉求相似），输出的结果也可能大相径庭。因此，企业需要了解客户在什么场景下提出的需求。

以喝酒这个常见的需求为例，如果你只是打开瓶盖就喝，那就太没情商了，完全不能体会喝酒人真正的内心需求，难以抓住消费者的心。

喝酒有很多场景：

- 家庭聚会喝酒——温馨与爱。
- 朋友聚会喝酒——热闹、友谊和回忆。
- 与恋人一起喝酒——甜蜜。
- 在 KTV 喝酒——狂野。
- 喝闷酒——伤感。

……

如果你是酒供应商，切不可只单纯提供酒，而是应根据不同的喝酒场景，提供不同的环境、音乐等，满足不同喝酒人的真正内心需求。

很多企业不能正确理解客户需求、提供让客户满意的解决方案，大多和没有深入了解客户需求的场景有很大的关系。

2. 发现场景的 4 种方法

发现场景的 4 种方法如表 7-8 所示。

第 7 章
需求分析和管理体系：让你更懂客户

表 7-8 发现场景的 4 种方法

序号	方法	说明
1	通过业务流程	根据客户的需求描述，了解与该需求相关的业务流程，从流程中发现场景
2	通过观察交互	根据客户的需求描述，了解有哪些参与者、他们主要有哪些交互活动及结果
3	时间触发	根据客户的需求描述，了解是否有与时间相关的结果输出
4	状态触发	根据客户的需求描述，了解是否有事件启动、事件变化导致的结果输出

通过场景分析，可以提取出与深刻理解需求相关的关键要素，真正抓住客户诉求背后真正的痛点，进而给出能够解决客户问题的方案。

在进行场景分析时，要尽可能多地列出与客户需求相关的场景。

3．场景分析的例子

下面以基站产品为例说明场景分析对产品设计的重要性。

如果客户让你提供基站，你事先不清楚基站的应用场景，那么大概率会在后期不断"救火"，这会导致产品质量问题不断、成本上升，客户满意度下降。

基站产品的应用场景和功能需求如图 7-20 所示。从图 7-20 可以看出，基站产品有着不同的部署应用场景。

- 室内部署。
- 建筑密集区域部署。
- 外部建筑部署。
- 空旷地带部署。
- 电梯内部署。

……

不同的应用场景对基站产品有不同的要求（如体积、集成度、功率、雷电等），不同的应用场景决定了客户需求的不同。因此，在设计基站产品时，不仅要从通话功能角度考虑，更要考虑不同应用场景下对产品的不同要求，这样才能真正开发出适应客户应用场景、让客户满意的产品。

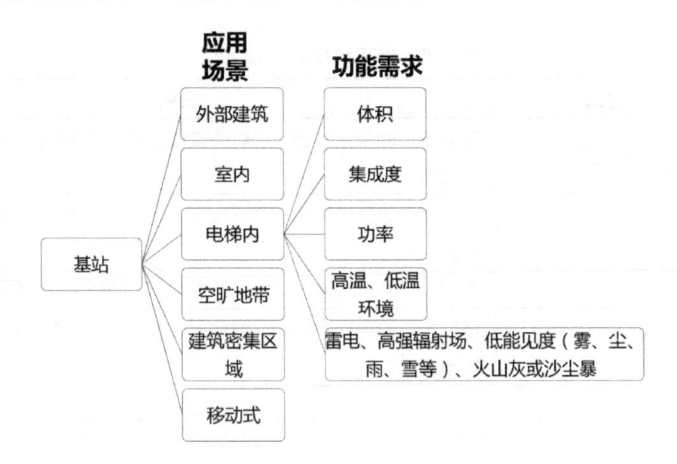

```
应用场景    功能需求
外部建筑    体积
室内        集成度
基站 → 电梯内    功率
空旷地带    高温、低温环境
建筑密集区域  雷电、高强辐射场、低能见度（雾、尘、雨、雪等）、火山灰或沙尘暴
移动式
```

图 7-20 基站产品的应用场景和功能需求

7.7.4 Step4：干系人识别

在了解与需求相关的关键场景后，下一个关键动作是针对每个场景，识别出干系人，并对每个干系人的关注点进行提炼，以完善需求。

识别干系人是非常关键的需求分析活动，很多企业在面对客户需求时，往往缺失了对关键干系人的分析，很多人对干系人理解得不对甚至没有关注干系人，导致需求遗漏太多、不断返工。

干系人就是和需求直接、间接相关的人，这些人都可能对你提供的需求解决方案产生影响，如果你忽略了某些干系人，会导致需求遗漏，进而导致后续返工。获取干系人主要有两种方法：一是在场景中发现交互者，二是抓住利益相关者。

1. 分析干系人的两个维度

干系人可能很多，企业在进行需求分析时要抓住对需求影响大的关键干系人。

分析干系人的两个维度如图 7-21 所示。

一个维度是干系人对需求解决方案的影响力，从产品的验收通过、销售影响、利润影响、口碑等维度考虑。影响力大的干系人是关键干系人，要重点关注。很多需求和项目的干系人往往是老板或者部门负责人，并非仅仅是提出需求的人员。

影响力：
干系人对产品的影响力。从产品的验收通过、销售影响、利润影响、口碑等维度考虑

利益相关度：
产品对干系人的利益相关度。

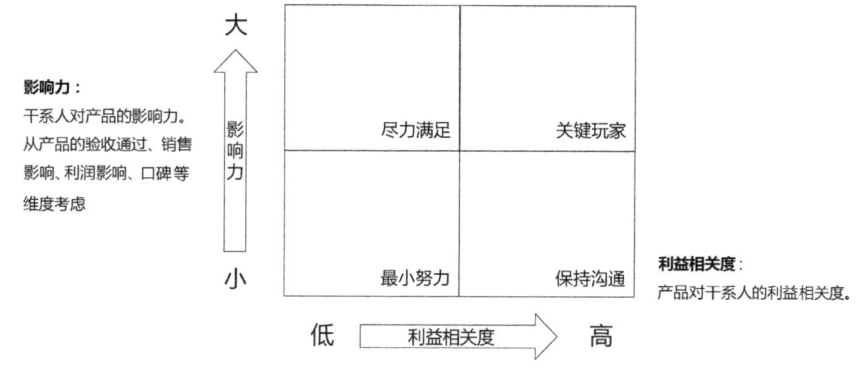

图中四象限：
- 左上：尽力满足
- 右上：关键玩家
- 左下：最小努力
- 右下：保持沟通

横轴：利益相关度（低→高）
纵轴：影响力（小→大）

图 7-21　分析干系人的两个维度

另一个维度是干系人与需求的利益相关度，利益相关度高的是关键干系人。

2. 干系人的类别及其关注点

大体上有 4 种类别的干系人，他们有不同的关注点，如表 7-9 所示。

表 7-9　干系人的类别及其关注点

序号	干系人的类别	关注点
1	投资者（往往是老板或者其他出资人，是最需要关注的干系人）	投入产出的效益、进度和质量
2	使用者（往往是用户）	好用、易用、不出问题（有问题容易解决）
3	维护人员	系统稳定、不容易出问题，如果有问题要提供高效的解决方案
4	管理人员（大都是第一责任人）	对业务价值、进度、质量关心，特别是对职业生涯带来的价值

在场景明确的前提下，正确识别干系人是正确理解需求的关键。

例如，你准备装修房间，这是一个大工程，很多人只会想到施工队，但实际上还有以下干系人。

- 室内设计师和相关供应商。
- 你的配偶和子女，他们是装修需求的重要决策者和参与者。

♪ 你的邻居，要倾听他们对装修时间的建议，以免打扰他们。

♪ 你的家长，他们可能是出资人，对项目预算敏感。

♪ 小区物业人员，他们对装修有很多规定。

你对相关干系人的要求了解得越多，你的项目或需求可能会实现得越完美、后续返工的概率就越小。

7.7.5　Step5：深刻理解客户及干系人的价值

需求分析的核心是通过客户及干系人的表面诉求，深挖其背后的痛点或者内在动机。

企业一般通过与客户的价值交换实现自身的持续发展，因此必须努力为客户创造价值。

在决策和交易体系中，企业和客户都是围绕互惠互利的价值进行交易的。在交易过程中，有几种不同类型的价值：企业设计和提供的价值（产品包）、客户的实际价值、客户的感知价值和预期价值。

客户在表达需求时，往往传递的是预期价值，大部分情况下并不能真正反映其实际价值，企业必须深刻理解客户及干系人的价值，以真正为客户精准地创造价值。

图 7-22 展示了如何理解客户的价值。

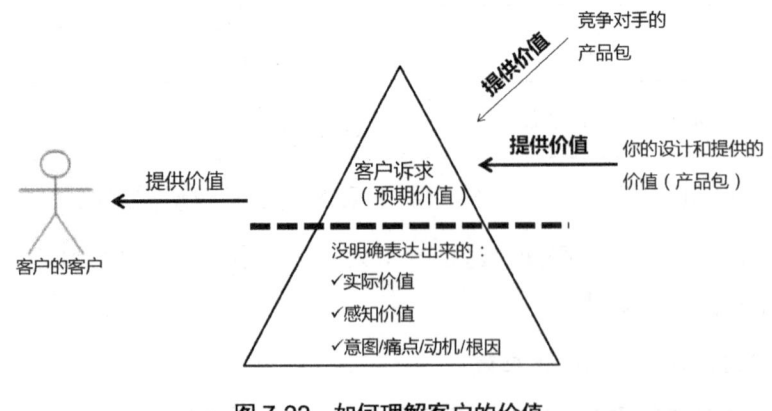

图 7-22　如何理解客户的价值

在图 7-22 中，客户在购买企业的产品后，还要扣除自己的经营及相关成本，才是客户获得的实际价值。因此，企业不仅要关注客户表达的需求，还要深入了解客户的经营活动，以及如何通过设计更好的产品包（提供的价值）更好地帮助客户降低 CAPEX（Capital Expenditure，资本支出）和 OPEX（Operating Expense，运营成本）（往往是客户真正的痛点和意图），从而帮助客户实现商业成功。

客户的感知价值受多方因素影响，如产品应用场景的复杂度、客户不同干系人的认知、客户群体的能力、竞争对手的影响、客户的预期等，因此企业要不断通过优化产品包的设计（服务、体验等），把复杂留给自己把简单留给客户，提升客户的感知价值。

企业不仅要关注自己的 KPI（设计提供的价值），还要关注客户的 KPI（实际价值、感知价值），以及客户的客户的 KPI。只有站在客户的视角，并理解客户和客户的客户的需求与痛点，才能真正将商业价值链闭环，才能更好地理解客户真正的需求和动机，也才能提供更符合客户需求的产品。

同时，企业还应关注和对比竞争对手提供的价值，要比竞争对手更能理解客户，从而提供更符合客户价值的产品和服务。

深刻理解客户价值是一个全面、细致的系统工程，不能真正理解客户的价值体系，很容易就会落入平庸竞争的层次，不得不打价格战。

企业通过客户的诉求，对客户业务进行场景分析、干系人类别及其关注点分析（预期、感知、实际），同时对比竞品，基本上就可以了解客户真正的需求。

企业在进行场景分析时，可以采用 RCA（Root Cause Analysis，根本原因分析）方法，多问几个为什么（必要时延伸到客户的客户的应用场景），最终得到正确的需求。

在图 7-14 的例子中，不能只根据客户的口头诉求下结论，而是要问为什么要 10 米长的连接线。当了解产品的应用场景（在办公室周边可以自由移动）后，你就会知道客户真正的需求是一定范围内自由移动。

面对客户的诉求，企业应多问几个为什么，到底是在什么场景下遇到了什么问题才提出这个需求。

在多问几个为什么之后，可能就会发现：客户希望边打电话边处理一些事情，要能够在整个办公室走动。而现在的连接线太短了，不能满足需求。

这样，你就从干巴巴的叙述，深入到真实的场景里面，就能够真正了解客户遇到的问题，从客户原始需求挖掘到客户的动机等。运用 RCA 方法从客户原始需求挖掘到客户的动机等示例如图 7-23 所示。

客户原始需求：希望提供长度为10米的话机听筒连接线

↓

问：为什么要10米长？

↓

为了方便沟通，需要拿起话机听筒远离办公桌，到办公室的边缘大概10米

↓

问：如果办公室变大、变小？

↓

需要加长连接线或者不需要10米长

↓

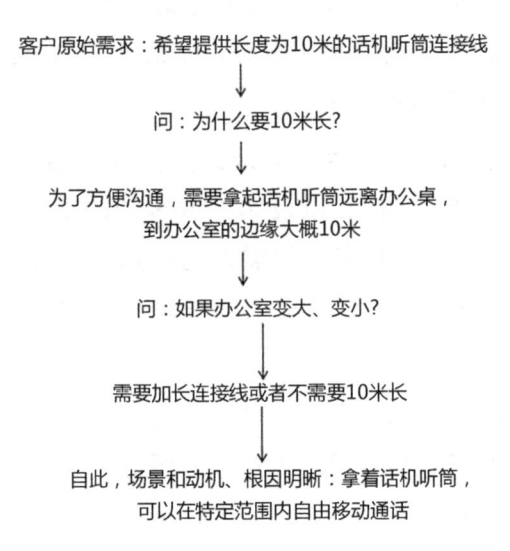

自此，场景和动机、根因明晰：拿着话机听筒，可以在特定范围内自由移动通话

图 7-23 运用 RCA 方法从客户原始需求挖掘到客户的动机等示例

7.7.6　Step6：提炼价值需求

在场景分析、干系人识别和深刻理解客户及干系人的价值之后，就到了需求分析收尾工作，即把客户原始需求提炼汇总成价值需求。

7.7.7　Step7：设计解决方案

严格来说，这一步已经不算是需求分析的范畴，而是进入了设计解决方案阶段。该步骤连接需求与设计，是需求分析的结束和解决方案设计的起点，

对应着需求生命周期的实现阶段。

有了对需求真正的理解之后，就可以着手设计解决方案了。

针对前文 10 米话机听筒连接线的示例，在识别客户真正的需求后，提出的正确解决方案不是在话机听筒连接线的长度上花费时间，而是提供无线电话！

只有真正理解了客户诉求背后的根因、痛点和动机，设计的解决方案才能让客户满意，后续才不会多次返工！

7.8 常用的需求分析工具

在需求分析过程中，有不少工具可以帮助需求分析工作高效，如 SMART 原则、RCA 方法、$APPEALS 模型、Kano 模型、Use Case 分析等。

7.8.1 SMART 原则

企业在从客户原始需求挖掘到价值需求并进入后续阶段后，就已经从客户视角转向产品和开发视角，此时对需求的描述应严谨，在描述需求时应当遵循 SMART 原则。

- S（Specific）——必须是明确的。
- M（Measurable）——必须是可以度量的。
- A（Attainable）——必须是可以实现的。
- R（Relevant）——必须和总目标有相关性。
- T（Time-bound）——必须具有明确的时间点要求。

需求描述、项目计划、KPI 设定等有明确要求的，都应该遵循 SMART 原则。

但是很多企业在描述需求时，存在不严谨和有歧义的情况，导致人们对需求的理解不同，对目标也不清晰。

下面的产品视角的需求描述是不符合 SMART 原则的：对摄像头的要求是可以看清人的脸。

符合 SMART 原则的需求描述应该是：摄像头在 10 米内，光强度不低于多少的情况下，成像可以达到多少分辨率或者主观评价达到多少分。

7.8.2 RCA 方法

在需求分析中，企业可以用 RCA 方法对客户原始需求问几个为什么，直到找到根本原因为止。

7.8.3 $APPEALS 模型

在前文中，我们已经提到了 $APPEALS 模型。应用该模型，可以在从客户原始需求到市场需求的提炼中，从 8 个维度提炼客户真正的需求。

7.8.4 Kano 模型

Kano（卡诺）模型是日本大学教授 Noriaki Kano 发明的反映客户对产品和服务满意度的工具，后来被应用到客户需求分类和优先排序中，体现了产品特性和客户满意度之间的关系。Kano 模型如图 7-24 所示。

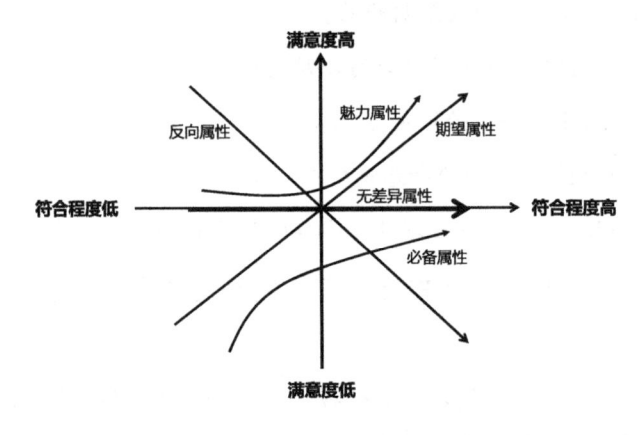

图 7-24 Kano 模型

第 7 章
需求分析和管理体系：让你更懂客户

在 Kano 模型中，将产品和服务的质量特性分为 5 种类型。

（1）必备属性：优化此类属性，客户满意度不一定会提升，但若不能满足此方面的需求，则客户满意度会大幅降低。

（2）期望属性：若具备此类属性，则客户满意度会提升；若不具备此类属性，则客户满意度会降低。

（3）魅力属性：客户意想不到的属性，若不具备此类属性，客户满意度不会降低，但若具备此类属性，客户满意度会大幅提升，对客户来说是意外之喜。卓越的产品往往具备很多魅力属性。

（4）反向属性：具备此类属性，客户满意度反而会降低，要避免这方面的需求。

（5）无差异属性：无论是否具备此类属性，客户满意度都不会改变，客户不在意，设计产品时不要在这方面花费精力。

下面对手机的质量特性进行分析。

（1）打电话和收发短信等是必备属性。

（2）好用、性价比高是期望属性。

（3）买手机送话费是魅力属性。

（4）涨价是反向属性。

（5）说明书制作得优秀是无差异属性。

在进行产品设计时，企业要多思考期望属性和魅力属性，减少无差异属性，杜绝反向属性。

要想做到这一点，核心是要洞察和理解客户真正的痛点与动机。

7.8.5　Use Case 分析

Use Case 是根据客户诉求进行场景分析的重要工具，通过把系统当成黑盒、设定初步的场景，以及对各场景参与者的交互动作进行分析，提炼出客户真实的隐藏在背后的需求。聚会的各种场景及参与者如图 7-25 所示。关于 Use Case 分析工具的使用，请参见相关专著。

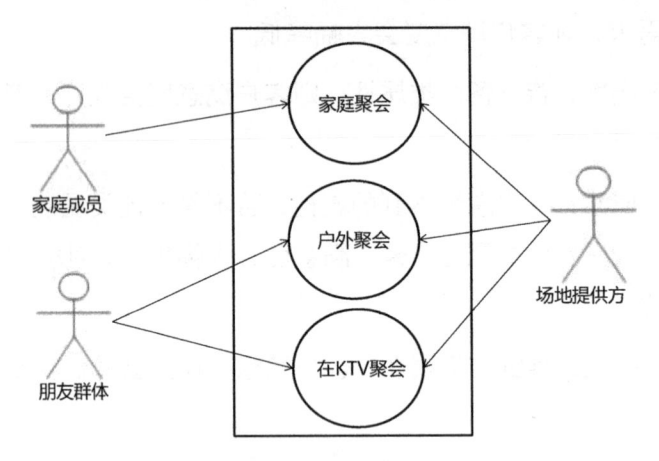

图 7-25 聚会的各种场景及参与者

第 8 章

IPD 成功的关键：研发部门转身为利润中心——跨部门的重量级团队

IPD 帮助华为取得了巨大的商业成功，但是很多企业实施 IPD 的效果不尽如人意，甚至不少企业觉得 IPD 没多大用。笔者通过对这些企业进行调研发现，造成这一现象的重要原因是组织阵型存在问题。

华为实施 IPD 后的最大变化之一是传统职能型研发部门的定位发生变化：由原来只对技术实现负责的成本中心转身为对产品最终结果——商业成功负责的利润中心。

这一变化让华为经营和管理机制的内核发生了巨变，产品开发不再只是研发部门的事，而是需要全公司所有部门协同作战。研发部门也不再只是被动响应市场需求、仅对技术实现负责，而是对产品全生命周期及产品的最终结果负责！

8.1 很多企业存在的特别明显的问题

笔者在辅导企业时，发现大多数企业都存在以下问题。

8.1.1 老板很累

有的企业已经成立很多年了,可是老板仍然像早期创业那样全年无休、事事都参与,因此感到身心疲惫。有的老板这么累是其性格使然,但大多数老板并不愿意如此,而是迫不得已,不敢放手,虽然他们常年无休很辛苦,但也没见企业的经营业绩有多大提升,甚至经营业绩还下降了。因此,业界普遍存在"一抓就死,一放就乱"的现象。很多企业的老板很羡慕华为"十几万人管理得井井有条",而自己的企业才几千人、几百人,却让自己忙得焦头烂额。

8.1.2 发令枪打响后大家就各奔东西

每当年终总结时,企业各个部门的高管齐聚一堂,老板和员工都意气风发、豪情万丈,老板给员工展望着未来,员工听得很激动,大家共同设定好目标、制订好计划。但是,第二年一开始行动,之前制订的计划全不算数,又回到之前的盲目工作状态。

在发令枪打响前,可能大家(销售、研发、采购、生产、质量、服务、财务等部门的人员)还在一起,但发令枪打响后,大家就又各自为政了。

8.1.3 好像大家都完成了任务,但企业的业绩不好

十分诡异的是,一年到头上至企业老板下至一线员工,看上去都很忙、很辛苦,而且好像大家都完成了任务,但站在企业的角度来看,业绩不达标,甚至还下降了。企业老板苦不堪言。

8.2 对出现上述问题的原因进行深度分析

回顾本书第 2 章,很多企业都有 20 多年前华为存在的典型问题,特别是其中的问题 3、问题 5、问题 8 和问题 13。

问题3：没有跨部门的结构化流程，各部门都有自己的流程，但部门流程之间是靠人工衔接的，运作过程被割裂。

问题5：组织上存在本位主义，部门墙高筑，各自为政，造成内耗。

问题8：依赖个人英雄，而且这些"英雄"难以复制。

问题13：没有人对产品的最终结果（市场和财务成功）负责，最后只有老板自己负责（成功后大家都来争功，失败后大家都说不是自己的问题）。

之所以会出现这些问题，是因为各部门的 KPI 都是站在自身的角度设定的，而企业的目标是为客户创造价值，并不是完成过程指标。企业中各部门往往只扫门前雪，只管自己那一亩三分地，至于是否能够为客户创造价值，除了老板很少有人关心，最后的结果是好像大家都完成了任务，只有企业和老板的任务没有完成。

深究其原因，主要是各部门没有把目标共同对准为客户创造价值，缺乏对实现客户价值和产品商业成功这一最终目标端到端负责的组织。

到这里，老板很累的原因也就清楚了：缺乏对实现客户价值和产品商业成功负责的组织及干部队伍。没有人分担老板的经营责任和压力，干部只是某个单一领域的，只有相关领域的经验，并且都不对最终经营结果负责，导致老板常常无人可用，或者老板长期只能靠某些个人英雄，没有持续成长的具有经营能力的干部队伍，有时甚至会出现个别人要挟企业的情况。

8.3 华为实施 IPD 后研发部门的重新定位：对经营结果负责的兜底组织

不夸张地讲，华为实施 IPD 后一个最大的变化是研发部门定位的变化。原来研发部门只是被动地响应销售部门传达的客户需求（通常没有真正理解），按时完成产品开发任务是研发部门的主要工作。

在实施 IPD 后，研发部门转身为主动洞察市场、主动提升产品竞争力，并对产品的最终结果（商业成功）负责的利润中心。也就是说，研发部门从原来职能单一的组织转身为跨部门的重量级团队——产品线组织！

8.3.1 以前研发部门的运作模式

在实施 IPD 以前，华为的研发部门是典型的职能组织，主要对技术开发和过程指标负责，至于某款产品能否在市场上取得成功，很多时候依靠项目负责人的能力和运气，可以说对成功完全没有把握。

早期的华为和很多公司现在的状态一样：公司各部门（销售、研发、采购、生产、质量、服务、财务等）各自为政，都有自己的 KPI 和流程，但没有部门承担公司的职责——实现客户价值和产品商业成功。

公司各部门之间协同困难，部门墙高耸，大量的时间和精力都消耗在了内部协调上。华为以前的组织阵型如图 8-1 所示。

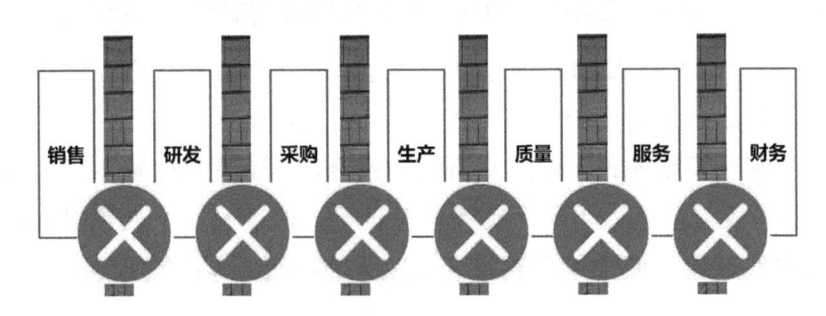

图 8-1 华为以前的组织阵型

图 8-1 是目前很多企业也是华为实施 IPD 以前的组织阵型，具体来说存在以下问题。

- 各部门之间都有自己的流程和机制，但部门之间没有衔接起来。
- 部门墙高耸，互相支持和配合困难，有时甚至企业内部的配合还没有和客户配合得好。
- 大家都只关心自己部门的 KPI 和任务，貌似都很忙碌，但都不对产品的商业成功负责，所以最终企业的任务总是完不成。

上述以职能为中心的组织不但增加了企业的内部运作消耗，而且难以完

第 8 章
IPD 成功的关键：研发部门转身为利润中心——跨部门的重量级团队

成企业的最终目标：提升经营业绩。就如物理学中的做功效率：总功率貌似不小，但输出的有用功率小，因为都消耗在了内部！

很多企业效仿华为实施了 IPD，但大部分都没能获得像华为一样提升经营业绩的结果，除由于企业投入不够和没坚持到底之外，另外一个重要的原因是没有建立端到端对产品经营结果负责的兜底组织，即跨部门的重量级团队——产品线组织！

这个组织有 3 个特点：兜底、跨部门和重量级！IPD 能否运作有效和成功，取决于产品线组织能否高效运作！

为什么必须由产品线这个兜底组织端到端负责产品开发呢？

8.3.2 产品区别于项目的特点

在前文，我们探讨了 IPD 的核心概念——产品的内涵，产品有以下明显的特点。

（1）产品是有生命周期的。

产品、需求和人一样，都有生命周期。人会经历出生、成长，而产品会经历走向市场、下架的过程。产品线组织应该对产品的整个生命周期精心呵护，不能只对某个阶段负责。

（2）产品的竞争力必须持续迭代和提升。

任何产品都不会只有一个型号或者版本，面对不断变化的市场和客户需求、技术发展、竞争压力、自我创新等，要想持续在市场中生存和保持领先，产品基线必须一直迭代、升级和优化下去，只有这样才能不断提升竞争力、不断为客户提供更好的体验和服务。

对具有全生命周期跨度又持续不断改进、螺旋式上升的产品来说，如同生养孩子，如果不断变更孩子的监护人，就会引发很多和正常孩子不一样的问题。要想让产品持续具备竞争力，就必须有对产品从洞察到立项，再到设计开发、生产、交付全程负责的组织，不断在产品生命周期中深耕，这个组织就是 IPD 中的跨部门的重量级团队——产品线组织。

8.3.3 什么是兜底：理解 IPD 的另一关键

理解产品线是对产品负责的兜底组织是真正理解 IPD 的另一关键。

要想理解什么是兜底，需要先搞清楚什么是不兜底。

在很多企业中明显可见以下情况。

（1）各个部门（销售、研发、采购、生产、质量、服务、财务等）都有自己的任务和 KPI，大家的任务貌似都完成了，但企业的业绩没提升。

（2）销售人员忙着签单拿提成，经常出现销售部门有钱赚，但企业亏钱的状况。

（3）研发部门只被动接受和响应销售部门传递的客户需求，只负责技术实现，并不真正关心产品整个生命周期的竞争力，包括如何构建竞争力及未来的发展演进。因为研发部门的定位单一，所以它既不关注客户和市场，也不懂客户和市场。

（4）质量部门在忙着制定质量标准和各种流程，但业务部门感受不到价值和存在的意义，质量部门和业务部门"两张皮"。若客户反馈产品有问题，则质量部门先被问责，但质量部门又不清楚销售部门和研发部门做了什么。

（5）财务部门忙着事后算账，但业务部门感知不到帮助，业务部门和财务部门"两张皮"。

（6）生产部门忙着降低生产的成本，但企业的整体成本并未下降，甚至更高了。

（7）开发过程是串行传递，研发部门做完给测试部门、测试部门做完给生产部门和服务部门……后端人员在等待前面的传递时处于空转状态，后续熟悉前端的工作也需要时间，无形中影响了开发进度。

（8）如果后续生产过程和批量制造环节出现问题（如功能、性能、直通率、可安装、可制造性等方面），只能反过来先由测试人员确认再反馈给研发人员改进，需要不断重复测试人员重现问题，返给研发人员修改再验证的过程，导致产品开发进度缓慢，而且可能是前期设计的问题没被发现，需要从头开始，这必然导致很多沉没成本，貌似前面某个局部环节速度挺快的，

第 8 章
IPD 成功的关键：研发部门转身为利润中心——跨部门的重量级团队

但最终推向市场的时间反而拉长，不仅增加了成本、影响了产品竞争力，甚至错失了上市的最佳时机。

（9）企业的业绩和利润往往由财务部门负责，财务部门往往会采取各种措施拼命压低采购成本，但这样可能导致产品质量差、客户不满意。

……

图 8-2 清晰表达了很多企业组织间的配合情况（以销售和研发为例）：它们追求的利益和目标不一致，没有对准企业的最终目标，既没有做到力出一孔，也没有做到利出一孔。

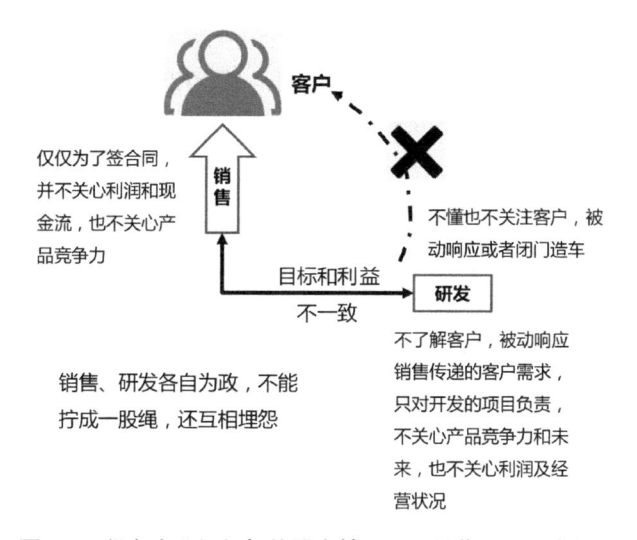

图 8-2　很多企业组织间的配合情况（以销售和研发为例）

当客户不满意或者产品质量下降、成本上升时，好像既和各部门都有关系，又和各部门没有关系（因为不清楚到底是谁的责任，看上去各部门都做得很好，都没有责任）。这是一种很奇怪的现象，但偏偏很多企业都存在这种现象。

总体来说，是因为企业多个部门"多张皮"，大家各做各的。企业的最终目标——实现客户价值和产品商业成功，没有第一责任人，也就是没有兜底组织，只有老板自己兜底。

这样的企业规模越大，动力越明显不足，很难走远！

产品线作为兜底组织具有以下含义。

含义1：端到端负责。

产品线组织要对产品全生命周期过程的所有问题负责，包括但不限于产品规划、产品竞争力在市场的持续领先、产品质量、成本、进度和客户满意度等。

产品线组织要主动洞察市场、深刻了解客户需求，而不只是被动接受销售部门传递的信息，要主动发现市场机会、规划产品和构建产品竞争力，并对产品全生命周期过程竞争力的构建和最终实现商业成功负责。产品线组织是产品的"亲生父母"。

而很多企业的各个部门只对产品的某一阶段和局部特性负责，没有站在客户的角度考虑问题，有了问题找不到责任人，大家互相推诿，这是极不利于企业发展的。

含义2：是第一责任人。

产品出现任何问题都是先由产品线组织承担责任，而不是由其他职能部门承担责任。质量问题先由产品线组织处理、成本问题先由产品线组织处理、竞争力不够也先由产品线组织处理。而很多企业的产品一旦出现问题，则无人负责，各部门互相推诿。

有了兜底组织，就再也不会发生出了问题没人负责和处理的情况了，大家力出一孔，不仅能够大大提升效率，还会相应地提高客户的满意度。

总而言之，产品线组织对产品结果的兜底体现在负责产品的"孕"（洞察、规划）、"生"（立项决策）、"养育"（设计开发与交付）、"培养成长"（经营变现）和"埋"（升级迭代）全生命周期管理！

而很多企业把完整的产品生命周期割裂，结果就是没有组织对产品的最终结果负责，导致效率低、成本高、竞争力弱。

8.3.4 产品线组织的构成：力出一孔、利出一孔的跨部门团队

产品线组织不是由单一职能的成员构成的，而是由来自不同部门的成员

第 8 章
IPD 成功的关键：研发部门转身为利润中心——跨部门的重量级团队

构成的，他们共同为产品的全生命周期过程负责。图 8-3 所示为华为的产品线组织体系。

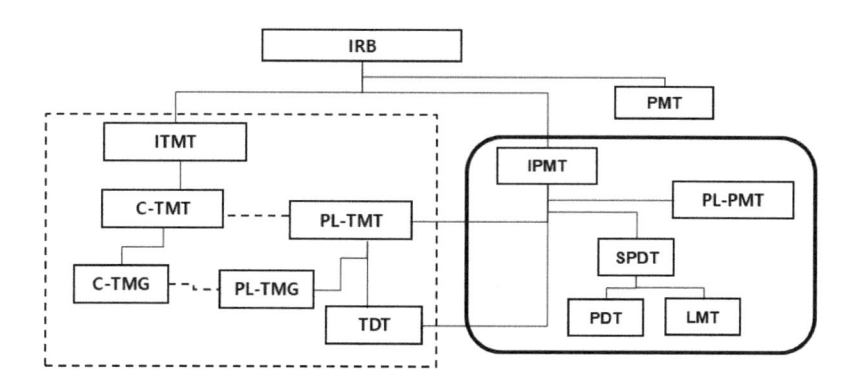

图 8-3 华为的产品线组织体系

在图 8-3 中，左边虚线框中是技术体系的组织，右边实线框中是产品线相关组织。

在华为中，有两个投资决策组织，它们负责不同的层面。

（1）IRB：负责公司层面产品解决方案的投资决策。

（2）IPMT：负责产品线层面的投资决策。

产品线组织由投资决策组织、执行组织、支撑组织（产品规划和技术规划）构成。

- 对投资损益负责的投资决策组织（IPMT，投资决策）。
- 对产品未来竞争力负责的产品规划组织（PL-PMT，产品规划支撑）。
- 对技术竞争力负责的技术和平台方向的立项投资决策组织（PL-TMT，技术支撑）。
- 对产品竞争力目标负责的执行组织（SPDT，包含多个 PDT，执行组织）。
- 对已经量产的产品生命周期阶段负责的组织（LMT，执行组织）。
- 对各产品共享技术平台开发负责的组织（TDT，技术体系执行组织）。

上述组织共同完成产品竞争力的构建，并共同对产品商业成功负责。表 8-1 所示为华为产品线组织的说明。

集成产品开发 IPD

— 让企业有质量地活着，实现客户价值和商业成功 —

表 8-1 华为产品线组织的说明

组织	职责概述	说明
IRB	负责公司层面产品解决方案的投资决策	负责公司层面的投资方向，决定是否进入某个新的业务领域。一旦决定投资，会建立相应的 BG（Business Group，从客户群体维度建立的业务集团）或者产品线，比如是否投资手机、汽车领域等
IPMT	负责产品线层面的投资决策	负责本产品线内的产品重大版本升级或新产品方向的投资决策，并对投资损益负责。 （1）管理本领域产品及解决方案的投资组合和投资回报，并根据生命周期内的表现及时调整投资组合和资源配置，批准并执行产品所选细分市场的策略及商业计划。审核产品线中长期发展规划（包括技术规划、业务发展规划）、年度业务计划和预算。 （2）决策和批准 Charter、重大版本规划（投入所需资源）；批准新产品和新版本上市、老产品退出。负责产品线端到端全流程的质量管理、成本管理和效率提升。 （3）洞察产业趋势、引领产业发展、构筑产业生态，把本领域产业蛋糕做大
SPDT/PDT	负责 IPMT 投资决策的执行根据 IPMT 的大小，可能有多个 SPDT，每个 SPDT 有多个 PDT	（1）产品重大升级和新产品的开发。 （2）对产品的竞争力及收入、利润等负责
LMT	负责量产产品的市场表现及维护	（1）对于已经量产的产品，由 SPDT/PDT 移交给 LMT，并对市场表现（收入、利润和客户满意度）负责。 （2）LMT 负责满足量产成熟产品的部分需求及缺陷的弥补，配合交付团队完成客户交付
PL-PMT	产品规划部门，支撑 IPMT 投资决策	产品规划和商业领域的专家，从产品组合角度支撑 IPMT 进行决策，并主导 Charter 的编写
PL-TMT	研发技术专家团队，负责技术立项投资决策，提升产品竞争力，属于技术参谋部	技术领域专家，从技术角度支撑 IPMT 的商业投资决策

上述各个组织都是由来自不同职能部门的成员组成的跨部门团队，也都符合 IPD 运作的核心机制——"打群架"。

规模不大和业务复杂度不高的企业可以把 IRB 与 IPMT 合并为一个投资决策组织，统一对企业所有的产品和解决方案投资方向做决策。

IPMT 已经在前文介绍过，下面重点介绍对产品投资目标结果负责的执行组织：SPDT/PDT。

第 8 章
IPD 成功的关键：研发部门转身为利润中心——跨部门的重量级团队

SPDT 是 PDT 的上级组织，其组织架构类似 PDT，区别是 SPDT 一般没有研发团队，只有核心代表和系统工程师团队（解决方案架构与设计团队），开发任务主要由各 PDT 承担。因此，SPDT 和 PDT 是同性质的组织，后续章节如果没有特别说明，就以 PDT 为代表进行描述（等同于 SPDT 的行为）。LMT 在后续章节介绍。

图 8-4 展示了 PDT 是拉通各职能部门的重量级团队。

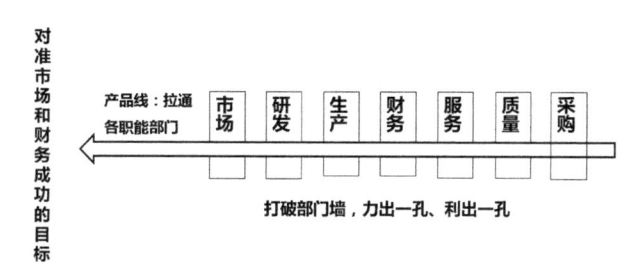

图 8-4　PDT 是拉通各职能部门的重量级团队

PDT 不是虚拟组织，是跨部门长期存在的对产品竞争力兜底的实体组织，是跨部门的重量级团队。PDT 的成员来自各个职能部门，共同完成产品商业成功的投资目标。

图 8-5 所示为 PDT 的成员（示例）。

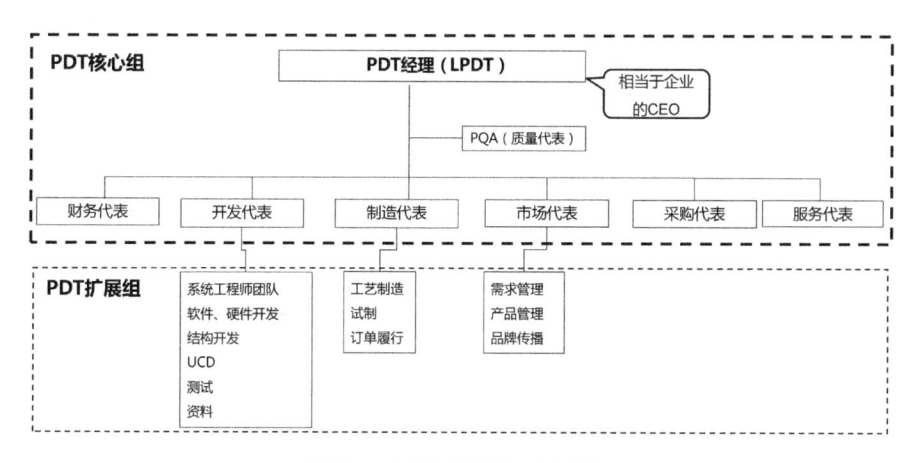

图 8-5　PDT 的成员（示例）

PDT 由来自各职能部门的角色组成，包括财务、开发、制造、采购、服务、质量（代表各领域的专业度）等，把原来的以职能部门为中心的开发模

集成产品开发 IPD
— 让企业有质量地活着,实现客户价值和商业成功 —

式转变为 PDT 各成员并行协同的开发,大大提升了开发效率和减少了问题发生,更重要的是 PDT 从原来只承担某一局部职责的组织转身为对产品最终结果负责的利润中心。表 8-2 所示为 PDT 关键角色的主要职责。

表 8-2 PDT 关键角色的主要职责及说明

关键角色	主要职责
LPDT	①和 IPMT 签订合同,做出承诺,对产品的经营目标负责,相当于团队的 CEO。 ②与 IPMT 一起确保合格的核心组及各功能领域核心团队资源到位,通过团队建设,提高项目绩效。 ③制订和管理跨功能部门的产品包业务计划并监督执行,跟踪风险和问题,采取措施和行动实现项目的进度、质量、成本等目标。 ④管理产品包、技术和平台之间的依赖关系,确保与各功能领域充分沟通,当无法达成一致意见时,做出决策或者升级决策。 ⑤整合准备各阶段业务决策评审汇报材料,向 IPMT 提出继续/重新确定方向/终止项目的建议。 ⑥产品生命周期结束,总结经验教训
市场代表	①市场销售和产品的接口,负责管理市场活动,对产品包的市场需求、定位及市场目标负责。 ②制订市场领域的项目计划,参与完成产品包/解决方案业务计划,配合 LPDT 准备各阶段业务决策评审市场相关部分汇报材料。 ③负责市场营销策划的制定,商业盈利计划的制订和监控,产品上市的准备工作(实验局、准入、渠道合作、产品宣传、营销推广)。 ④管理 PDT 市场代表团队,管理监控营销项目活动,更新营销计划。管理产品包的内外部发布信,完成规模销售前的准备。 ⑤提供市场风险评估和管理计划,参与风险评估(目标的稳定性、市场的稳定性和迁移风险),制定规避方案
开发代表	①负责对开发活动全程进行管理,确保开发出符合合同、市场、生产、服务要求的产品(质量、进度、成本)。 ②制订、优化项目开发计划,支持对产品包的定义和变更,确保产品包与技术(合作)的依赖关系,评估并管理技术和进度风险。 ③制订资产重用计划,对产品包设计、开发、测试和资料进行管理和监控,识别并获得知识产权,需要时组织提交专利申请。 ④制定产品包各阶段业务决策评审报告中研发相关部分,实现成本目标,向利益相关者提供产品质量数据、最终产品配置、产品基本工时,支持内部发布定价决策。 ⑤负责产品的版本管理,跟踪和版本发布、升级替代、版本关系树、质量状况,为市场提供产品版本终止策略参考

第 8 章

IPD 成功的关键：研发部门转身为利润中心——跨部门的重量级团队

续表

关键角色	主要职责
系统工程师	①支持开发代表的工作，是产品技术竞争力的构建者，负责产品的需求分析、技术架构和系统设计，并负责看护：监控产品的开发和测试，确保满足设计要求。 ②对需求进行管理，包括需求变更和需求跟踪，监控需求、规格和配置的更改。 ③负责将产品需求分解、分配到硬件、软件及结构设计中。 ④组织进行知识产权分析、保护知识产权，并申请专利，组织智力资产分析。 ⑤输出备选的产品包概念和技术，制定产品需要符合的标准策略，制定外部和内部的产品认证策略。 ⑥组织评估共用的硬件和软件的使用，并最大化地使用 CBB。 ⑦负责召开技术评审会议，对需求实现和技术问题进行解决
财务代表	①负责对产品的费用及损益进行管理和反馈，协助产品线完成产品的概、预、核、决四算。 ②制订详细的项目财务计划，监控风险，采取措施解决财务领域问题。 ③对产品包和项目财务进行评估，为项目选择、提供业务决策与财务领域相关的分析和建议。 ④收集、分析、核实财务数据，负责评估目标成本，制作报告，为产品定价提供财务支持
服务代表	①负责管理技术服务领域活动，确保产品服务目标达成。 ②制订本领域详细的项目计划，提前介入开发阶段，在产品设计阶段配合开发人员，带领技术服务核心团队定义并优化可安装性和可服务性需求，依据预计收入和销量，制定客户服务与支持的策略。 ③负责管理本领域核心团队，确定工程安装、技术支持、用户培训、工程管理、技术技能和资源准备到位，监控、解决技术服务的风险和问题。 ④负责完成产品包业务计划的服务相关部分，各阶段业务决策评审服务部分的汇报材料制定
采购代表	①负责管理采购领域活动，代表采购体系承担具体产品业务指标，在产品设计阶段介入，与研发配合，是产品物料成本、供货、质量的第一责任人，确保产品采购目标实现。 ②制订采购项目计划，参与制订产品包业务计划、工作分解、各阶段业务决策评审汇报材料整理，提供器件成本数据，为内部发布定价决策提供支持，监控采购实施。 ③制订供应商和物料选择计划，确定是否需要 Sourcing Team，对参加 PDT 的采购人员统一管理，推动产品线执行采购策略和器件选型，评估供应商表现，组织主要供应商参与产品开发，推动供应商的质量改进，通过谈判和签订协议，确保对长期供货成本、质量控制提供支撑。 ④根据供应限制，提前向 PDT 建议采购的物料，监控管理采购活动的执行情况，评估采购准备情况，监控风险，解决采购问题

集成产品开发 IPD
— 让企业有质量地活着，实现客户价值和商业成功 —

续表

关键角色	主要职责
制造代表	①负责管理生产制造领域活动，确保产品供应/制造目标达成。 ②制订详细的供应/制造计划，带领供应/制造核心团队定义并优化可供应性/可制造性需求，牵头完成自制/采购决策，与研发、采购协作，确定对长货期、独家供应、风险大的器件，提供供货评估、管理计划，对确定购买固定设备的资本投资及时鉴别，向财务反馈。 ③将供应/制造计划融合到产品包/解决方案商业计划中，从供应/制造角度对各业务决策评审点进行评估。 ④负责监控项目执行情况，介入产品开发阶段，与研发紧密配合，确保可供应性/可制造性需求在批量提出前落实并得到验证，保证制造工艺及生产测试按时交付，订单履行、制造方面准备到位，风险评估得到控制
PQA（相当于产品团队的"纪委书记"）	①负责指导 PDT 正确、有效地运营企业流程，达成产品质量目标。 ②根据企业或业务领域质量政策，确定产品质量目标及质量策划，以预防的理念制订产品质量计划，并监控执行，参与评审产品商业计划及各级计划。 ③带领所有功能领域质量保证工程师在 PDT 层面开展质量管理，保证质量政策与质量目标分解到所有功能领域，并推动实施。 ④承担所有技术评审的流程引导角色，提供客观的质量评价，及时报告质量的问题和风险，有效支撑业务团队（IPMT/PDT）的正确决策，避免出现技术评审问题。 ⑤引导各阶段的质量过程活动，提供培训、推荐优秀的实践，利用榜样的力量，激发组织的潜能，用质量领域的方法/工具指导帮助 PDT 提升过程质量，持续推动 PDT 建立"第一次把事情做正确"的质量文化。 ⑥负责对各阶段的交付件审计，跟踪审计问题直至解决，完成质量周报，组织缺陷分析和质量回溯，针对客户满意度和专题质量进行改进，推动产品质量问题（包括网上问题）解决，改进产品质量

PDT 经理和核心组代表一般要求专职，以保证工作的持续性和连续性（确保能够兜底）。扩展组人员的数量和资源投入视工作范围和工作量而定，除了骨干成员（系统工程师和核心开发人员），其他成员通常在项目需要时加入，在项目结束时可以释放他们，让他们执行新的开发任务。

一件非常值得重视的事情是，根据我们辅导企业的经验来看，大部分企业缺乏产品竞争力构建的非常关键的角色——系统工程师团队。系统工程师团队是产品技术竞争力的构建者，很多企业缺乏甚至没有，往往靠某些个人或者临时成员从事产品的架构和系统设计这一关键活动，难以持续构建、积累和升级技术专家能力。这导致很多企业的产品在设计阶段就已经失去了优势。在本书的后续章节会继续探讨系统工程师团队的工作。

第 8 章
IPD 成功的关键：研发部门转身为利润中心——跨部门的重量级团队

跨部门的 PDT 就像一家小公司，负责人 LPDT 相当于公司的 CEO，带领组织成员对产品的经营结果负责，是产品的兜底组织，实现了公司各部门力出一孔，也保证了利出一孔！

从华为实施 IPD 的实践来看，采用 PDT 跨部门团队，通过项目管理方法，对产品从立项、设计、开发、测试、生产、上市端到端进行协同管理，共同对项目成功负责的并行开发模式，取得了 IPD 的预期目标和效果，从产品设计前期就由各领域专家共同关注产品的可靠性、可生产性、可销售性、可服务性、成本和财务投入风险等方面的需求，减少了以前串行开发存在的众多问题，不用再来回返工，降低了开发成本，提高了产品质量。因为问题少、返工少，这种并行开发模式使得整体开发周期缩短。

PDT 跨部门的并行产品开发模式和以前的串行开发模式相比，更需要高度协同、相互配合。

PDT 的工作就像划龙舟和交响乐团演奏。划龙舟的目标是最快到达终点，而不是展示某个人高超的技巧。交响乐团演奏的目的是给听众展现音乐听觉盛宴，而不是展现其中某个乐器的独奏技巧。

划龙舟的舵手、鼓手、划手及交响乐团的指挥、各个乐器的演奏者，类似 PDT 中来自各个职能部门的成员，虽然大家的岗位分工不同，但都是为了同一个目标。划龙舟的舵手和交响乐团的指挥类似 PDT 的负责人 LPDT，负责指挥团队实现最终目标——商业成功。

重量级团队更是体现了 IPD 中 "I" 的含义："打群架"、依靠组织的能力实现共同目标的理念。

【思考】

回到 6.7 节中很多企业的投资委员会流于形式的问题。那为什么华为的 IRB 和 IPMT 委员最终担负起了投入产出职责？

为什么华为的委员会机制不像很多企业最后流于形式？从图 8-3 中可以看出，IRB 和 IPMT 都有对应的能力支撑组织——PMT（商业规划洞察组织）及 TMT（技术规划、技术构建组织）。一方面，这两类专业组织长期构建对应的能力；另一方面，长期坚持委员会投票机制的运作，倒逼着 IRB 和 IPMT 的委员逐步有能力成为商业经营者，能够对公司的投入产出负责（长期不合格的委员会被淘汰）。

当然，虽然这种委员会投票的机制保证了投资的安全，但也有一个明显的缺点：决策效率低。因为既然要投票，必然有不同的意见乃至争论，比老板自己决策的方式速度慢。

大家要辩证地看待决策效率与安全：如果企业规模小，其他人的能力尚不足承担决策职责，可以以老板决策为主，但必须逐步加入委员会投票的机制，不然除了老板，大家都没有机会成长，这也是很多企业老板头疼的地方：没能人可用！当然，这不能全怪员工。

世上没有十全十美的机制来保证效率与安全兼得！在进行大额投资时，投资安全肯定是第一位的，比效率更重要。华为实施 IPD 的选择就是安全稳健最重要，速度是其次。规模较小的企业可以折中进行，同时考虑决策效率和安全。

但是，无论如何，你没整明白就乱投入资源，那就是在拿企业的真金白银豪赌。以赌博定输赢就不是本书讨论的范围了。

8.3.5 怎样理解团队是重量级的、跨部门的

IPMT 和 PDT 都是跨部门的重量级团队。

"跨部门"容易理解，IPMT、SPDT、PDT 等团队的成员来自不同的职能部门；说它们是重量级团队，具体体现在以下方面。

1. 责任大

产品线组织的 IPMT 负责产品投资决策，并对损益负责，负责的是企业真金白银的投入，自然责任重大。

SPDT、PDT 组织负责对 IPMT 产品决策的目标和版本升级迭代的执行，同样责任重大。

2. 权力大

IPMT 成员大多是各部门负责人，他们掌握着各种资源，因此权力大毋庸置疑。

PDT 同样肩负着产品竞争力构建和商业成功的职责，负责人对来自各部门的成员有管辖权和考评权，各成员必须确保对产品竞争力和商业成功做出贡献。

3. 拥有利益分配权

企业的收入和利润源自产品的成功，华为把各职能部门的预算及奖金的分配交由产品线组织负责，产品线组织对各职能部门有类似投资的功能，能够促进各职能部门不断为产品成功做出贡献，而不是仅作为旁观者。

4. 管理要求高、快速提升能力

产品线组织要对产品的商业成功和持续竞争力负责，因此不但对跨部门团队的管理能力有要求，而且对商业经营能力有要求。经过长期构建和运作，企业可以培养具有这些能力的队伍并能提升自身的组织能力。很多企业之所以竞争力不足，和不具备上述能力有很大的关系，最后所有责任只能由老板来承担。

跨部门的重量级团队——产品线组织的运作成功，是 IPD 在华为真正落地和实现目标，支撑华为持续增长的秘诀之一。

8.3.6 从军队的战区理解重量级团队产品线组织

商场如战场。

军队的职责是打胜仗。产品线的职责是实现客户价值、为企业多"打粮食"、实现产品商业成功。产品线也是战区，对产品经营结果——客户满意度、行业竞争力、收入、利润等负责。

军队是以战区为核心的，通常分为陆军、海军、空军 3 个军种，对最终打胜仗负责。各军种负责各自领域的能力建设，保证武器装备、人员的高质量。

跨部门重量级团队和各职能部门的关系就如战区与各军种的关系：

军委管总——IPMT，战区主战——SPDT/PDT，军种主建——各职能部门。对应到产品线组织就是：IPMT 总管投资损益和资源，SPDT/PDT 主要负责执行，各职能部门主建能力。

各职能部门负责构建本领域的能力和团队建设，为产品线成功提供强有力的支撑，一切都是为了打胜仗和商业成功。产品线组织与军队战区组织的对比如图 8-6 所示。

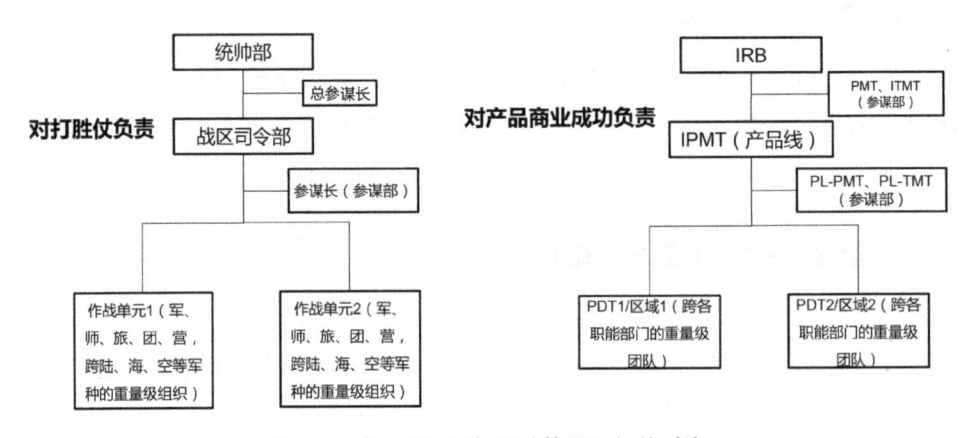

图 8-6　产品线组织与军队战区组织的对比

华为主要有两大类战区组织：区域战区和产品线战区。区域战区和产品线战区高效协同、拧麻花，共同实现客户价值和产品商业成功。

8.3.7　再度领会 IPD 的核心理念之一：能力要建立在组织上

IPD 的核心理念之一是"能力要建立在组织上"，这也是指导华为组织能力不断增强的关键。华为的管理把该思想运用到了极致。

在华为的组织管理实践中，任何事情最终都会落实到某个组织上。我们在前文提到的产品立项、需求管理等都由相应组织负责，包括 RAT/RMT、IPMT、SPDT/PDT、ITMT 等。华为通过不断把能力建立在组织上，持续打造促使自身不断前进的能力。

跨部门重量级团队的建立也是"能力要建立在组织上"的体现。因为

第 8 章
IPD 成功的关键：研发部门转身为利润中心——跨部门的重量级团队

产品具有连续性，必须有组织承担产品竞争力的持续构建，并对过程和结果负责。

很多企业没有对产品竞争力持续构建和商业成功负责的兜底组织，往往是今天你做一下，明天他做一下，今天你做一部分，明天他做一部分，这样相关能力既不能持续升级迭代，也难以沉淀和发展，最后只能作为个人的能力，不能成为企业的能力，导致成功往往要依赖个人英雄，结果在很大程度上靠运气，企业发展艰难。

8.3.8 为什么很多企业的产品线组织运作不畅

如今，已经有不少企业认识到兜底的重量级产品线组织对长期能力建设和商业成功的重要性，也构建了对应的产品线组织。有的企业建立了类似跨部门的项目型团队，进行了矩阵式管理（弱矩阵，权力仍然在职能部门那里），但没有取得期望的结果。

对比华为的成功实践，这些企业发展不理想的关键原因是产品线组织或者项目型团队不够"重"，没有达到真正重量级产品线组织的要求。

1. 核心成员的能力不够，包括管理能力、经营能力

首先是对 IPMT 成员的要求。IPMT 成员就像投资人，要对企业真金白银的投入产出负责，企业对他们的要求很高，他们不仅要对所属行业有透彻的了解，还要有领先的投入产出思维，能够站在商业的角度审视立项产品的价值和回报。

IPMT 成员对产品立项的决策绝不仅仅是举个手表决一下，而是必须负起责任。因此，要想真正让 IPMT 对投入产出负责，担起实现产品商业成功的重任，应先从组织上保证 IPMT 成员都真正能够履行 IPMT 的职责。

在 2006 年 IPD Marketing 领域评审机制研讨会上，徐直军指出了华为的重量级团队一直建设得不好的原因："以前 IPMT 成员参加会议就是举手，在会议之前、过程中没有任何需要参与签字确认的东西，没有承担 IPD 成员应尽的责任。IPMT 成员在 IPD 流程中不能只是举手表决，在举手之前是有

集成产品开发 IPD
- 让企业有质量地活着，实现客户价值和商业成功 -

很多工作要做的，要在关键的环节签字确认，承担责任，这样才能保证 IPMT 成员真正关注功能领域建设。"

其次是对 PDT 经理的能力要求。PDT 经理担负着带领跨部门团队实现产品投资目标的责任，是战场上直接指挥作战的将军。因此，PDT 经理不仅要有管理团队作战的能力，还要有商业经营思维，能够为产品选择合适的商业模式，并具备变现的经验和能力。

但实际上，很多企业的重量级团队成员都缺乏这方面的能力，特别是在 PDT 经理这个层面，很多企业往往挑选的并不是在企业中有影响力和有能力的人，而更像是临时的项目经理。这样的人选既不能服众，也没有能力打胜仗，可想而知重量级团队能给企业带来什么成果。

2. 来自职能部门成员的参与度和贡献不够

由原来以职能为中心的开发到以重量级团队为核心的并行协同，是运作模式的巨大改变。人的思维是有惯性甚至惰性的，再加上权力中心的转移，这会导致很多原来的职能部门成员难以适应或者说心里不痛快，觉得自己的权力和地位受到了影响。他们仍然以原来的思维做事，并没有真正把产品在市场端到端的成功作为首要目标，没有据此来贡献本领域的专业技术和个人能力。即便被派到 PDT 工作，他们也是"身在曹营心在汉"，仍然以原部门为中心，导致 PDT 不能成为真正运营的实体、运作效果不佳。

2005 年，徐直军在推行 IPD 的交流研讨会上指出："如果我们的市场、技术、财务、制造等代表真正能够到位，履行好职责，各个 IPMT/PDT 共同推动产品的开发进程，共同对产品的开发过程管理进行决策，在产品开发过程中构筑各方面的能力和竞争力，那么一旦这个产品被推到市场上，客户对产品的需求就全满足了。但如果 PDT 的功能部门代表不到位，达不到任职要求，PDT 的团队运作和决策就根本不可能做好。"

PDT 代表作为团队的领头人，他代表所属职能部门的专业能力，并带着本部门的专业能力来一起助力实现产品商业成功。PDT 代表不是代表个人，而是代表背后的职能部门。PDT 代表与 PDT 的关系如图 8-7 所示。

第 8 章
IPD 成功的关键：研发部门转身为利润中心——跨部门的重量级团队

PDT代表到底是啥意思？

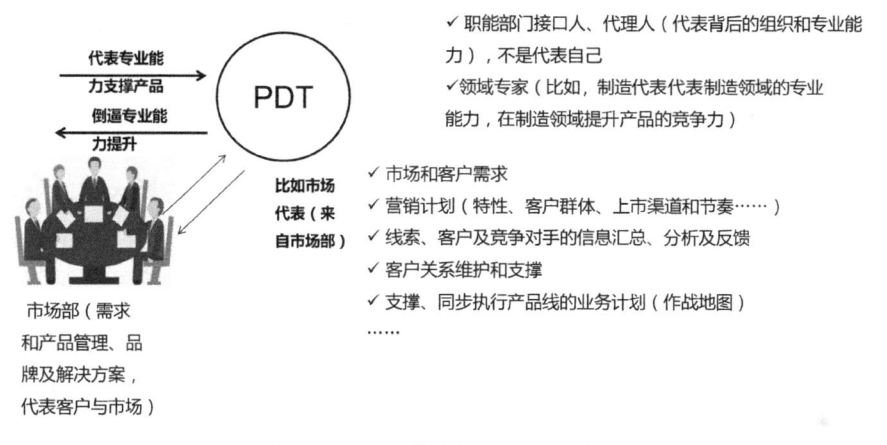

图 8-7　PDT 代表与 PDT 的关系

如果 PDT 代表不能代表其职能部门为产品商业成功做贡献，就意味着该代表不称职。PDT 经理有权向其职能部门要求提升该代表的能力，或者更换合格的代表。

通过 PDT 这种重量级团队并行开发的模式，在大家共同提升产品竞争力和实现商业成功的过程中，PDT 可以根据各职能部门代表的表现，发现其背后职能部门在能力和效率上的不足，也可以倒逼职能部门进行对应提升，达到职能部门主建的作用。反过来，能力和效率不断提升的职能部门又能对 PDT 的成功做出更大的贡献，真正实现力出一孔。

3. 重量级团队的权力不够

IPMT 成员本来就以各部门的领导为主，因此权力不够的问题在 IPMT 不是问题。这个问题主要出现在 PDT。

PDT 成员来自各职能部门，由于原因 1 和原因 2，会出现大家仍然以原职能部门为中心的现象。为了扭转这种局面，真正让大家力出一孔，全部对准商业成功的目标，除了靠 PDT 经理的个人魅力，还必须有对应的管理机制：PDT 经理拥有对各职能代表的评价考核权，这样才能真正让 PDT 成为一个能够对结果负责的团队。

要想让重量级团队真正运作成功，企业应当做到以下几点。

（1）持续构建和运作，很多企业根本就没有这个机制，缺乏让有能力和潜力的员工成长的环境与机制。

（2）在刚开始运作重量级团队时，要让企业中德高望重且有能力的员工担任 PDT 经理。若企业规模不大，开始时老板可以亲自带队，同时挑选好苗子，让他们在实际的运作经营中成长起来，以便将来担任 PDT 经理的角色。

（3）责权利对等，赋予 PDT 经理考核团队成员的权力，让大家紧密团结在重量级团队周围、利益和收入与所承担的责任和结果挂钩，共同为实现产品商业成功而努力。

从华为 20 多年 IPD 的实践来看，公司各级领导都重视重量级团队建设并落实到考评、激励机制中，这是华为 IPD 取得良好结果的关键。

8.3.9　产品线组织体现了 IPD 关于产品开发是投资行为的最佳应用

IPD 的首要核心理念就是"产品开发是投资行为"。重量级团队产品线组织的 IPMT+PDT 机制，很好地体现了这一核心理念。IPMT 负责对投资的价值进行评审，并提供资源；PDT 则承诺完成决策的目标。IPMT 和 PDT 之间是契约关系。

IPMT 在 PDT 实现目标的过程中，先不断审视其是否偏离了方向、是否仍然沿着价值方向前进，再根据审视结果追加、减少甚至取消投资，让企业的资源不打水漂，进而取得预期的效果。

8.3.10　产品线组织的运作机制

如果把 SPDT/PDT 比喻成一台精密的机器，那么这台机器是怎么运转的呢？

第 8 章
IPD 成功的关键：研发部门转身为利润中心——跨部门的重量级团队

SPDT/PDT 是对产品商业成功负责的经营责任实现主体，围绕着产品经营相关活动进行运作。

SPDT/PDT 主要由 6 个内部、外部经营要素驱动，在这些要素的驱动下 SPDT/PDT 循环往复地运转，不断朝着自己的目标前进。图 8-8 所示为驱动 SPDT/PDT 运转的 6 个要素。

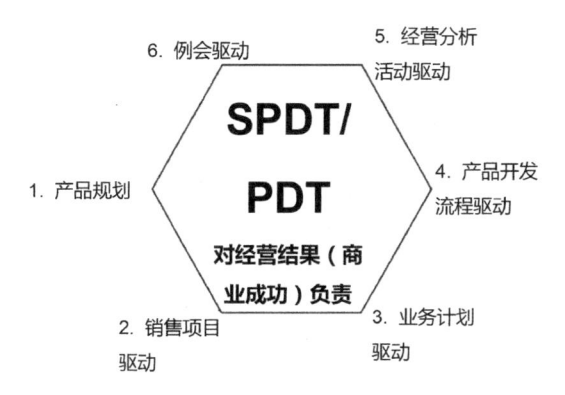

图 8-8　驱动 SPDT/PDT 运转的 6 个要素

1. 外部驱动要素

（1）产品规划（Charter 驱动）：在 IPMT 批准新产品立项后，Charter 移交给 PDT，PDT 按照 Charter 目标的要求进行新产品或新版本开发，这是 PDT 启动的源头。

（2）销售项目驱动：新产品或新版本最终必须通过销售订单项目落地，完成商业变现。销售订单项目从线索到签订合同、交付、回款的经营过程属于 LTC 流程的内容，由区域战区的铁三角团队主导完成，这里不再赘述，大家可以参考关于 LTC 流程的图书。

从销售项目的线索到签订合同的整个过程，PDT 必须全力支持，以确保合同的签订。对于新产品和新版本的早期交付项目，PDT 要与区域战区的铁三角团队一起完成，这是 PDT 经营变现活动的核心驱动要素。

2. 内部驱动要素

（1）业务计划驱动：在 Charter 移交后，SPDT/PDT 开始进行产品开发，首先 PDT 根据 Charter 目标制订业务计划，协同各职能部门按照计划前进。

（2）产品开发流程驱动：在进入产品开发后，PDT 会按照 IPD 的结构化流程完成产品从开发到上市的过程。产品开发流程将在第 9 章阐述。

（3）经营分析活动驱动：PDT 是经营实体组织，应当结合 IPMT 的投资目标，站在产品经营的角度，不断发现新的市场机会和创新商业模式，审视产品经营目标存在的问题，采取应对措施，并持续改进，提升组织能力，朝着经营目标稳步快速前进，这涉及商战变现活动。

（4）例会驱动：SPDT/PDT 为了实现开发和经营目标，必须经常进行开发及经营活动的复盘，并制订行动计划，这被称为产品线例会（一般是周例会或者双周例会）。SPDT/PDT 不断审视业务计划执行过程中的偏差和问题，及时协调各部门对齐目标，及时预见产品开发、项目交付及市场销售环节可能存在的风险，并及时解决各部门的问题，快速让整个组织协调一致地朝着正确的方向前进。

8.4 实施 IPD 的 4 个典型阶段

根据我们辅导企业的经验，以及华为的变革历程，企业实施 IPD 的过程大致可被分为 4 个典型阶段，如图 8-9 所示。

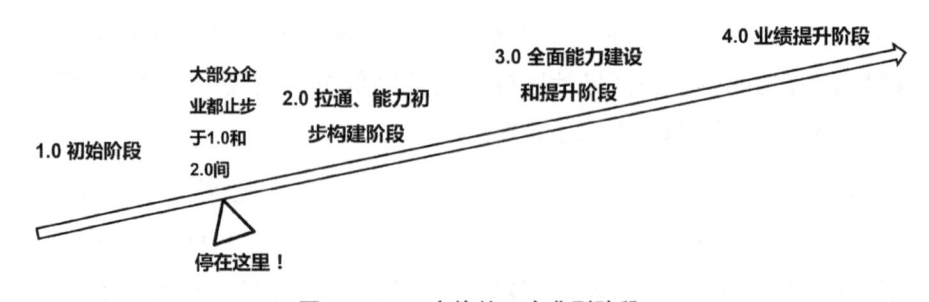

图 8-9 IPD 实施的 4 个典型阶段

华为的 IPD 变革也差不多经历了如图 8-9 所示的 4 个典型阶段。表 8-3 所示为企业实施 IPD 4 个典型阶段的特点。

第 8 章

IPD 成功的关键：研发部门转身为利润中心——跨部门的重量级团队

表 8-3 企业实施 IPD 4 个典型阶段的特点

典型阶段	特点
1.0 初始阶段（僵化）	①有初步的概念和框架 ②仅在研发部门内部进行流程优化。 ③局部开始试点。 ④理解深度还有很大提升空间，误区很多。部门之间协同困难，各模块没有打通，磕磕碰碰，总觉得哪里不对劲，效果不明显。 ⑤对长期能力构建认识还不足，也无法转化为业绩提升
2.0 拉通、能力初步构建阶段（研发真正转身为工程商人）	①在研发流程的基础上，构建了对经营结果负责的跨部门重量级团队——产品线组织。 ②产品线组织逐步具备对投入产出、产品最终结果负责的意识和能力，并开始运作。为客户和企业创造价值的思维形成，不再被动响应。 ③产品线组织开始打破部门墙，逐步拉通各个职能部门，为产品商业成功做贡献，以前的很多内耗明显下降。 ④所有部门开始意识到都要为产品成功负责和贡献力量，力出一孔，不再各自为政。 ⑤产品思维、经营思维、"打群架"、投入产出、客户价值、战区、PDT、流程等词汇逐步成为日常交流的语言，组织上下在主观上能够明显感受到在朝着好的方向转变。 ⑥因为能力还没有真正构建起来，此时尚不能转化为经营业绩
3.0 全面能力建设和提升阶段（优化）	在产品线组织实现商业成功的过程中，不断深刻理解 IPD 和构建提升产品竞争力的能力 ①天下大事必作于细：把 IPD 的理念和方法逐步夯实到了日常工作中。 ②培养了一批有经营意识和能力、能够持续对经营结果负责的干部队伍，方法过程已经形成机制，可以持续继承。 ③形成了跨部门拉通的工作意识，并通过流程真正落实到日常工作中，跨部门"打群架"的机制形成，大家真正认识到"要用规则的确定性应对结果的不确定性"。 ④业务能力、管理能力和经营能力的持续建设成为企业的日常工作，不断培养出新人。 ⑤在能力构建中对 IPD 理念、组织及流程的理解更加深入、效率和效果更加突出（产品竞争力相比以前明显提升：质量提升、成本下降、客户满意度提高）。 ⑥组织活力和能力逐步被激活，打下了构建长期竞争力的基础
4.0 业绩提升阶段（优化、固化，持续改进）	①持续实现 IPD 的目标：把组织能力和管理效率转化为经营结果——业绩提升。 ②能够基于对 IPD 的理解，不断进行改革和创新，已经"忘记" IPD 的理念和流程，因为已经完全融入日常工作，形成自然反应和习惯。 ③能够持续改进、优化与提升，实现成功从偶然到必然

在这 4 个阶段中，能否突破第二阶段是 IPD 能否落地成功的关键。相信大家都有这样的感受和经历：在长跑过程中，有一个明显的转折点——几乎坚持不住，心率加快、身心疲惫，如果这个"赛点"你不能挺住，基本无法坚持跑完全程；你一旦突破了这个"赛点"，就能比较容易地到达终点。

集成产品开发 IPD
- 让企业有质量地活着，实现客户价值和商业成功 -

实施 IPD 的第二阶段就是那个"赛点"！能不能完成第二阶段是 IPD 能否产生效果的主要标志。

一个比较令人遗憾的现实是：不少企业也实施了 IPD，但没像华为那样实现提升经营业绩的目标，这是因为大部分企业的 IPD 基本停留在或止步于第一阶段和第二阶段之间，仅仅是在研发内部的局部优化，没有建立起 IPD 成功的关键机制——对产品经营结果负责的跨部门重量级团队！当然，对应的能力也没有建立起来。

这就可以解释为什么中国很多企业那么"卷"了，因为大家都没真正建立起持续发展的能力体系，大都处于同一层次的竞争水平。

第 9 章

交付产品包：结构化开发流程，确保产品高效率上市

一旦产品立项被 IPMT 批准，Charter 就被移交给 PDT，新产品或新版本就进入了正式开发阶段。IPD 的产品开发按照结构化流程逐步进行，对应图 4-1 中的模块 7。这一阶段在业内常被称为"小 IPD"，也是 IPD 的三大实践活动之一——交付产品包。

9.1 深刻理解流程的内涵：价值和特点

大多数企业都使用过各种各样的流程，大家对流程也都耳熟能详。但很多企业对流程的内涵并不是很理解，有时候就是单纯为了走流程，最终导致效果不佳。因此，我们首先应当理解流程到底意味着什么，然后才能让流程真正发挥作用，做流程的主人而不是流程的奴隶！

9.1.1 流程的本质

要想理解流程，需要先理解业务流。

徐直军曾指出，业务流是客观存在的，所有和客户相关的业务流，是从客户到客户的。

集成产品开发 IPD
— 让企业有质量地活着，实现客户价值和商业成功 —

只要企业选择了行业、所服务的客户群体，并确定了商业模式，企业为客户创造价值的业务流就存在了。

比如，销售产品涉及发现商业线索、抓住机会、签订合同、交付产品和服务、回款等过程。又如，产品开发涉及发现商机（需求）、挖掘和分析客户真实需求、设计开发产品、将产品推向市场、不断更新产品等过程。

业务流是天然存在的，企业的工作要围绕业务流开展。

这是非常关键的认知，很多企业对自己的业务流都不了解，不同企业对业务流认知的不同，会导致其为客户创造价值的效率截然不同。

流程是什么呢？

流程是客观业务流的一种表现方式，是对优秀实践的总结和不断优化及固化。流程存在的目的是使不同团队能够复制并持续迭代优秀实践。越符合业务流的流程越高效和顺畅，对业务成功的贡献越大。

高效的流程必然能够真实表现存在的业务流。业务流是什么样子的，流程表现出来的就应该是什么样子的。如果业务流有 5 个环节，那么流程也应该有相应的表现。

因此，业务流是流程的本质和核心，流程描述和表现的是业务流。企业应当首先搞清楚自己的业务流，然后根据业务流设计相关的流程。需要注意的是，不要本末倒置，否则会影响价值创造业务流的高效运转。

从水平分布来看，每个流程在各业务组织间能实现全球一致性；从垂直分布来看，每个业务组织能实现各业务流程的有机集成。理想的组织与流程体系如图 9-1 所示。

每个描述和表现业务流的流程都贯穿所有部门，每个部门的业务都被所有流程支撑。

在华为流程体系的建设中，流程永远都是为了使业务更高效而存在的。华为的流程部门主要是为业务部门服务的，流程不能游离于业务流之外，更不能凌驾于业务流之上。

第 9 章

交付产品包：结构化开发流程，确保产品高效率上市

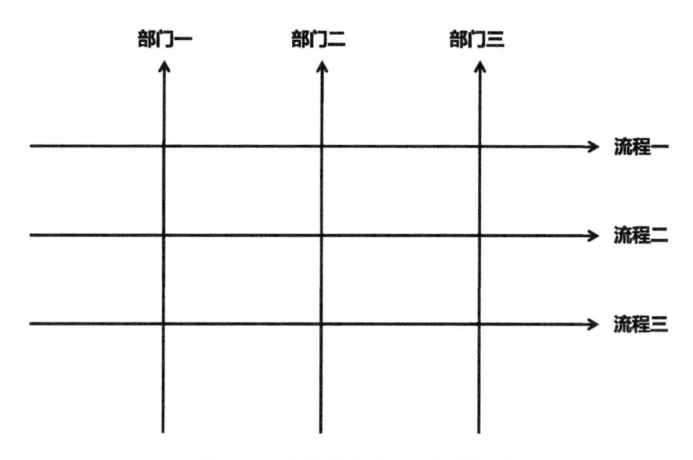

图 9-1　理想的组织与流程体系

华为有著名的"日落法则"，其核心是坚决反对为了建流程而建流程，流程必须为业务服务。2016 年 10 月 26 日，任正非在"质量与流程 IT 管理部员工座谈会"上明确提出，"每增加一段流程，要减少两段流程；每增加一个评审点，要减少两个评审点"，不产粮食的流程是多余的，对多余的流程就要逐步简化或者淘汰。

但很多企业搞反了，它们学习华为组建流程团队，最后却成了流程的奴隶，究其原因是没有理解流程的本质，没有先把业务流搞明白！

9.1.2　流程对企业管理和经营的价值

虽然业务流是客观存在的，但如果其不能由可以优化、周而复始运作的流程来承载和表现，会出现不同的人对业务流的理解不同、展现出的做事方式也不同的现象。这样经验和能力就无法得到传承，只能依赖老板或者某些个人英雄的影响力来得到传播，并且无法复制。

华为早期就是这种状况，后来通过持续实施 IPD，其学会了如何打造流程型组织，把业务和能力不断融入持续改进的流程中。

华为为什么要不遗余力地建设流程体系？

从本质上来说，华为是为了构建组织行为和能力。客户需要感受到的应

集成产品开发 IPD
— 让企业有质量地活着,实现客户价值和商业成功 —

该是企业的组织行为,而不是某个人的行为,组织行为不能被替代,否则会出现问题。

如果一家企业在面对客户时,没有让客户感受到组织行为,而是让其感受到某个人的行为,客户就会感到困惑,甚至迷茫,不知道到底在和谁打交道,满意度就很难提高。

更重要的是,当客户感受不到与企业的连接时,就变成了客户与某个人建立了关系,而不是与企业建立了关系。你会发现,若那个人离开了企业,客户关系就会受到很大影响。这不就相当于企业被某个人把持了吗?如果一家企业被某个人把持,就会相当被动。这种情况在现实中比比皆是,造成的直接结果是企业亏损,但个人收入颇丰。一旦那个人离开了企业,往往客户就会流失,甚至企业的某个业务都会受到影响。造成这一结果的根因是企业没有把能力建立在组织上,而是建立在了某个人身上。

因此,企业只有持续进行组织能力的建设,才能防止类似问题出现。那么,组织能力该怎么建设呢?不可能只喊口号组织能力就建设起来了,必须有相关能力的传承和持续升级,必须有一个筐子或篮子来承载。这个承载组织能力的筐子或篮子就是描述和表现业务流的流程体系。

华为之所以坚持不懈地建设流程体系,是因为这是吸引外部客户和构建内部组织能力所要求的,也是把企业持续做大做强的基础和支撑,长此以往可以突破企业成长的瓶颈。

《孙子兵法》云:"凡治众如治寡,分数是也。"这句话告诉我们,有了完善的组织流程体系,管理 10 万人和管理 100 人并无太大区别,"治大国,若烹小鲜"说明了同样的道理。华为经过 20 多年 IPD 流程体系的建设及持续提升,形成了完善的研发管理体系。依靠形成的流程体系,华为可以有效地管理数万人,进行研发与投资经营实践,即便再增加几万人,也同样有效果。华为对增加的业务和人员的管理,采用的是同一套流程及管理体系。很多企业做不到这一点,当增加业务和人员时,如果没有对应有效的流程及管理体系,那么增加的业务和人员越多,管理就越糟糕。

9.1.3 高效的流程的特点

流程是一把双刃剑,用得好可以大幅度提升业务及管理效率,用得不好则会成为业务发展的阻碍。

流程是业务流的描述和表现,因此高效的流程应当反映业务的本质,业务流、数据流、技术、质量要求等都应当包含在流程中,融合为一体,而不是"多张皮"、各跑各的。

很多企业的流程存在的问题是不能表现业务流:数据流、质量和技术等都不能与流程融为一体,"多张皮"在运作,反而成了业务发展的阻碍。

高效的流程具有以下特点。

1. 是从客户到客户的

企业输入的应当是客户的需求(并且是真正的需求),最后的输出应当是解决了客户需求的产品或服务。如果做不到这一点,就说明企业在"自嗨",只是为了实现所谓的"内部管控",不能体现流程是表现业务流、为客户创造价值的过程。

华为早期的 ITR 流程,根本不关注客户,对网上问题的定级都是基于各产品对技术的要求来进行的,是从自己认为的角度看待问题的。笔者当时就在产品线搞研发,其结果就是研发人员和测试人员、服务人员经常吵架,而且吵得不可开交。如果从业务流的角度来看待问题,就会发现其实问题是从客户那里产生的,客户才是最急的。因此,在对问题定级时,要从问题对客户的影响的角度出发,而不是自己随意进行定级。

后来,华为的网上问题处理流程最大的改变是,根据客户对故障的定级来定级。因为客户最清楚自己有多少用户被影响了。具体来说,可以通过数量、时间、重要性 3 个要素来确定问题的等级。所有的流程都围绕快速发现网上问题、快速解决网上问题,所有的考核都根据解决问题的速度及提升客户满意度来开展。IT流程管理系统支持企业快速响应客户需求,发现网上问题并快速解决,真正做到了问题从客户中来,以最后解决客户问题结束。

本书描述的IPD体系,也同样从客户中来——获取客户真实需求和痛点,再到客户中去——通过开发出优质产品和服务解决客户的问题,顺便把钱挣了。如若不然,这个体系就是没有价值的,这也对应了任正非所说的"IPD的本质是从机会到商业变现"。

总而言之,流程要能够表现和承载以解决客户问题为闭环的业务流。

2. 要能持续改进、支持裁剪

业务流会随着企业战略、业务模式的改变而改变,因此流程肯定不是僵化不变的,而是随着业务流的变化而变化的,而且和企业的组织能力强弱、规模大小有关。在企业发展早期,表现和承载业务流的流程可以只反映核心的业务流节点,无须包含过于复杂的细节和组织,以高效解决业务问题为准则。

因此,高效的流程要能持续改进、支持裁剪。

9.2 产品开发流程框架

9.2.1 产品开发流程概述

IPD的产品开发流程是世界级企业长期优秀实践的总结,是以产品开发的业务流为基础而形成的结构化流程体系。图9-2所示为华为IPD的结构化产品开发流程框架,其涉及产品全生命周期管理。

IPD的结构化产品开发流程起始于高质量的Charter被IPMT批准:产品线IPMT授权项目的启动。此时,PDT经理会与产品线IPMT签订项目任务书(类似合同),启动项目,组建PDT,开始双方的契约式交付:IPMT保

第 9 章

交付产品包：结构化开发流程，确保产品高效率上市

证承诺的资源投入，PDT 则承诺 Charter 目标和任务书中条款的按时、按质量完成。

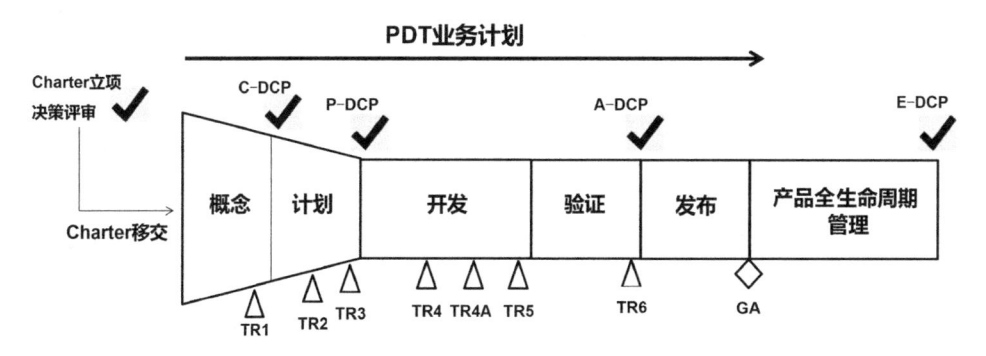

图 9-2 华为 IPD 的结构化产品开发流程的框架

IPD 采用分阶段的结构化流程，把产品开发流程分成概念、计划、开发、验证、发布及产品全生命周期管理 6 个阶段，每个阶段都有明确的目标，并且在流程中定义了清晰的决策评审点（DCP）和技术评审（TR）点。每个决策评审点有一致的衡量标准，只有完成规定的工作和达到质量要求，才能够通过一个决策评审点进入下一个决策评审点，以确保每个阶段的高质量输出，这采用的是瀑布模型。

IPD 的结构化产品开发流程明确了 PDT 负责整个产品开发项目，LMT 负责产品全生命周期管理，IPMT 负责投资决策的分层管理体系，对产品包的定义、开发、交付、市场维护、服务和退出进行全生命周期管理，可以有效地指导 PDT 和 LMT 把产品开发的整个生命周期作为项目进行管理。

表 9-1 所示为 IPD 产品开发流程各阶段的目标概述。

表 9-1 IPD 产品开发流程各阶段的目标概述

阶段	主要目标
概念阶段	♢ 保证 PDT 根据项目任务书，确定产品包需求和备选概念，对市场机会、需求、质量、潜在的技术和制造方法、风险、成本、进度、财务影响进行快速评估，形成初步业务计划。 ♢ 输出概念决策评审点是概念阶段的终点。PDT 经理整合概念决策评审点的汇报材料，向产品线 IPMT 汇报，并由产品线 IPMT 进行审批。如果获得批准，则进入计划阶段，否则取消项目或重新确定方向

续表

阶段	主要目标
计划阶段	♪ 计划阶段的目标是清晰地定义产品方案及其竞争优势,将产品包/解决方案业务计划扩展成详细的产品包定义和资源计划,包括完整的产品定义、开发与制造方法、销售与营销计划、项目管理计划、产品支持计划、详细的进度及财务分析,确保风险可以被合理地管理。 ♪ 计划决策评审点是 PDT 和 IPMT 对决策评审材料里面总结的内容给予承诺。计划一旦获得批准,就会成为对业务绩效的承诺,被作为衡量接下来各阶段活动的基准。 ♪ 在计划决策评审之后,如果这些承诺发生变化,则需要提交计划变更请求
开发、验证阶段	♪ 开发阶段涉及产品设计、集成和验证、制造工艺设计、性能、技术或构建模块、制造风险评估等方面。 ♪ 开发阶段的目标是对符合设计规格的产品包进行开发和验证,并完成制造准备工作。 ♪ 验证阶段以成功完成内部测试和向制造发布为起点,涉及进行硬件/软件压力测试、标准和规格的一致性测试,以及获得专业认证。 ♪ 验证阶段的目标是进行制造系统批量验证和客户验证测试,以确认产品的可获得性,发布最终的产品规格及相关文档,在交付时可以达到相应的量产
发布阶段	发布阶段的目标是在交付时具备向客户大规模销售的条件,涉及客户早期验证及迁移策略和计划、大规模制造、产品资料、内外部培训、定价策略、产品命名、营销活动、销售渠道等
产品全生命周期管理阶段	♪ 目标是监控产品包的市场表现,包括客户满意度、竞争力、销售额及利润、需求反馈和问题解决,及时评估何时 EOM、EOP、EOS。 ♪ 让产品包达成投资预期的目标:产品全生命周期管理阶段的利润和客户满意度达到最高水平。 ♪ 总结经验和教训,让后续产品版本有更佳表现

9.2.2 如何理解 IPD 的产品开发流程是结构化的

要想理解 IPD 的产品开发流程是结构化的,应先理解什么是结构化流程。从水平方向和垂直方向来看,结构化流程如图 9-3 所示。

第 9 章

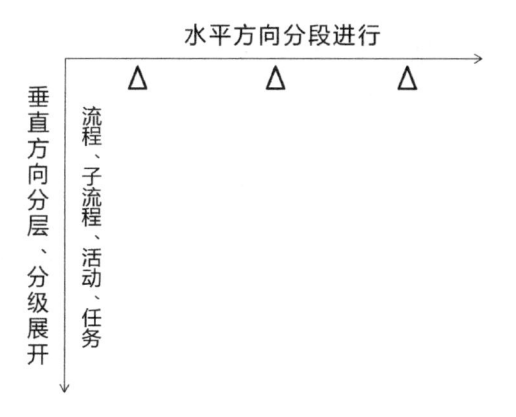

交付产品包：结构化开发流程，确保产品高效率上市

图 9-3　结构化流程

从水平方向来看（时间轴），把产品开发流程分成了一个个阶段（门径）。每个阶段都有明确的输入和输出要求，保证过程不混乱和具有一致性。

从垂直方向来看（协同、分级），把复杂的流程分解为了子流程、活动和任务，更易于监控和执行。

在产品开发流程结构化后，可以采取项目管理的手段更好地管控产品开发流程，更容易达到质量、进度和高效协作的要求。

产品开发流程为什么要结构化？

首先，从业务的实质来看，产品从需求到实现的过程是复杂的，包括外部商业环境和政策的不确定性、行业及技术变化的不确定性、客户需求的不确定性、竞争对手的变化等，这些都让产品开发流程充满了未知数和风险，不可能是一帆风顺的。同时，市场需求是从相对不清晰到清晰的，技术满足度和能力是从不成熟到逐渐成熟的，业务发展的本质就是波段式前进。也就是说，产品全生命周期的业务流具有这样的特性，因此表现和描述业务流的产品开发流程也应该如此。

其次，分段和分层、分级的方法本来就是解决世界上复杂问题常用的有效手段：大事化小，小事化了，不可能一步就把产品开发出来。

只有采用结构化的产品开发流程，才能更好地控制过程风险、更好地合作协同、更好地达成进度和质量等目标。

集成产品开发 IPD
— 让企业有质量地活着，实现客户价值和商业成功 —

很多企业因为没有结构化的产品开发流程，不同部门有不同的工作方式，经常是鸡同鸭讲，效率低下，企业的利润被这种内部无效的运作吞噬。IPD 的产品开发流程统一了开发术语和语言，明确了工作交付件的质量要求，减少了沟通时间和扯皮现象的发生，降低了组织间协调和管理开发工作的难度。同时，企业可以在结构化流程上根据业务的变化持续沉淀、优化和改进，不仅可以保证产品开发可管控及产品的质量，还可以不断把能力沉淀到承载组织角色的流程中，让企业的组织能力不断增强，实现成功从偶然到必然。

9.3 深刻理解 IPD 的产品开发流程的内涵：商业、技术、协同经营

不少企业实施过 IPD，但它们对 IPD 不但整体上有误解，而且对 IPD 的产品开发流程有很大的误解。

很多企业认为产品开发流程应当由研发部门负责，它们把产品开发流程看作只有研发部门参与的研发流程。它们既没有整体的业务层面的计划，也没有财务视角投入产出的预测与评估，其他职能部门作壁上观，直到出现问题（比如市场需求已经发生重大变化、批量生产出现问题、测试发现重大问题、采购成本和物料出了问题，甚至到了客户交付现场才发现可服务性、可维护性等没有考虑到），相关部门才参与进来，结果造成来回返工、成本高昂和客户不满意。

IPD 的产品开发流程不仅仅是开发流程，更是跨职能部门的业务流程。PDT 作为产品的兜底组织，应站在构建产品竞争力和取得商业成功的角度，负责管理产品包所需的全部主要活动，按照项目管理的方式把开发、市场、采购、制造、服务、质量和财务等职能部门（通过 PDT 核心组代表）有机整合起来，保证产品采取并行开发方式，最终实现业务目标。

第 9 章
交付产品包：结构化开发流程，确保产品高效率上市

IPD 的产品开发流程包含 3 条主线（见图 9-4），理解透彻这 3 条主线是开发有效的流程的前提。

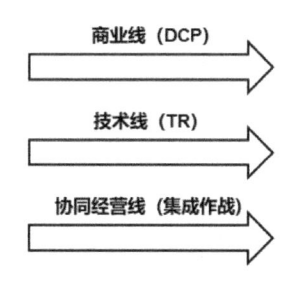

商业线（DCP）

技术线（TR）

协同经营线（集成作战）

图 9-4　IPD 的产品开发流程包含的 3 条主线

IPD 的产品开发流程不仅仅是研发流程，体现在以下方面：

◇ 主导者不是研发部门，而是 PDT。

◇ 产品开发不仅仅是研发部门的事，需要 PDT 成员协同作战。

9.3.1　商业线：深刻体现了"产品开发是投资行为"的理念

IPD 把产品开发当作投资行为进行管理，体现的是商业逐渐成熟的过程。

如何管理投资行为？这像投资机构所做的工作，管理投资行为具体包括以下方面。

1. 投前分析和决策

IPMT 对 Charter 进行评审，确保投资方向正确和投资有价值回报。

2. 投中监控

在投入资源后，企业要确保开发过程中的商业环境变化仍然和投前预测的一致，一旦出现出乎意料的商业环境变化（需求和趋势）或者竞争力不足，则可以终止项目或者改变方向，以免投资打水漂。

IPD 流程设置了多个 DCP，包括 C-DCP、P-DCP、A-DCP、E-DCP，以确保产品开发之路上投资方向始终正确和价值回报符合期望。每个 DCP 都有其关注的目标和要求。

> **集成产品开发 IPD**
> — 让企业有质量地活着，实现客户价值和商业成功 —

很多企业只把产品开发当成研发部门的事，只有在立项时才会评审，进入开发后就再也没有管控，当外部商业环境变化或者产品竞争力下降时仍然在投入资源，直到产品上市才发现问题，这就容易造成企业的资源投入打了水漂，这是很多企业难以成功的重要原因。

3. 投后总结

当产品或者其中的版本在 E-DCP 后退出服务，IPMT 和 PDT 要对投入产出进行决算，总结该产品或版本的经验教训，并对 P-DCP 时的合同进行评价和考核，这样在进行下个版本的投资时可以更加精准。

很多企业都没有把产品开发当作投资行为，或者即便有想法，也没有对应的系统体系和做法，这导致企业的资源投入与产出不成正比，利润因不成功的产品立项受到影响。

另外，更重要的投资管理行为是通过将财务四算（概算、预算、核算、决算）融入产品开发流程中，让投入产品开发中的每一笔真金白银的产出都能算清楚，保证投资行为真正有效，如图 9-5 所示。

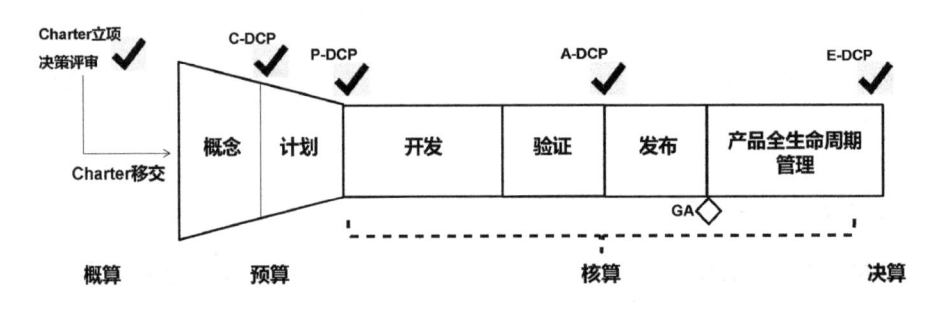

图 9-5 将财务四算融入产品开发流程

通过财务四算与产品开发流程的融合，实现产品开发项目全生命周期投资的过程管理。在 Charter 立项时进行项目概算决策，在 P-DCP 时进行项目预算决策，从产品开发到产品全生命周期结束前开展定期的项目投资核算，在产品全生命周期结束时进行项目投资决算。产品开发流程中的财务四算如表 9-2 所示。

第 9 章
交付产品包：结构化开发流程，确保产品高效率上市

表 9-2 产品开发流程中的财务四算

概算：Charter 立项时	预算：P-DCP 时	核算：从产品开发到产品全生命周期结束前	决算：在产品全生命周期结束时
♪ IPMT 立项决策时发布概算基线。 ♪ 授予 PDT 从 Charter 到 P-DCP 的费用	♪ IPMT 发布预算基线。 ♪ 授予 PDT 从 P-DCP 到 GA 时间的费用	• 定期（月度、季度）预算执行审视。 • 滚动预测、发现差距、寻找原因和刷新计划。 • 如果有较大的变化，则提出 PCR	秋后算账：在产品全生命周期结束时进行最后的决算，对投入产出进行总结和评估

财务四算和开发流程的各阶段是对应的。在项目开始时，完成项目的风险和不确定性高。随着项目的进展，完成项目的概率会逐步提高。因此，为控制投资风险、减少投资损失，企业可以采取阶段决策来逐步授权投资额度，确保投资的安全性。

IPD 把"产品开发是投资行为"的理念融入开发流程，并贯穿始终，确保商业投资行为可管控、可落地。不像很多企业的投入和产出是一笔糊涂账，财务部门只是事后算账，财务部门与业务部门"两张皮"，最后只知道总数，不清楚到底赚了多少、亏了多少，这样就很难对产品和项目进行公正评价及合理分配，也难以对经营进行持续改进。

9.3.2 技术线：产品质量的保障

产品技术要素包括需求、技术方案和竞争力，产品技术与商业演进发展一样，也是逐渐成熟的。需求从粗放到完善、技术方案从不成熟到成熟、竞争力从弱到强，是波段式前进的。为了保证产品的质量，IPD 强调要在产品开发流程中确保可制造性、可供应性、可销售性、可交付性、可服务性等，以提升产品大规模制造、供应、销售、交付及服务的效率，让产品有较强的竞争力。为此，IPD 根据产品开发本身的业务流特点（从需求到设计实现、验证再到发布），在结构化开发的关键节点（除 DCP 外）也设置了 TR，以确保产品的质量较高和竞争力较强，且能满足客户需求。

在图 9-2 中，产品开发流程中设置了 TR1、TR2、TR3、TR4、TR4A、TR5、TR6 7 个技术评审点。

9.3.3 协同经营线：跨部门重量级团队的集成作战

IPD 的产品开发流程是以实现产品多（收益）、快（进度）、好（质量）、省（成本）、强（产品特性、技术能力）为目标的业务流程，体现了产品如何才能成功的过程。为了达成目的，PDT 作为经营责任主体，通过业务计划让各角色（市场、研发、采购、生产制造、服务、质量和财务等部门）在工作中高度协同，这体现了 PDT 在构建产品竞争力和实现商业目标的过程中"打群架"——高度协同及并行工作，实现集成作战。

很多企业只是实施了"小 IPD"，但并没有把产品开发做对，主要体现在以下方面。

（1）把产品开发仅当成研发部门的活动，其他部门基本不参与，只是旁观或者事后参与。

（2）商业评审缺乏，技术评审不到位，各部门协同不到位。

这最终导致很多企业到了后期才发现大量问题，大部分都要返工，前期投资变成了沉没成本、打了水漂。

9.4 并行工程：开发流程各阶段描述

跨部门重量级团队 PDT 让力出一孔、利出一孔成为可能，但如何才能落地？通过结构化的产品开发流程，可以让开发模式从串行工程（接力赛）转变为各部门深度协同的并行工程（打配合的篮球赛），以便更好地实现目标。

本节将探讨在开发流程中，PDT 各角色是如何对准共同的产品商业成功目标进行集成作战的。

♫ 业务部门与财务部门融合。

♫ 业务部门与质量部门融合。

♫ 研发部门与市场部门拉通。

第 9 章
交付产品包：结构化开发流程，确保产品高效率上市

◊ 研发部门与采购部门、研发部门与生产部门、研发部门与服务部门拉通。

◊ 产品上市即上量。

通过并行工程，可以在产品设计前期就考虑到产品的可测试性、可服务性、可制造性/可装配性、可维护性等重大需求，而不是像很多企业那样一直等到产品开发好了甚至到了客户那里才发现大量问题，造成质量低下、成本高昂，还错失了上市的最佳时间。

因此，产品开发流程并不仅是研发流程，还是跨部门重量级团队 PDT 各职能角色协同完成的流程：市场、测试、采购、制造/装配、服务、质量、财务等部门提前介入产品的设计，与研发部门并行前进，为产品的开发成功提供各自专业领域技能。这是 IPD "打群架" 机制的完美体现。

9.4.1 概念阶段流程描述

1．范围

（1）始于 IPMT 授权 PDT 项目任务书，Charter 立项时的概算生效，并批准 PDT 启动项目。

（2）止于 IPMT 对 C-DCP 做出评审决策（继续、调整方向、终止）。

2．关键输入

概念阶段的关键输入如表 9-3 所示。

表 9-3 概念阶段的关键输入

输入	责任人	描述
项目任务书	产品线 IPMT	PDT 经理从产品线 IPMT 那里接到项目任务书，被批准启动项目，概念阶段正式开始
Charter	产品管理（后续会加入 PDT 成为市场代表）	IPMT 决策评审的产品立项书
初始产品包需求	产品管理	Charter 中关键需求的描述
用户场景说明	产品管理	Charter 中针对关键需求的用户场景描述

3. 关键活动

表 9-4 所示为概念阶段各主要角色的关键活动。

表 9-4 概念阶段各主要角色的关键活动

领域	主要角色	关键活动
PDT 端到端业务主流程	PDT 经理、核心组各代表及扩展组	①PDT 经理接受项目任务书。 ②组建 PDT 并确定扩展组关键成员。 ③进行团队任命、召开 PDT 开工会、通报项目任务书目标。 ④PDT 经理负责制订概念阶段一级项目计划,指导其他领域完成二级项目计划。 ⑤PDT 经理负责主导制订产品包业务计划(含端到端 WBS 计划),作为产品线 IPMT 对 C-DCP 决策评审的建议和支撑。 ⑥质量代表(PQA)根据企业或业务领域的质量政策制定产品质量目标、策略和计划,代表 PDT 对在要求时间内交付高质量的产品和能力做出承诺,并作为 PDT 业务计划的一部分。 ⑦PDT 经理负责整体风险的评估和管理,目的是确定项目风险,评估它们潜在的影响,并制定应对措施和计划。 ⑧PDT 经理负责向 IPMT 汇报,进行 C-DCP 评审。 ⑨PDT 经理负责 C-DCP 评审阶段经验和教训总结并归档
财务领域	财务代表	①制订概念阶段详细的财务项目计划。 ②进行初始财务评估。 ♪ 定价与成本目标分析,收入及销量预测,产品成本预测,功能性费用预测,盈亏分析。 ♪ 整体财务评估是产品包/解决方案业务计划的重要组成部分。在 IPD 后续的各个阶段,随着所收集信息的增加,对初始财务评估进行更新与优化。 ③编写初始财务分析报告。 ④确定成本目标
开发领域	开发代表、系统工程师、开发组、测试工程师、知识产权代表	①开发代表完成业务计划中相关内容的开发。 ♪ 收集粗略的成本数据、预测单元成本目标。 ♪ 与市场部门就业务计划达成共识。 ♪ 查验和获得知识产权,需要时进行专利申请。 ♪ 制订研发项目计划。 ②系统工程师联合市场代表在 Charter 初始产品包需求的基础上,从客户、以往项目、竞争对手及内部出发补充完善需求,包括但不限于功能、可维护性、可测试性、可制造性、可服务性等,形成完备的产品包需求。 ③系统工程师主导进行知识产权分析,对可能形成的专利及专利侵权做好准备。

第 9 章
交付产品包：结构化开发流程，确保产品高效率上市

续表

领域	主要角色	关键活动
		④对可以用来满足设计需求的技术和概念进行评估，并应用它们形成可替代的产品概念（可能的设计解决方案），一起选择最佳的标准和方案。 ⑤工业设计师对 UI 和结构设计进行初始描述，并确定对可视设计的约束。 ⑥测试工程师总结和完善测试需求，包括模块和器件调测与测试，系统设计验证（SDV）和系统集成验证。制定测试计划和策略，进行 BBFV（Building Block Function Verification，构建模块功能验证）。 ⑦进行技术评审 TR1：在 PQA 代表进行交付件审计之后，系统工程师组织进行产品需求和概念评审，并将结果归档。PQA 根据需要，与 PDT 核心组、扩展组成员一起进行评审
服务领域	服务代表及扩展组	①确定可服务性需求：安装、维护和服务。 ②制定客户服务与支持策略：包括安装计划与策略、主要保修条款、维护策略与方法、预防性维护策略与方法、收费服务策略、降低服务成本的办法、服务成本及风险等
制造领域	制造代表及扩展组	①确定可制造性需求，从制造角度确定产品需求，包括设计对制造的影响、制造方法论、制造能力。 ②制定制造策略，确定制造的总体目标、工艺设计的范围
采购领域	采购代表及扩展组	①根据开发团队所提供的产品初步设计，通过制订初始采购计划来评估新产品物料的可获得性及预计的成本。 ②必要时启动新供应商认证流程
市场领域	市场代表及扩展组	①市场代表制订初始市场计划：包括需求整合、制定初始的市场策略及目标，对市场环境的评估，产品包在目标市场及细分市场的定位，对华为产品包与类似的竞争产品包的分析，制定初始的定价策略及对收入和销量进行预测，制订将客户迁移到新产品包的计划。 ②市场计划是产品包业务计划的一部分。在 IPD 流程以后的各个阶段，随着信息的不断完善，将对市场计划进行更新和优化。 ③为收入和销量预测提供支持：收入和销量预测是市场计划最重要的组成部分之一。收入和销量预测是对客户对华为产品包认可度的预测，以及对相应的通过新产品包销售而获得的收入的预测。销量预测反映了对产品功能与客户需求的评估，以及在目标市场上华为产品包与可替代的竞争产品包性价比的对比

4. 关键输出

概念阶段的关键输出如表 9-5 所示。

表9-5 概念阶段的关键输出

输出	责任人	描述
产品包业务计划	PDT 经理	产品包业务计划是 PDT 各职能部门制订和执行各自产品包支持计划的汇总，对达成一致的产品包关键要素进行定义，包括如何实现项目任务书中产品线收入、策略和各种需求，初步构建各功能领域计划，以及价格、成本、销售目标及质量政策与目标等
概要的项目进度计划	PDT 经理	最初的项目计划包括各阶段的决策评审点、技术评审点，Beta 测试开始的时间，发布时间及一般可获得性（GA）时间
概念决策评审材料	PDT 经理及核心代表	对项目承诺的总结。在整个产品包开发过程中对当前实际情况和承诺进行跟踪和汇报。概念决策评审材料审批通过标志着进入计划阶段
项目撤销书	产品线 IPMT	C-DCP 评审未通过时使用

从概念阶段 PDT 各角色的工作可以看出，所有角色在本阶段都在为共同的目标而同时工作，不只是研发部门在努力。

9.4.2 计划阶段流程描述

计划阶段的目的是在概念阶段产品包业务计划的基础上进行扩展，加入产品开发各方面细节，如产品包需求的完善、架构与系统设计方案确定、进度和成本信息、总体和各领域详细的项目执行计划等，形成最终的产品包业务计划，由产品线 IPMT 进行 P-DCP 评审，并做出承诺。在产品包业务计划的定义中，PDT 所有主要功能领域都要参与。

通过计划决策评审意味着允许项目进入开发阶段，也意味着真正的大规模投入即将开始，授予 PDT 获得专拨资金及使用资金的权力（预算），IPMT 与 PDT 互相承诺并执行。

一旦通过计划阶段，需求和计划就不能更改了，除非 PDT 向 IPMT 提出计划变更请求，IPMT 在评估影响及风险后决定是否通过申请。

1. 范围

（1）始于 IPMT 对 C-DCP 的评审通过，授权 PDT 进入下一阶段。

第 9 章
交付产品包：结构化开发流程，确保产品高效率上市

（2）止于 IPMT 与 PDT 进行计划决策评审或签发项目撤销书。

2．关键输入

计划阶段的关键输入如表 9-6 所示。

表 9-6　计划阶段的关键输入

输入	提供者	描述
初始产品包业务计划	PDT	概念阶段形成的初始产品包业务计划
概念决策评审材料	PDT 经理	对概念阶段承诺的总结。在整个产品包开发过程中要对实际情况和承诺进行记录汇报
概要的项目进度（端到端项目计划——WBS1/2 级)	PDT 经理	项目进度至少包括各阶段的决策评审点（DCP）、Beta 测试时间、GA 时间

3．关键活动

表 9-7 所示为计划阶段主要角色的关键活动。

表 9-7　计划阶段主要角色的关键活动

领域	主要角色	关键活动
PDT 端到端业务主流程	PDT 经理、核心组各代表及扩展组	①PDT 经理按照 IPMT 的许可，增加扩展组成员并发布任命。召开 PDT 开工会，同步计划阶段主要任务。 ②由 PDT 经理牵头制订计划阶段详细的产品包业务计划和详细的 WBS1/2/3 级计划。在产品包业务计划中，包括所有跨职能部门（如开发、采购、制造、营销与销售支持、服务、财务等）的活动。 ③PDT 经理根据需要制订外部合作计划。 ④PDT 经理对总体风险再次进行评估。 ⑤由 PDT 经理编写计划阶段与 IPMT 的合同，包括产品包业务计划中所描述的开发项目范围和指标。时间是从计划阶段结束到产品全生命周期管理阶段结束。合同体现了投资人与创业团队之间遵守承诺的契约精神。 ⑥质量代表 PQA 的关键活动： ♪ 优化产品质量计划； ♪ 参与产品业务计划与端到端进度计划的评审； ♪ 做月度质量报告； ♪ 承担技术评审 2 和技术评审 3 流程经理的角色，组织技术评审 2 和技术评审 3，保证所有技术评审问题得到解决 ♪ 进行本阶段的交付件审计，跟踪审计问题并解决；

集成产品开发 IPD

— 让企业有质量地活着，实现客户价值和商业成功 —

续表

领域	主要角色	关键活动
		♪ 跟踪所有质量问题直至解决； ♪ 保证质量策略与质量问题被分解到了所有功能领域。 ⑦组织缺陷分析和质量追溯。 ⑧PDT 经理负责向 IPMT 汇报，进行 P-DCP 评审。 ⑨PDT 经理负责 P-DCP 评审阶段经验和教训总结，并归档
财务领域	财务代表	①财务代表对财务评估进行优化：对在概念阶段制订的初始财务评估计划进行优化。财务代表会继续与市场代表紧密协作，进行收入和销量预测、功能费用与盈亏评估。与 PDT 市场和采购代表紧密协作，获得成本方面的信息，从开发代表那里获得开发成本信息。 ②分解目标成本：财务代表根据产品结构，将产品目标成本分解到关键物料当中，以使研发与采购对成本进行控制
开发领域	开发代表、系统工程师、开发组、测试工程师、知识产权代表	①PDT 核心代表开发代表负责制订开发阶段的整体项目管理计划，提供开发费用预测和费用需求。 ②系统工程师根据需求进行整体架构和系统设计。 ③将需求分解并分配到各子系统。 ④进行技术评审 TR2：在 PQA 代表进行交付件审计之后，系统工程师组织进行产品包系统设计和系统规格评审，并将结果归档。PQA 根据需要，与 PDT 核心组、扩展组成员一起进行评审。 ⑤软件、硬件及结构工程师进行子系统的概要设计，符合分配的需求及规格。 ⑥测试工程师制订测试和集成构建模块与系统的计划，并评审归档，包括 BBFV、SDV、SIT、SVT 及 Beta 测试。 ⑦PDT 组织编写产品相关资料，如用户手册、安装手册、维护手册等，让服务人员和客户尽可能理解产品，为销售和售后做准备。 ⑧进行技术评审 TR3：在 PQA 代表完成交付件审计之后，系统工程师组织子系统概要设计评审，保证系统设计规格被完全实现。PQA 会承担技术评审 TR3 评审流程经理的角色，并跟踪所有与技术评审相关的问题，直至解决
服务领域	服务代表及扩展组	对概念阶段的服务支持策略进行优化和制订对应的执行计划，包括售后所有的服务支持

第 9 章
交付产品包:结构化开发流程,确保产品高效率上市

续表

领域	主要角色	关键活动
制造领域	制造代表及扩展组	①组织制订制造计划,包括预计的产量、当前生产进度、预计的生产组合、预计的产能、制造进度、质量水平、缺陷处理计划、库存管理计划、制造方法、制造测试计划、制造技术与工艺计划等信息。 ②制造代表牵头,与 PDT 经理、财务代表、采购代表一起评估是否在计划决策评审之前进行采购的需要,并预计成本。 ③组织进行概要的装备与制造流程设计,包括但不限于制造测试概要计划和制造工艺总体方案。 ④制订订单系统与配置需求的履行计划
采购领域	采购代表及扩展组	更新供应商选择计划
市场领域	市场代表及扩展组	①更新市场计划,市场代表更新和优化市场计划,制订详细的项目计划,包括市场需求、市场策略与目标、市场环境、产品概述与定位、目标市场与细分市场简介、竞争性市场分析、定价策略、收入和销量预测、客户迁移计划、早期客户支持、渠道计划、生命周期终止计划,以及问题和风险评估。市场代表还需启动市场产品资料的写作,包括市场主打宣传 PPT、发布策略、发布活动与交付件,以及制订培训计划。 ②做出销量承诺:在计划决策评审结束时,PDT 对合同的重要组成部分项目财务目标做出承诺。而项目财务目标又依赖收入与销量预测,市场代表需要对在概念阶段确定的初步收入与销量预测进行优化,包括优化财务分析及合同中对收入与销量的承诺

4.关键输出

计划阶段的关键输出如表 9-8 所示。

表 9-8 计划阶段的关键输出

输出	提供者	描述
产品包业务计划	PDT	产品包业务计划是 PDT 经理主导各功能领域代表对产品包完整实现目标执行的策略和计划的阐述,是对概念阶段业务计划的优化与确认。计划决策评审之后产品包业务计划就成为基线版本,不能随便更改。如果再想对产品包业务计划进行更改,要提交计划变更请求
计划决策评审材料(对产品包业务计划进行概要总结)	PDT 经理	计划决策评审材料是对项目实际情况的总结及未来目标的承诺,主要包括当前需求和所有方案的设计成熟度(TR2、TR3 结果)、GA 时间和销量等。在整个产品包开发过程中要对实际情况和承诺进行记录汇报

续表

输出	提供者	描述
概要的项目进度	PDT 经理	进度中至少要包括各阶段的决策评审点、Beta 测试开始的时间、GA 时间。GA 时间是在计划阶段要做出的承诺
计划决策评审合同或项目撤销书	产品线 IPMT	①成功退出计划阶段时需要 PDT 与 IPMT 签署。 ②项目撤销时使用。PDT 经理填写项目撤销表,准备项目撤销书,由管理层来签发

5. 深刻理解计划阶段的含义

为什么叫计划阶段而不叫方案设计阶段(该阶段确实包含大量的产品技术方案设计工作)？理解计划阶段是理解 IPD 很多核心理念的关键。

在 9.3 节中已经提到 IPD 的产品开发流程包含 3 条主线：商业线、技术线及协同经营线。

就如军队作战，不打无准备之仗，不打没把握之仗。

在计划阶段，要把业务计划、需求分析和技术方案、各部门之间如何协作完成业务计划及技术方案的项目计划均设计清楚，不仅包括需求分析和技术方案层面，还包括整体达成商业目标的业务计划的制订。

因此，理解计划阶段的含义也是理解 IPD "产品的竞争力是设计出来的"这一核心理念的关键。只有计划阶段所蕴含的商业和协同方案及相关计划均被 IPMT 认可，才真正标志着产品开发进入大规模的资源投入和实际开发阶段。

这相当于采取大规模军事行动前所有的作战计划(主战、后勤供给、协同配合等)都被最高统帅批准，所以称为计划阶段，而不只是需求和技术方案层面的设计。

9.4.3 开发阶段流程描述

开发阶段对计划阶段设计的产品包进行开发和验证,包括产品包详细设计、集成与验证、制造工艺设计与执行、性能、技术构建模块，以及制造风险评估的所有方面，这一阶段继续朝着产品包业务计划承诺的目标前进。

第 9 章

交付产品包:结构化开发流程,确保产品高效率上市

1. 范围

(1)始于计划阶段 P-DCP 评审通过的合同。

(2)止于 TR5 评审结束或者 PDT 经理认为需要退出并经 IPMT 审批通过。

2. 关键输入

开发阶段的关键输入如表 9-9 所示。

表 9-9 开发阶段的关键输入

输入	提供者	描述
产品包业务计划	PDT	P-DCP 阶段的输出
计划决策评审材料	PDT 经理	对项目承诺的总结,批准进入开发阶段
概要的项目进度	PDT 经理	同计划阶段的关键输出
计划决策评审合同或项目撤销书	产品线 IPMT	同计划阶段的关键输出

3. 关键活动

开发阶段的关键活动如表 9-10 所示。

表 9-10 开发阶段的关键活动

领域	主要角色	关键活动
PDT 端到端业务主流程	PDT 经理、核心组各代表及扩展组	①**PDT** 经理增加扩展组成员并发布任命。 ②召开 PDT 开工会、同步阶段主要任务,并对整个业务计划的执行进行推动和监控。 ③**PQA** 的关键活动: ♪ 监控产品质量计划; ♪ 组织指标分析,监控是否实现了质量目标; ♪ 完成质量月报; ♪ 引导本阶段的过程活动,并提供相应的培训; ♪ 扮演 TR4、TR4A 和 TR5 评审的流程经理角色,保证所有技术评审问题得到解决。

集成产品开发 IPD
- 让企业有质量地活着,实现客户价值和商业成功 -

续表

领域	主要角色	关键活动
		♪ 进行本阶段的交付件审计,并跟踪审计问题直至解决; ♪ 组织缺陷分析与质量追溯,跟踪所有质量问题直至解决; ④TR5 评审后 PDT 经理组织进行阶段的经验和教训总结
财务领域	财务代表	①跟踪目标成本。 ♪ 根据计划阶段确定的目标成本,对产品包预计的实际成本进行监控。在 PDT 经理的指导及采购代表的协助下,每月例行进行跟踪。 ♪ 成本是对设计团队满足客户需求情况的主要衡量。它能够在早期反映出新产品在市场上的竞争力,也是在可获得性决策评审点(A-DCP)对 PDT 的绩效进行衡量的重要因素。 ②跟踪产品目标成本。 财务代表根据产品的物料清单和采购价格,计算产品实际成本与目标成本之间的差异,并将结果提交给研发、采购和 IPMT
开发领域	开发代表、系统工程师、开发组、测试工程师、知识产权代表	①开发代表开始监控项目执行,优化项目计划中开发相关部分计划。 ②系统工程师在开发过程中对子系统、模块和编码进行正式检查、架构看护及系统设计,尽量在开发过程的早期发现错误,保证相关各方从技术的角度对工作达成一致。 ③系统工程师制定企业技术标准。 ④软件、硬件、结构等工程师进行各自模块的详细设计、开发及单元测试。 ⑤测试工程师启动自动化测试工具及装备的设计和开发。 ⑥测试工程师进行模块级别的测试(BBFV),验证各个模块对产品包设计规格的符合情况。 ⑦开发团队完善产品及用户手册,如维护手册、用户手册等。 ⑧进行 TR4 评审:在 PQA 完成交付件审计之后,系统工程师组织进行评审,并将评审结果归档。 ⑨进行 SDV:测试团队在 SIT 之前对产品包各模块的集成进行评估,验证集成产品包是否符合产品功能规格。 ⑩进行 TR4A 评审:在 PQA 代表完成交付件审计之后,系统工程师组织进行评审,并将评审结果归档。 ⑪进行 SIT:测试团队验证产品与设计规格、行业认证、业界标准与企业标准的符合情况。 ⑫进行 TR5 评审:在 PQA 代表完成交付件审计之后,系统工程师组织进行评审,并将评审结果归档

第 9 章
交付产品包：结构化开发流程，确保产品高效率上市

续表

领域	主要角色	关键活动
服务领域	服务代表及扩展组	①做好客户服务与支持准备：包括实施维护计划、执行备件备货计划、设计开发技术支持工具、执行培训计划及编写技术支持文档、准备 Beta 测试，以保证技术支持做好在 GA 时间支持产品包的准备工作。 ②进行可安装性与可服务性测试：与开发和测试团队共同进行可安装性与可服务性测试，对它们是否满足需求进行确认
制造领域	制造代表及扩展组	①开发实现制造工艺。 ②准备初始产品生产。 ③开发制造测试装备。 ④生产初始产品。 ⑤开始制造系统验证
采购领域	采购代表及扩展组	①优化选择供应商。 ②更新采购计划。 ③采购开发设计的 BOM 中的初始器件
市场领域	市场代表及扩展组	①优化市场计划：在开发阶段，市场代表会对计划阶段的计划进行监控，保证不会出现偏离市场计划的大改动。根据市场变化、客户与竞争环境变化的新信息，更新发布策略、发布活动与交付件、渠道计划、培训计划及问题与风险评估。 ②寻找和确定 Beta 测试的早期支持客户。这是重要的市场活动，为了产品包在正式发布前经历过真正客户的验证洗礼。这类早期客户一般都是与企业建立了良好关系的客户。 ③做好产品包的发布/内部公开信/培训等工作的准备

4. 关键输出

开发阶段的关键输出如表 9-11 所示。

表 9-11　开发阶段的关键输出

输出	提供者	描述
产品包业务计划	PDT	同 P-DCP 的产品包业务计划。 如果需要在开发阶段对产品包业务计划进行更改，则需要提交计划变更请求
概要的项目进度	PDT 经理	进度中至少要包括各阶段的决策评审点、Beta 测试开始的时间、GA 时间
阶段完成确认书或项目撤销书	产品线 IPMT	IPMT 签发：成功退出开发阶段或撤销项目

9.4.4 验证阶段流程描述

在验证阶段，PDT 要进行最终制造与客户验证测试，确认产品的可获得性（量产），包括全面的压力性能测试、量产制造工艺验证及获得相关机构认证，继续朝着产品包业务计划承诺的目标前进。

1. 范围

（1）始于技术评审 TR5 完成。

（2）止于 A-DCP 评审通过或者项目撤销。

2. 关键输入

验证阶段的关键输入如表 9-12 所示。

表 9-12 验证阶段的关键输入

输入	提供者	描述
产品包业务计划	PDT	P-DCP 阶段的输出
概要的项目进度	PDT 经理	进度中至少要包括各阶段的决策评审点、Beta 测试开始的时间、发布及 GA 时间

3. 关键活动

验证阶段的关键活动如表 9-13 所示。

表 9-13 验证阶段的关键活动

领域	主要角色	关键活动
PDT 端到端业务主流程	PDT 经理、核心组各代表及扩展组	PDT 经理组织各核心代表开展的活动： ♪ 继续对项目的执行情况进行监控； ♪ 优化产品包业务计划和风险评估； ♪ 整合和准备可获得性决策评审的汇报材料； ♪ 进行可获得性决策评审； ♪ 进行经验和教训总结。 PQA 的关键活动： 见开发阶段

第 9 章
交付产品包：结构化开发流程，确保产品高效率上市

续表

领域	主要角色	关键活动
财务领域	财务代表	①进行可获得性决策评审点的财务分析。 ②制定更新的财务分析报告。 ③跟踪目标成本
开发领域	开发代表、系统工程师、开发组、测试工程师、知识产权代表	①开发代表： ♪ 继续监控和管理研发方面的项目活动； ♪ 评估产品的准备情况； ♪ 安排组织人力对早期客户项目进行支持，一般 Beta 测试和前 3 个销售项目由开发团队、测试团队主导交付，交付服务团队配合； ♪ 配合 PDT 经理准备可获得性决策评审汇报。 ②测试工程师进行 SVT：对制造工艺进行验证，保证量产时的设计完整。 ③测试工程师牵头准备 Beta 测试计划。 ④测试工程师制订外部认证的测试计划并执行，编写报告。 ⑤进行产品资料的优化与更新，并向销售和制造部门发布完整的产品配置信息。 ⑥系统工程师审核测试结果，以确保所有需求、方案都被完整实现。 ⑦进行技术评审 TR6：PQA 在审计完交付件后，监督由系统工程师组织的技术评审 TR6，该评审关注所有需求和规格已经被实现，并做好了制造的准备。 ⑧进行系统验证测试 2（SVT2）：测试团队在 Beta 测试后进行回归测试，确保相关设计变更仍能保持设计的完整性
服务领域	服务代表及扩展组	①做好客户服务与支持的准备。 ②进行可安装性与可服务性测试。 ③对 Beta 测试提供支持：在客户的环境中参与对设计的功能、性能、可用性、可安装性与可服务性等方面的测试。为了支持 Beta 测试，同时确定好安装计划、迁移计划及培训计划
制造领域	制造代表及扩展组	①继续生产初始产品。 ②完成制造系统验证。 ③评估制造准备情况
采购领域	采购代表及扩展组	向选定的供应商批量采购 BOM 中确定的器件

续表

领域	主要角色	关键活动
市场领域	市场代表及扩展组	①制定发布策略与计划：市场代表牵头准备发布计划。发布计划提供了产品包发布活动及交付件的细节，是产品包业务计划的重要组成部分，是 IPMT 在进行可获得性决策评审时的参考内容。 ②向销售部门发布产品的必要信息（客户群、卖点、价格策略等）。 ③发布/内部公开/培训准备。 ④开展客户迁移活动：执行前期设置的客户迁移策略

4．关键输出

验证阶段的关键输出如表 9-14 所示。

表 9-14 验证阶段的关键输出

输出	提供者	描述
产品包业务计划	PDT	①见 P-DCP 的关键输出。 ②如果验证阶段需要对产品包业务计划进行修改，则需要进行 PCR 变更，并经过 IPMT 同意
计划决策评审合同	PDT 经理	同 P-DCP 的关键输出
概要的项目进度	PDT 经理	同开发阶段的关键输出
可获得性决策评审材料包	PDT 经理	对成功量产的确认，允许继续到产品可获得性阶段或取消项目。可获得性决策评审材料中会列出相对 P-DCP 承诺所有经批准的变化
可获得性决策评审确认书或项目撤销书	产品线 IPMT	签发成功退出验证阶段或项目撤销的通知

9.4.5 发布阶段流程描述

本阶段的目的是为产品包的量产、营销和销售做好所有准备，达到 GA 并向 LMT 移交过渡，也是 GTM 过程的重要部分。

1．范围

（1）始于 A-DCP 评审通过。

第 9 章

交付产品包：结构化开发流程，确保产品高效率上市

（2）止于达到一般可获得性（GA）。

2．关键输入

发布阶段的关键输入如表 9-15 所示。

表 9-15　发布阶段的关键输入

输入	提供者	描述
产品包业务计划	PDT	同 P-DCP 的关键输出
可获得性决策评审材料	PDT 经理	同 A-DCP 的关键输出
概要的项目进度	PDT 经理	同 A-DCP 的关键输出
可获得性决策评审确认书	产品线 IPMT	经批准通过验证阶段，可以进入发布阶段

3．关键活动

发布阶段的关键活动如表 9-16 所示。

表 9-16　发布阶段的关键活动

领域	主要角色	关键活动
PDT 端到端业务主流程	PDT 经理、核心组各代表及扩展组	PDT 经理组织各核心代表开展的活动： ♪ 继续对项目的执行情况进行监控； ♪ 协调内部发布定价决策； ♪ 释放不需要的资源； ♪ 进行经验和教训总结； ♪ 进行 PDT 向 LMT 的移交 PQA 的关键活动： 见开发阶段
财务领域	财务代表	①监控项目核算执行情况。 ②为 PDT 和销售人员发布定价提供支持
开发领域	开发代表、系统工程师、开发组、测试工程师、知识产权代表	①开发代表： ♪ 继续监控和管理研发方面的项目活动； ♪ 提供研发成本数据，支持内部发布定价决策。 ②系统工程师和研发团队监控和管理需求、规格与配置及其变化。 ③研发团队支持早期客户的 Beta 测试，主导交付新产品包早期的销售项目

续表

领域	主要角色	关键活动
服务领域	服务代表及扩展组	①配合研发团队支持早期客户项目。 ②进一步验证前几个阶段设计和制定的服务策略和执行计划
制造领域	制造代表及扩展组	①转批量制造和提升产能,为全面量产做好准备。 ②监控生产过程和管理供求
采购领域	采购代表及扩展组	①继续管理采购项目活动。 ②提供器件成本数据,为内部发布定价决策提供支持。 ③供应商关系管理,包括供应商的表现评估
市场领域	市场代表及扩展组	①执行发布策略与计划。 ②发布产品包定价。 ③渠道备货:按照渠道计划,确保所有确定的渠道都能通过合理的方式获得产品,并保证渠道有充足的库存,达到初步预测的要货量。 ④发布产品包,向公司内部和外部发布产品包信息。 ⑤营销推广产品包、监控销售与客户的状态与反馈。 ⑥进行月度销量预测。 ⑦对销售及渠道进行培训。 ⑧执行早期客户支持活动:Beta 测试和早期销售

4．关键输出

发布阶段的关键输出如表 9-17 所示。

表 9-17　发布阶段的关键输出

输出	提供者	描述
产品包业务计划	PDT	同 P-DCP 的关键输出
概要的项目进度	PDT 经理	同验证阶段
发布信	市场代表	向外部市场发布产品上市的通告
阶段完成书或项目撤销书	产品线 IPMT	发布允许进入下一阶段或项目被撤销的决定

9.4.6　产品一上市就能上量

产品上市是企业重要的活动,但是很多企业对上市前需要的准备工作理解不深刻,要么丢三落四,要么不知道该如何准备,导致产品上市匆忙,不

第 9 章

交付产品包：结构化开发流程，确保产品高效率上市

能达到真正量产的目标。因为上市前的准备工作没有做好，上市后问题很多。

实际上，如果我们从军队准备作战的角度来看，上市工作一点都不神秘。

如果军队要开展大规模军事行动，会提前做哪些事情？军队绝对不会头脑一热就去打仗，如果那样打仗，十有八九会被消灭。军队在开展大规模军事行动之前至少会做以下准备：

（1）提前进行实弹训练和演习；

（2）对作战区的风土、地理和人情进行洞悉；

（3）作战物资及调度运送的充分准备；

（4）为行动制造有利的舆论；

（5）作战计划的详细制订与各军种协同演练；

（6）策反敌人、拉更多的盟友加入；

（7）找到一个有利的借口和时机；

……

如果在开展大规模军事行动前，上述准备没有做好，那么军队大概率会迎来失败。

商场如战场，商业产品在上市前也要做大量的准备工作，如图 9-6 所示。

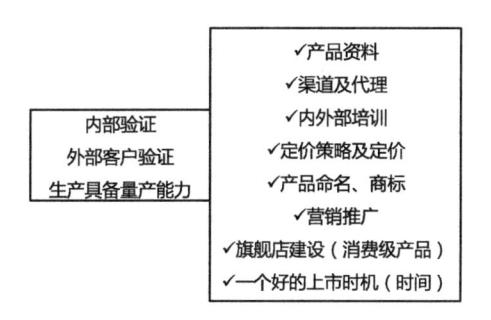

```
┌─────────────┐   ✓产品资料
│             │   ✓渠道及代理
│   内部验证   │   ✓内外部培训
│  外部客户验证 │   ✓定价策略及定价
│生产具备量产能力│  ✓产品命名、商标
│             │   ✓营销推广
└─────────────┘   ✓旗舰店建设（消费级产品）
                  ✓一个好的上市时机（时间）
```

图 9-6 产品上市前的准备工作

因此，是否能够做到产品一上市就能上量，需要回答以下问题。

◇ 产品包内部是否已经全部验证完毕？

- 产品包外部是否已经由实验局客户验证过？
- 上述验证发现的问题是否已经解决？
- 大规模生产制造能力是否具备？量产准备工作是否就绪？
- 用户资料、产品市场资料是否已经准备好？
- 对销售组织和内部相关部门的培训是否完成？
- 渠道及代理商是否已经确定？佣金和激励制度是否已经确定？
- 对渠道代理商的培训是否就绪？他们是否已经准备好大规模销售？
- 产品命名和商标是否确定及申请完成？
- 不同代理、区域和客户的定价策略及定价是否完成？
- 营销推广渠道、策略和方案是否已确定？（各种媒体、线下宣讲、发布会等）
- 对于消费者产品，旗舰店是否已经建设并能立刻使用？
- ……

如果上述问题的答案是否定的，那么产品即便匆匆上市也难以上量！

9.4.7 产品全生命周期管理阶段流程描述

产品全生命周期管理阶段的目的是对产品包发布和上市之后进行大规模销售，完成 IPMT 批准 Charter 立项时的商业目标：收入、利润、质量、竞争力及客户满意度提升，对停止生产、停止销售和停止服务与支持迁移到新版本的活动进行决策和管理，实现产品包的商业变现。

IPMT 定期评审此阶段产品包的市场表现，定期对产品包进行核算及最后决算，对产品包的市场表现进行监控和评估。

1. 范围

（1）始于：PDT 向 LMT 移交。

（2）止于：产品包或者某个版本的生命周期结束。

产品全生命周期管理阶段有 3 个持续进行的重要事件：

第 9 章

交付产品包：结构化开发流程，确保产品高效率上市

♪ 管理营销和销售→停止销售（EOM）；

♪ 管理生产制造→停止生产（EOP）；

♪ 管理服务和支持→停止服务与支持（EOS）。

2. 管理营销和销售及退出（EOM）

该过程有 3 项主要活动。

（1）"管理营销表现"：使产品全生命周期管理阶段的利润和客户满意度达到最高水平，直到向客户提供新产品/新版本，退出本产品包。

（2）"决定并执行停止销售"：包括执行销售计划、监控渠道库存、准备并发布退出通告书。该通告书旨在通知内部人员和客户，产品即将停止销售。此外，还应制订迁移计划。

（3）"关闭内部相关信息"：根据 IPMT 停止销售的指示，关闭本产品包相关的信息数据库。

3. 管理生产制造及退出（EOP）

该过程有 3 项主要活动。

（1）"管理生产并准备停止生产"：其间如何用较低费用达到最佳量产，直至停止销售后终止该产品包的生产，包括监控产品生产，根据关键衡量指标评估销售表现，以及提出如何有效地终止生产的建议。

（2）"执行停止生产"：停止采购、清理库存和全球备件库存平衡等。

（3）"关闭内部相关信息"：根据 IPMT 停止制造的指示，关闭与本产品包相关的信息数据库。

开展这些活动的主要目的如下：①管理生产表现，确保其符合生产承诺和费用标准；②管理采购，降低供应成本；③及时并高效地停止产品包的生产，支持营销迁移计划。

4. 管理服务和支持及退出（EOS）

一般来讲，EOS 是产品全生命周期管理阶段的最后一个主要决策评审

点，在 EOM 和 EOP 之后发生。

该过程有 3 项主要活动。

（1）"管理服务和支持并准备停止服务"：管理硬件、软件和产品的维护，问题解决支持等，最终决定停止该产品包的服务和支持。

（2）"执行停止服务"：告知客户需要升级或换用新产品包。

（3）"关闭内部相关信息"：根据 IPMT 停止服务的指示，关闭与本产品包相关的信息数据库。

开展这些活动的主要目的：管理和监控针对产品包的服务和支持，确保实现服务和支持目标，并确定有效地从市场上退出服务和支持的合适时间。

9.4.8 产品全生命周期管理是产品包变现的持续经营

1. 产品全生命周期管理的重要性

在前面的章节中，我们阐述过产品是有生命周期的，如果类比为人的成长过程，产品全生命周期则相当于从备孕、优生、优育到成长的过程，产品全生命周期管理阶段就如人的优育和成长阶段。如果类比为军队作战，产品全生命周期则相当于军事行动的实际作战和获得作战结果的过程。

产品的更新换代是行业普遍的规律。随着科技的发展，新产品、新技术不断涌现，产品本身具有使用寿命，同时客户不断提出新的需求和更高的要求，旧产品若不能满足市场需求，自然就会被新产品替代。

因此，产品的一个重要特性就是，像人体的细胞一样不断完成新旧交替。产品也随着不断的升级换代给客户带来越来越多的价值，直至因被新产品替代而退出市场。

产品全生命周期管理阶段应该是产品绽放璀璨光芒的阶段，前期的规划（"备孕"）、立项（"优生"）及开发验证到发布上市的过程（"优育"），都是为了能够在产品全生命周期管理阶段实现客户满意及多"打粮食"的

第 9 章
交付产品包：结构化开发流程，确保产品高效率上市

目标（成长和成功）。产品全生命周期管理阶段是产品持续的经营过程，如果没有产品全生命周期管理阶段的持续经营成功，实际上产品就是失败的。图 9-7 所示为产品的全生命周期过程及产品全生命周期管理阶段。

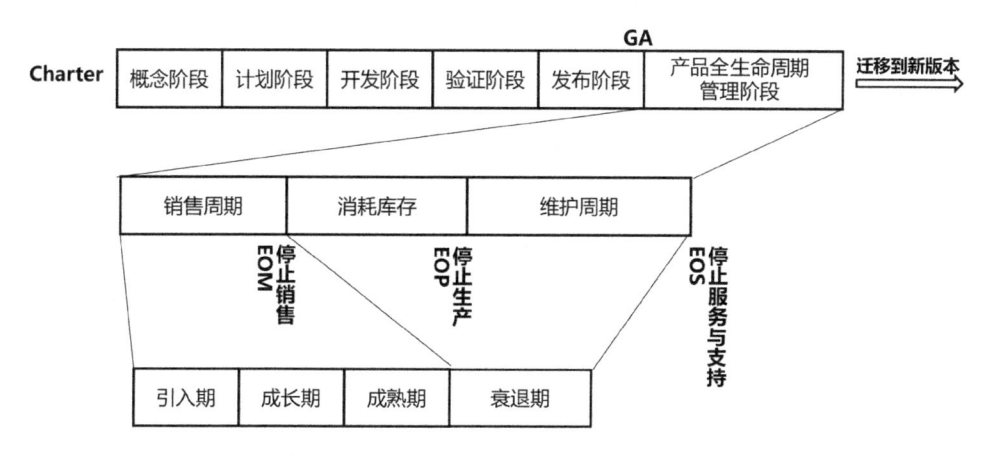

图 9-7　产品的全生命周期过程及产品全生命周期管理阶段

产品全生命周期管理阶段既是产品线经营变现产品包阶段，也是管理新旧产品交替的重要阶段，反映了企业的经营和管理水平。

很多企业还没有真正深刻理解产品全生命周期管理阶段是持续经营、商业变现的阶段，也没有理解其是实战中锻炼团队商业经营能力的阶段。

产品全生命周期管理的本质是做好持续经营。通过管理产品上市后的绩效表现，不断根据市场需求和行业变化来调整产品战略，不断发掘产品上市后的最佳商业变现模式。通过不断优化产品性能和降低成本，使产品全生命周期价值最优，最终使企业的收入、利润和客户满意度达到最佳，完成 Charter 立项时的目标。

徐直军在 2008 年产品生命周期管理研讨会上指出："要把产品生命周期管理从各组织行为上升到公司行为。站在华为行为上，我们应该全面正式开展生命周期管理的工作。"这体现了华为在战略层面对该过程和阶段的高度重视。

2. 产品全生命周期管理阶段的组织设置

按照 IPD 产品线的组织体系，产品全生命周期管理阶段一般由 LMT 负

责。LMT 的组成类似 PDT，也是跨部门角色组成的重量级团队。

PDT 主要负责规划和开发新版本，为了能够完成产品全生命周期管理阶段的职责，LMT 的负责人及核心成员要参与 PDT 开发产品的各个阶段，以便后续能够更好地移交职责、实现产品的顺利过渡。LMT 参与的 PDT 工作如表 9-18 所示。

表 9-18　LMT 参与的 PDT 工作

阶段	主要工作
概念	①LMT 经理评审产品包需求及提供市场需求。 ②LMT 经理评审初步产品包业务计划
计划	①LMT 经理评审最终的产品包业务计划和 P-DCP 汇报材料。 ②LMT 和 PDT 经理合作制订生命周期计划，确定 EOM、EOP 和 EOS 的目标日期，包括何时及在什么条件下将产品从 PDT 移交给 LMT。 ③LMT 营销代表与 PDT 营销代表一起确定新产品的迁移计划、可能的风险及应对措施
开发	①LMT 经理评审开发详细计划。 ②LMT 经理评审向生产和订单履行人员发布的活动
验证	LMT 经理评审 A-DCP 评审材料
发布	LMT 经理与 PDT 一起准备将职责从 PDT 转交给 LMT
产品全生命周期管理	①LMT 评估移交材料（Charter、业务计划、设计和制造方案）。 ②PDT/LMT 准备进行 GA 时间之后的临时 DCP，移交产品管理责任

需要注意的是，虽然 IPD 体系建议由 LMT 负责产品全生命周期管理阶段，但根据笔者的经验，实际上专门成立 LMT 的效果并不理想。一是因为大部分企业的人力资源有限（没有华为那样的人才密度），很难抽出独立的团队负责；二是因为把新产品开发和生命周期维护分开会导致业务的不连续性（因为 LMT 在产品的"优生"和"优育"阶段参与度不够）。在这种情况下，LMT 直接承担产品包成长的职责会有困难。

为了更好地承担对产品的兜底职责，建议企业由 PDT 统一承担 LMT 的职责，更有效地保证产品业务的连续性。当然，如果企业的人力资源足够，也可以分开开展工作，只要保证交接时 LMT 充分参与即可。LMT 组织设置如表 9-19 所示。

第 9 章
交付产品包：结构化开发流程，确保产品高效率上市

表 9-19　LMT 组织设置

团队		职责
IPMT		负责产品全生命周期的投资损益
LMT	①PDT 兼	对于还在不断增加新功能的产品（新产品/量产产品），由相应 PDT 负责该产品全生命周期管理
	②专职 LMT	对于不再增加新功能的产品（维护产品/停止销售产品），可以考虑成立单独的 LMT，让其负责产品全生命周期管理

9.5　商业决策评审：确保投资方向正确及按契约交付

在 9.3 节中已经提到产品开发流程包含 3 条主线，其中一条就是商业线。产品立项时的商业价值和目标是随着产品开发流程而逐渐清晰的，产品开发流程中有概念、计划、可获得性及生命周期终止决策评审。

本书中已经多次强调"产品开发是投资行为"，是 IPD 的首要核心理念。IPD 的投资理念通过按契约交付的承诺文化落地。

产品线 IPMT 作为投资决策机构，在 Charter 立项时，承诺对 PDT 及时投入需要的资源，而 PDT 以任务书和合同的形式，承诺完成 Charter 要求的目标：进度、竞争力、客户满意度、收入、利润等。

为了实现双方承诺的严肃性与权威性，IPMT 与 PDT 在计划决策评审通过后（意味着大规模资源投入）会签订合同，确保双方能够按合同约定行动。IPMT 与 PDT 签订合同、按契约交付如图 9-8 所示。

按契约交付是对 PDT 进行考核的一个主要方面。在 A-DCP 和 GA 时间对合同进行初步评估和验收，包括成本、质量、进度、需求满足率等方面。从 GA 时间之后到产品全生命周期结束前，进行二次评估和验收，完成对收入、利润、客户满意度和产品竞争力等的评估。

集成产品开发 IPD

— 让企业有质量地活着，实现客户价值和商业成功 —

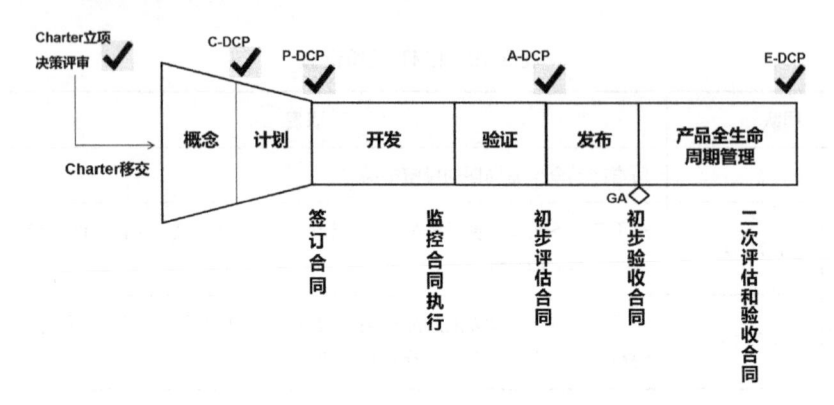

图 9-8 IPMT 与 PDT 签订合同、按契约交付

IPMT（投资人）与执行组织 PDT 签订合同，进行契约式交付，并通过中间过程的 DCP 评审对产品开发流程进行监控，确保合同的方向和结果与 Charter 相符，并在过程中对资源及风险及时进行管控，该增加资源的增加资源、该减少资源的减少资源、该及时止损的及时止损，这深刻体现了 IPD "产品开发是投资行为"的核心理念。

9.5.1 理解产品包业务计划——作战方案

这里有一个非常重要的概念：产品包业务计划。这个概念贯穿产品开发的整个过程。不夸张地说，理解产品包业务计划是理解产品线组织实施商业经营活动的关键。

产品包业务计划在概念决策评审阶段由 PDT 经理主导，由 PDT 所有核心成员共同完成初稿；在计划决策评审阶段确定，后续 PDT 按照该计划朝着目标前进。如果后续需要修改产品包业务计划，则必须提交计划变更请求。

1. 什么是产品包业务计划

如果把企业比作军队，Charter 类似整体的作战计划，偏重可行性分析、关键要求、目标及关键策略，要想实现 Charter 的要求，需要 PDT 在产品开发过程中不断细化和完善产品包业务计划。就如总体作战计划被提出后，各战区必须细化成可以执行的更加详细的作战计划，包括具体的作战目标、作战策略、资源的配置等。

第 9 章

交付产品包：结构化开发流程，确保产品高效率上市

对产品线组织 PDT 来说，产品包业务计划相当于军队详细的作战计划，有助于 PDT 成员协同完成业务目标，涉及路径、策略和具体可采取的行动等。其是 PDT 可执行的作战计划，贯穿从产品立项到产品全生命周期结束。

产品包业务计划包含 9.3 节中提到的 3 条主线的内容，基于 Charter 和 IPMT 的要求，阐述实现目标的要素：团队使命、产品包关键需求、细分市场及客户群体、各职能部门（市场、研发、服务、供应链、质量、财务等）的执行策略、投入产出分析、详细的 WBS1/2/3 级计划、风险分析及应对。有了产品包业务计划，才能使跨部门重量级团队 PDT 的运作真正力出一孔，而不是"脚踩西瓜皮"、各喊各的口号。产品包业务计划——详细的作战方案如图 9-9 所示。

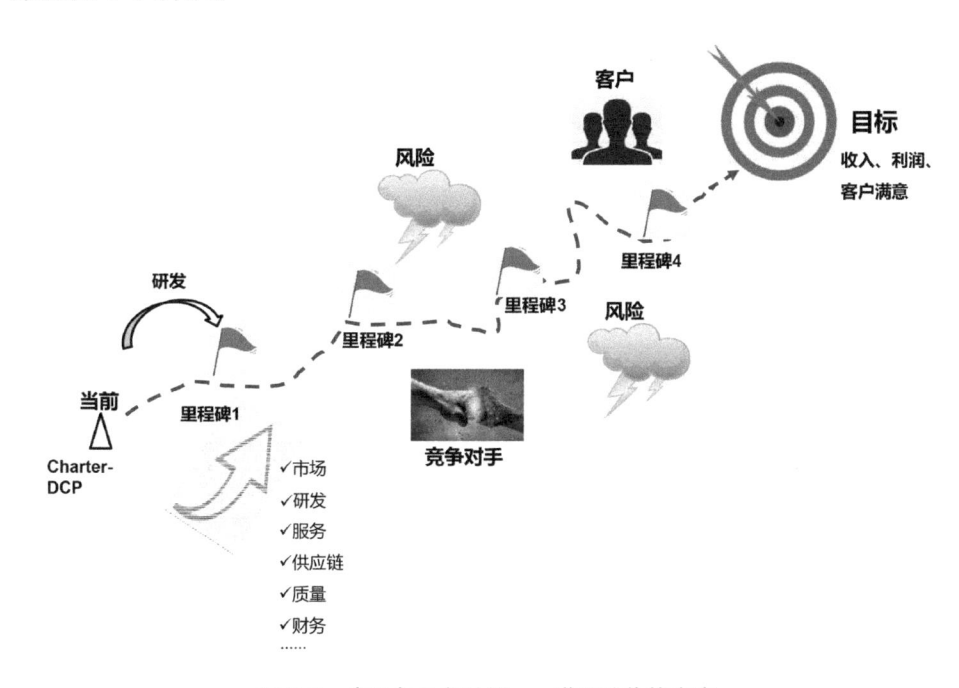

图 9-9 产品包业务计划——详细的作战方案

军队在作战时陆军、海军、空军等军种的计划和行动必须高度协调，不然可能就是在"打乱仗"，获胜机会渺茫。企业经营也是一样的道理。很多没有实施 IPD 或者 IPD 实施不到位的企业的产品开发就好像只有研发部门在单独进行战术层面的作战，即只有技术线，缺乏 9.3 节中 IPD 要求的商业线和协同经营线。这些企业出现这种情况的根本原因是没有产品线组织制订可执行的产品包业务计划，不能指导整个团队协同实现目标。

2. 产品包业务计划的主要内容

PDT 是实现商业目标的战区组织，是"野战部队"，其中 PDT 经理是第一责任人。产品包业务计划能够指导 PDT 实现商业目标，产品包业务计划的主要内容及第一责任人如表 9-20 所示。

表 9-20 产品包业务计划的主要内容及第一责任人

序号	主要内容	第一责任人
1	团队使命：PDT 要确立自己的使命，让成员围绕使命协同作战、上下同欲	PDT 经理
2	产品概要： ①产品简介。 ②市场机遇。 ③产品路标	PDT 经理
3	市场分析及策略： ①市场概述。 ②目标市场（细分市场及客户群体）。 ③市场策略。 ♪ 销售策略。 ♪ 价格策略。 ♪ 竞争策略。 ♪ 生命周期服务策略	市场代表（与 PDT 经理和系统工程师充分沟通）
4	竞争分析	市场代表（与 PDT 经理和系统工程师充分沟通）
5	产品包描述： ①以前版本的主要卖点及市场反馈。 ②当前版本的主要卖点及市场反馈。 ③技术需求、平台及策略	系统工程师
6	市场预测及上市计划： ①销售资源分配计划。 ②生命周期内销售收入目标（按渠道、按行业、按区域等）。 ③按销售渠道的行销与营销计划。 ④每个渠道的行销与营销所需资源	市场代表（与 PDT 经理、财务代表充分沟通）

续表

序号	主要内容	第一责任人
7	各功能领域策略： ①开发策略（开发代表）。 ②服务策略（服务交付代表）。 ③质量计划（PQA）。 ④采购策略（采购代表）。 ⑤制造策略（制造代表）	各功能领域核心代表（与 PDT 经理充分沟通）
8	投入产出分析： ①产品投入（研发及市场投入估算）。 ②销售收入预测。 ③期间费用。 ④收益分析	财务代表（与 PDT 经理、市场代表充分沟通）
9	项目进度及资源需求： ①项目进度概要。 ②WBS1/2/3 级计划（按不同阶段）。 ③每个阶段的人力需求估计（按岗位、级别和人数估计）。 ④PDT 成员建议	PDT 经理
10	主要风险及应对措施	PDT 经理

产品包业务计划也包括 IPMT 各 DCP 评审的主要内容，IPMT 将其作为决策评审的依据。

9.5.2 各 DCP 评审的主要内容及关注点

产品全生命周期过程中的各 DCP 评审（Charter-DCP、C-DCP、P-DCP、A-DCP、E-DCP），确保了 IPMT 在产品开发逐步走向成熟的过程中商业方向的正确性，让投资更加安全。

开发出 Charter 之后各 DCP 评审的主要内容及关注点是什么呢？

PDT 准备的应对各 DCP 评审的材料是产品包业务计划的执行摘要，IPMT 在进行 DCP 评审时主要评审 PDT 产品包业务计划的执行情况、存在的问题及下一步行动计划，IPMT 据此进行决策。

随着产品开发的持续深入，商业路径逐渐变得清晰，产品包需求及技术方案逐渐成熟，由于 PDT 在各个阶段对产品包业务计划的执行情况不同，因此 IPMT 在各 DCP 阶段的评审关注点也不同。表 9-21 所示为 IPMT 在各 DCP 阶段的评审关注点。

表 9-21　IPMT 在各 DCP 阶段的评审关注点

阶段	评审关注点
概念决策评审点 （C-DCP）	核心：产品概念能否满足 Charter 的要求？ ①与 Charter 立项时的市场需求及趋势相比是否有重大变化？ ②产品概念是否有竞争力？能否满足客户群体的要求？ ③投入产出和 Charter 立项时有什么区别？ ④系统需求是否完备？技术评审 TR1 的评审结论如何？ ⑤主要风险是否识别并提前制定出应对措施？ ⑥产品包业务计划各领域的策略是否已经准备好？ ⑦到 GA 时间的计划及人力估算情况如何
计划决策评审点 （P-DCP）	核心：产品包业务计划是否已经明确、能够保证后续开发的进行；商业路径清晰、技术方案明确、协同计划及人力资源确定。 ①产品包是否满足市场需求及趋势？ ②投入产出如何？ ③技术评审 TR2、TR3 的评审结论如何？有无重大技术风险？ ④可执行的产品包业务计划是否已经完成且清晰？（从 P-DCP 到产品全生命周期的 WBS1/2/3 级计划，产品包各领域实施策略） ⑤所需的人力资源是否清晰？ ⑥主要风险是否识别并提前制定出应对措施
可获得性决策评审点（A-DCP）	核心：是否可以大规模发货？ ①产品包是否符合市场发展趋势？ ②技术评审 TR4/4A、TR5、TR6 的评审结论如何？有无重大技术风险？ ③内部测试问题及实验局客户的反馈、问题解决如何？ ④生产制造部门是否具备大规模生产能力？ ⑤产品包定价策略是否完成？ ⑥产品名称及 Logo 是否确定？ ⑦内外部产品资料是否完成？ ⑧内外部培训是否结束？ ⑨渠道及经销商是否落实到位？ ⑩营销推广计划是否准备好？ ⑪客户现场迁移升级计划是否准备好？ ⑫售后及服务策略是否已经明确？ ⑬主要风险是否识别并制定出应对措施

第 9 章
交付产品包：结构化开发流程，确保产品高效率上市

续表

阶段	评审关注点
生命周期终止决策评审点（E-DCP）	核心：是否实现了商业目标？收入、利润及客户满意度如何？是否可以迁移到新版本？ ①在产品生命周期阶段，是否获得了理想的收入、利润及客户满意度？ ②有哪些经验和教训？ ③新版本是否已经准备就绪并确定了升级计划？ ④旧版本的问题是否已经有了解决方案？ ⑤库存、"呆死料"等的损失是否已经降到最低？ ⑥停止销售、停止生产、停止服务的策略和计划是否明确

9.6 技术评审：产品质量的保证

谈到技术评审，很多人既熟悉又陌生。说熟悉，是因为大部分企业都有技术评审的过程；说陌生，是因为很多企业的技术评审像走过场，为了评审而评审，效果不佳。

在产品开发流程中，技术评审是核心动作，是重要的质量控制手段，越早在产品开发时发现缺陷，越能更好地帮助企业优化技术方案的设计，保证在产品开发流程中正确地做事，并且越能有效地减少资源浪费和有效地控制研发成本、缩短开发时间。技术评审是产品开发流程及结果质量的重要保障，反映了需求和技术方案逐步变得清晰与成熟的业务本质。

TR 和 DCP 评审的关系是，只有相应的 TR 通过后，才可进行对应的 DCP 评审。比如，只有技术评审 TR1 通过后，才可进行 C-DCP 评审。PDT 必须把技术评审结论，包括存在的问题、风险、影响程度及改进计划写入报告中，供 IPMT 决策时参考。

9.6.1 很多企业技术评审存在的问题

很多企业虽然有技术评审，但效果往往不尽如人意，很多人觉得是在浪

费时间。我们发现这一结果主要是由以下原因造成的。

（1）很多企业的技术评审都是临时发起的，缺乏系统的体系：既没有全面的评审计划，评审专家也是临时邀请的，专业度大打折扣。

（2）很多企业在进行技术评审时，没有让评审专家提前审核相关材料，直到会议前甚至到评审会议上评审专家才看到相关材料，短时间内达不到充分认识。

（3）缺乏评审要素指导，只能靠评审专家的个人经验，往往导致重要问题遗漏、评审不全面，这样下次仍然会出现问题。

（4）不真正重视技术评审，仅仅当成临时性工作，随意进行评审，不对结果负责。

（5）没有建立起持续成长的评审专家团队和不断丰富的资源池，包括企业内部与外部。评审专家往往临时被邀请过来，没有把专业技术能力持续建立在组织上，每次评审的效果都靠运气。

（6）评审专家的评审意见没有和绩效挂钩，导致评审专家并不真正重视技术评审，提出的建议是否具有专业性、是否有效往往取决于评审专家是否认真，评审专家没有动力和压力提升评审质量。

（7）评审后没有形成闭环，评审专家提出的问题没有指定责任人确认和解决，问题解决与否取决于团队的责任心与业务能力，没有形成持续改进的机制。

9.6.2　各技术评审点阶段的评审关注点

技术评审反映了产品开发技术不断成熟的过程，每个技术评审点都有各自的侧重内容，包括从需求到实现再到测试（从模块到系统）。各技术评审点阶段的评审关注点如表 9-22 所示。

第 9 章

交付产品包：结构化开发流程，确保产品高效率上市

表 9-22 各技术评审点阶段的评审关注点

评审点	关注点	阶段	评审人员	主要评审内容
TR1	产品需求、产品概念评审	概念阶段	PDT 经理、PDT 职能部门代表、系统工程师、各领域技术专家、PQA	产品包需求的完备性（功能属性、非功能属性等）
TR2	产品总体设计方案、设计规格	计划阶段	PDT 职能部门代表、系统工程师、各领域技术专家、PQA	♪ 上一次技术评审遗留问题解决跟踪表。 ♪ 产品总体设计方案。 ♪ 需求跟踪
TR3	各模块概要设计评审	计划阶段	系统工程师、各领域技术专家、PQA	♪ 上一次技术评审遗留问题解决跟踪表。 ♪ 各子系统/关键模块概要设计。 ♪ 需求跟踪
TR4	各模块实现结果评审	开发阶段	系统工程师、模块设计工程师、各领域技术专家、PQA	规格已经被验证符合方案设计 ♪ 上一次技术评审遗留问题解决跟踪表。 ♪ 各模块详细设计。 ♪ 各模块测试报告。 ♪ 样机 BOM。 ♪ 需求跟踪
TR4A	工程样机评审（SDV）	开发阶段	系统工程师、各领域技术专家、PQA	系统级功能完成测试，完成部分性能测试，其他非功能特性测试尚未开始 ♪ 上一次技术评审遗留问题解决跟踪表。 ♪ 工程样机测试报告。 ♪ 系统设计 BOM。 ♪ 需求跟踪

续表

评审点	关注点	阶段	评审人员	主要评审内容
TR5	初始产品评审（SIT）：评估初始产品的质量	开发阶段	PDT 经理、PDT 职能部门代表、系统工程师、各领域技术专家、PQA	完成系统级的功能、性能内部测试，尚未进行标准要求的认证测试和外部客户测试 ♪ 上一次技术评审遗留问题解决跟踪表。 ♪ 测试报告。 ♪ 制造系统验证报告。 ♪ 初始制造 BOM。 ♪ 需求跟踪
TR6	量产转产能力评审（SVT）：确保产品的制造能力能够支持目标市场范围内大规模发货	验证阶段	PDT 经理、PDT 职能部门代表、系统工程师、各领域技术专家、PQA	生产由试制转向制造部门，大规模生产和发货条件具备 ♪ 上一次技术评审遗留问题解决跟踪表。 ♪ Beta 测试、外部认证测试。 ♪ 试产验证测试报告。 ♪ 制造系统验证测试报告。 ♪ 制造 BOM。 ♪ 需求跟踪

技术评审的结论有以下 3 种。

（1）评审通过（Go）："无须修改"或"需要轻微修改但不必再审核"。

（2）带风险通过（Go with Risk）：需要进行少量修改，之后通过审核即可，不用再召开评审会议。

（3）未通过（Redirect）：需要进行比较大的修改，必须重新评审。

9.6.3 评审要素

为了让每次的技术评审更高效，IPD 为每个阶段的技术评审提供了可参考的评审要素，以帮助技术评审准备者及评审专家快速进入角色，提升评审效率。这些评审要素是前人经验的总结和提炼，企业应该在不断的技术评审中持续积累评审要素，让经验传递下去。

第 9 章

交付产品包：结构化开发流程，确保产品高效率上市

TR2 是进行大规模资源投入 P-DCP 评审前的技术评审，类似军队开展大规模军事行动其作战计划被批准前：准备情况的成熟度评估（在军事行动中就是评估战斗力、武器装备、各军种的协同性等）是技术总体方案和系统规格评审的重要内容，对后续的产品开发极其重要。

表 9-23 所示为以 TR2 为例的评审要素。

表 9-23 以 TR2 为例的评审要素

分类	评审要素
架构与系统设计	系统架构是否设计完毕（划分好所有子系统及完成子系统间接口定义）
	所有设计需求是否都已经分配到所设计的子系统，确保产品包需求到设计需求再到子系统的映射
	硬件和软件的集成方案是否已制定好
技术方案选择	所有影响产品竞争力的关键技术（算法、结构工艺等）是否已经识别并有解决方案？能否满足开发实现的要求
	硬件是否可以用已有的芯片技术来实现，或者该技术的成熟度能否满足开发和交付的需要
	是否已经确定产品的标准和规范
	是否对关键技术方案提供商进行了深入分析（包括产品选用的技术、平台、关键物料等）
软件设计	是否考虑支持第三方开发
	是否考虑版本升级时不同模块之间的互通性和兼容性？升级的软件是否支持已有产品的硬件升级
	软件界面是否易用？海外版本的操作界面是否符合当地用户的习惯
可复用性设计	是否对先前开发类似产品所积累的经验进行了分析
	是否对可复用的模块进行了分析（软件 CBB、器件、模组、接口等），并考虑用到新产品中
DFX 设计	是否确定了产品和模块的可靠性规格与基线（包括系统可靠性、环境等）？例如，可测试性需求基线，可维护性基线，可制造、可装配基线
标准及专利	是否考虑遵循和充分利用已有的标准
	是否挖掘了新产品的相关专利
	对暂不适合独立开发的部件，是否考虑合作或外包

续表

分类	评审要素
关键物料和成本	供应商/物料选择计划是否已经确定
	是否考虑了优化设计（器件兼容性设计、多家选型等）
	是否对关键器件成本进行了分析并有可行的措施和执行计划
	供应商是否是主流供应商？市场地位如何？有哪些关键风险（技术、竞争及供货）
	是否明确了重点降成本对象
	是否对未经认证的潜在供应商启动认证
	是否有相似的器件在其他机型上使用

上述以 TR2 为例的评审要素，需要在持续的产品评审中完善和丰富，以让后来者充分借鉴前人的经验和成果，提升评审效率。

9.6.4 技术评审的基本流程

技术评审是一个系统工程，用于评估风险，检查计划和目标的达成情况，并提出改进意见。

技术评审应建立在可持续的流程及可靠的组织上。

图 9-10 所示为技术评审的基本流程。

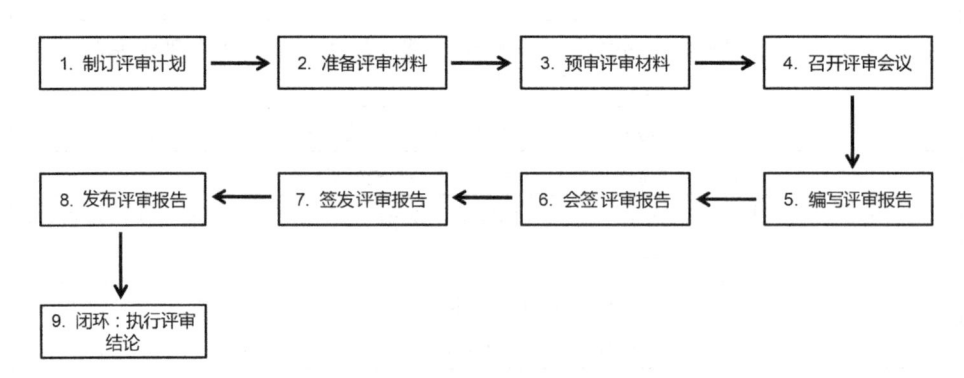

图 9-10　技术评审的基本流程

技术评审分为会前、会中、会后 3 个阶段。

图 9-10 中的 1、2、3 是会前准备工作；4 是会中工作；5、6、7、8、9

第 9 章
交付产品包：结构化开发流程，确保产品高效率上市

是会后工作。可以看出，技术评审的大部分工作在会前和会后，召开会议只是验证结果。但现实中，很多企业只是召开评审会议，会前没有充分准备，会后没有闭环总结，这怎么可能有效果呢？

不要小看技术评审，要想获得理想的效果，必须踏踏实实地做好每个动作，你想随随便便就获得比别人好的效果，那不现实。要想有理想的结果，就得有专业的动作。

1. 制订评审计划

评审计划应该在概念阶段制订产品包业务计划时就完成。评审计划由 PQA 和 PDT 经理共同制订，并作为产品包业务计划的质量计划的内容。评审计划要随着后续阶段开发计划的更新而更新。相关人员要对评审计划进行严格监控，提前做好时间安排，并建设好专业的团队。评审计划如表 9-24 所示。

表 9-24 评审计划

时间	关键活动	说明
第-7 天	制订评审计划	根据产品包业务计划中的质量计划，提前制订本次技术评审详细的执行计划
第-3 天	准备评审材料	系统工程师或汇报者准备好评审材料并根据清单先做好自检，确定没有重大问题后提交给 PQA，由 PQA 审核通过后发送评审会议通知，同时将评审材料分发给所有评审专家。 由 PQA 及系统工程师推荐评审主审人和评审专家成员，主审人负责对分歧较大的意见进行裁决
第-2 天	预审评审材料	必备动作，杜绝不提前预审评审材料就参加会议。 评审专家对评审材料提前审核并提出预审意见。项目组成员应与评审专家就评审意见进行深入的交流，解答评审专家的预审问题，确保评审专家充分理解评审材料。对于疑问或争议，尽量在正式评审会议前解决，尽量达成一致意见，不能达成一致意见的到会议上决策
评审当天	召开评审会议	①系统工程师主持评审会议，PQA 组织评审专家参加。 ②系统工程师/汇报者介绍评审材料。 ③评审专家提出问题（包括预审未达成一致意见的问题和新的问题），项目组成员做出解答。 ④系统工程师/汇报者总结并汇总意见，对评审意见给出答复

续表

时间	关键活动	说明
第+1天	编写评审报告	系统工程师编写技术评审报告的技术部分，PQA编写技术评审报告的过程部分。系统工程师落实评审中发现的问题，并给出对策、责任人和进度要求等
第+2天	会签评审报告	PQA将技术评审报告提交给PDT经理审核批准，然后组织评审专家会签
第+3天	发布评审报告	PQA将会签后的技术评审报告提交给质量部发布

PQA是TR1至TR6评审计划的责任人，负责制订和跟踪技术评审计划。在执行上，PQA应与系统工程师充分协商后再制订评审计划。

在每次技术评审启动前，由PQA制订本次技术评审的详细执行计划，包括但不限于下发通知时间、提交材料时间、自检时间、评审会议召开时间、评审报告输出时间、遗留问题跟踪时间等。

原则上，PQA至少要在正式评审前一周确定评审计划，以便让评审专家团队做好准备，让评审真正发挥作用，而不是匆匆忙忙走过场。

制订好评审计划并严格执行到位，是技术评审有效的重要手段。很多企业在进行技术评审时，缺乏严谨的评审计划，这样临时抱佛脚，往往疏漏百出，自然效果不好。

2. 准备评审材料

系统工程师提前准备好评审材料，主要描述当前技术评审的准备情况，包括进展、结果及遗留问题和风险，提交给PQA审核，如果达到要求，则由PQA提前发给与会的评审专家进行会前预审。

3. 预审评审材料

与会的评审专家务必预审评审材料，对重大分歧提前和系统工程师或者汇报者进行沟通，力求对重大分歧在评审会议前达成一致意见，如果无法达成一致意见，则可以在评审会议上讨论裁决。PQA有权不让不进行评审材料预审的评审专家参加评审会议，并将此事作为关键事件告知其主管，而且可

第 9 章
交付产品包：结构化开发流程，确保产品高效率上市

以取消长期不进行评审材料预审的评审专家的评审资格。

4．召开评审会议

高效的评审会议应该基于会前评审专家对评审材料的仔细预审和提前沟通。

在召开评审会议时，应注意以下几个方面。

（1）PQA 应控制会议规模，与会者不要太多，优先让利益相关者参加。

（2）评审要有重点，避免漫议，尤其避免陷入讨论技术实现的细节中。

（3）评审应主要围绕预审中发现的不符合项或者新发现的问题进行。

5．编写评审报告

系统工程师和 PQA 共同完成评审报告（系统工程师负责技术评审问题及结论，PQA 负责过程规范及质量度量）。PDT 经理根据评审结论，给出代表 PDT 的评审结论。

6．会签评审报告

PQA 将评审报告发给 PDT 核心组成员进行会签，会签通过后形成评审报告（终稿）。

7．签发评审报告

评审报告会签通过后，PDT 应提交给质量部门签发，这代表质量部门对评审结论的认可，而且要进行归档。

8．发布评审报告

签发评审报告之后，PDT 经理向 IPMT、PDT 核心组成员发布。同时，PQA 向企业范围或产品线范围内的利益相关部门发送评审结论通知书，发送范围具体由 PDT 确定。

9. 闭环：执行评审结论

对于评审报告中提到的所有问题，PQA 必须逐一确定责任人，并将这些问题录入问题管理系统中，以便以后对这些问题的解决情况进行跟踪。

9.6.5 各角色在技术评审过程中的职责说明

在技术评审过程中，有各种角色，他们承担不同的职责，共同高效完成技术评审。技术评审主要角色的关键职责如表 9-25 所示。

表 9-25 技术评审主要角色的关键职责

角色	关键职责
系统工程师	系统工程师在技术评审过程中扮演技术指导者的角色，主要工作如下。 ①会前。 ♪ 输入评审材料。 ♪ 参与技术评审要素评估。 ♪ 完成技术评审报告中产品技术成熟度评估部分内容。 ②会中。 ♪ 在技术评审会议上主持技术讨论。 ♪ 对技术评审会议上的争议进行解决。 ♪ 给出技术评审后续活动建议。 ③会后。 ♪ 根据技术评审会议上的意见，完成技术评审报告的技术部分。 ♪ 受 PDT 经理委托协助编写 PCR
PQA	作为技术评审过程管理者，PQA 对技术评审过程相关活动负责，从质量控制角度确保技术评审的高效，负责技术评审过程管理。 ①组织进行技术评审要素自检。 ②技术评审过程规范性评估。 ③在评审报告中给出对评审过程质量的评估。 ④主导评审报告的会签、签发和通知。 ⑤负责技术评审会议组织、邀请、过程引导和后续事务跟踪，包括引导技术评审要素裁减，以及对技术评审进行过程改进、评审问题解决情况跟踪等

第 9 章
交付产品包：结构化开发流程，确保产品高效率上市

续表

角色	关键职责
评审专家	评审专家大多是来自本产品线或者各领域的技术专家，能够帮助项目组发现产品开发过程中技术方面的问题。要实施主审专家制，与系统工程师一起负责对重大争议进行调和、裁决。评审专家对自己的评审意见负责。 ①会前。 ♪ 参加评审要素评估（自检），阅读相关评审材料，提前给出意见。 ♪ 就重大问题和汇报者及系统工程师沟通，争取达成一致意见。如果不能达成一致意见，则充分表达观点并在会议上公开讨论。 ②会中。 参加评审会议，并根据所在专业领域的实践经验发表意见。 ③会后。 受 PQA 和 PDT 的邀请，参加技术评审后续方案改进活动
PDT 经理	①作为技术评审的利益强相关者，PDT 经理根据项目进度和方向，以及技术评审报告中提供的信息进行如下决策。 Go—技术评审已经完成，可以继续项目后续活动。 Go with Risk—技术评审已经完成，但需要明确改进活动，并指派责任人进行改进。 Redirect—制订改进计划，如果和产品包业务计划相比改变较大，则需要将 PCR 提交给 IPMT，分析业务的影响并协助 IPMT 做出有效的决策和提出建议。 ②监督改进计划的执行。PDT 经理并非必须参加技术评审，但建议 PDT 经理参加早期（如 TR1）和产品上市前（如 TR5、TR6）的技术评审会议，了解产品的需求和规格，听取意见和参与讨论，以便高效地进行决策。 ③PDT 经理对技术评审结论有 PDT 层面的最终决定权。 ④技术评审报告通过质量部门的审核后，授权 PQA 将技术评审报告（包含改进计划）发送给 PDT 以外的利益相关者
PDT 核心代表	①他们是技术评审的领域专家，代表各自领域的专业技能，在技术评审过程中代表其所在功能领域提出专业意见并承担责任。 ②负责在功能领域评审要素表上填写意见，并确保其所在功能领域问题的解决。 ③其参与过程职责同评审专家。 ④技术评审后及时会签评审报告

9.6.6 技术评审报告模板说明

技术评审最关键的输出是技术评审报告，它集中体现了评审问题、评审结论、会签，以及关键问题和交流记录，也是产品持续改进的重要参考文件。

表 9-26 至表 9-33 是技术评审报告模板，共 6 个部分。

集成产品开发 IPD

— 让企业有质量地活着，实现客户价值和商业成功 —

第一部分：项目信息及技术评审参与者

表 9-26　技术评审报告第一部分（示例）

产品名称及版本			
技术评审阶段	☐ TR1　　☐ TR2　　☐ TR3　 ☐ TR4　　☐ TR4A　☐ TR5　　☐ TR6		
评审时间	自　年　月　日　时至　年　月　日　时		
技术评审参与者			
类别	姓名	所属部门	职位
主持人（一般是系统工程师或者PQA）			
主审人			
评审专家			
其他参加人员			
记录员			

第二部分：问题及改进建议

表 9-27　测试和评审发现的问题及解决方案

序号	问题描述	问题分类（设计方案、需求和规格、DFX、专利等）	严重性（非常严重、严重、一般）	解决方案	完成时间	责任人
1						
2						
……						

表 9-28　本次测试和评审的遗留问题（本次尚不能解决）

序号	重大遗留问题描述	问题级别（致命、严重、一般）	问题影响分析及评估
1			
2			
……			

第 9 章

交付产品包：结构化开发流程，确保产品高效率上市

表 9-29 本阶段风险（后续可能发生且有影响）

序号	风险概述	发生概率（高、中、低）	影响程度（大、中、小）	风险的影响描述	风险应对措施及计划	责任人
1						
2						
……						

第三部分：评审结论

表 9-30 技术评审结论

评审结论	□评审通过："无须修改"或"需要轻微修改但不必再审核"。 □带风险通过：需要进行少量修改，之后通过审核即可，不用再召开评审会议。 □未通过：需要进行比较大的修改，必须重新评审			
评审负责人签字（系统工程师或PDT经理）		日期		年　月　日

第四部分：评审过程的规范性

PQA 从过程的规范性角度评估此次评审是否可以通过，是否需要重新发起。用文字简要描述过程执行情况、过程不符合项，主要包括以下方面。

- ♪ PQA 要确认所有 PDT 核心组成员（或其授权人）及指定的评审专家是否都参加了本次评审会议。如果有成员没有参加评审会议，PQA 应该在此处进行记录，并报给业务主管部门和质量部门。
- ♪ 是否与图 9-10 相符。
- ♪ 整个评审过程是否符合企业信息安全规范，如保密文档的查阅和使用是否遵守《信息保密管理规定》。

表 9-31 本次技术评审度量指标

度量指标	数值
评审周期（天）	
评审周期偏差（%）	
评审投入（人时）	
上一次技术评审遗留的问题数量（个）	
评审总体合规度（%）	

第五部分：PDT 核心组成员会签记录

表 9-32　技术评审 PDT 核心组成员会签表

角色	签名	会签意见（只能一种）
PDT 经理		
开发代表		
测试经理		
制造代表		
采购代表		
市场代表		
技术支援代表		
结构开发组长		
系统工程师		
PQA		

（1）会签记录是表明会签人员真实意见的唯一依据。会签人员要对会签意见承担相应责任。

（2）会签人员不需要对报告中 PQA 的评审结论发表意见。

（3）需参加会签的人员名单由 PDT 经理确定，PDT 经理可根据需要对表 9-32 中的角色进行增补。

第六部分：企业质量部门签发记录

表 9-33　企业质量部门的意见

结论	□同意签发		□不同意签发
结论陈述			
签发人		签发日期	

（1）企业质量部门根据评审报告内容，给出是否同意签发的结论。

（2）对于不同意签发的情况，要给出原因和建议。

（3）企业质量部门在给出签发意见时，要关注以下两点。

♪ 本次评审质量目标的达成情况及 PDT 经理给出的评审结论是否合理？

第 9 章
交付产品包：结构化开发流程，确保产品高效率上市

♪ 评审过程是否规范？PQA 的评审报告内容是否清晰？

（4）若 PDT 不认同企业质量部门的意见，可由 IPMT 进行裁决。

9.6.7 技术评审的闭环，确保评审效果

很多企业技术评审效果差的一个重要原因是没有遵循质量管理原则：闭环。在技术评审中，要求严格进行闭环管理，具体包括两个方面的闭环。

（1）问题解决的闭环。对于技术评审发现的问题（评审报告中的第二部分），PQA 要严格跟踪是否解决，对不能按计划解决的要持续跟踪，直至移交给 PDT 经理、IPMT 和企业质量部门。

（2）责任闭环。评审专家的态度和评审意见的专业度要作为日常考核的重要输入，对于不负责的评审专家要追责，虽然在给评审专家施加压力，但这样能促使他们在专业领域快速成长。

9.6.8 技术评审的裁剪

IPD 流程有着较强的灵活性，企业可以根据自身业务的特点，对产品开发流程的技术评审进行灵活裁剪。

裁剪有以下两种情况。

（1）删除：根据产品的复杂度、市场及质量要求，各技术评审点的评审要素可适当删除。但技术评审点不允许删除，只可以合并。

（2）合并：指多个技术评审点被合并为一个技术评审点（如将 TR4、TR4A、TR5 合并），相应的技术评审要素也要合并到一起。

但技术评审的裁剪不是随意的，技术评审点及技术评审要素的裁剪，需要遵循以下基本原则。

（1）技术评审点（TR1 至 TR6）的裁剪不能影响项目目标的达成。比如，技术评审点裁剪后不能导致技术评审要素缺失，进而影响产品质量。

（2）在裁剪时，需要获得受影响部门或项目组的认同（PDT 经理、PQA

及涉及裁剪内容的部门）。

（3）技术评审点的裁剪应与流程、活动的裁剪相匹配。

（4）技术评审 TR1、TR2、TR3 原则上不允许裁剪。

（5）技术评审点的裁剪只有经过 IPMT 确认才能生效。

（6）技术评审要素的增加或删除必须经过 PQA 确认才能生效。

9.6.9 评审专家团队的持续建设

要想让技术评审持续有价值，应知道评审专家是核心资源和重要影响因素。有了稳定的评审专家团队，技术评审工作才真正有保障。本书已经多次强调"能力要建立在组织上"这一 IPD 的核心理念。企业应有评审专家团队，并且应促使评审专家不断成长。通过技术评审的闭环与不断改进，持续积累相关经验和教训，让产品越来越有竞争力。

9.7 IPD 流程与敏捷开发之融合

"敏捷"具有巨大的作用，其核心是快速迭代和演进。它能比较有效地解决未知领域的问题，符合人类对未知世界探索的主观能动性：是从未知到了解、成熟、完善的过程，是人类探索世界的过程。

这个世界上没有灵丹妙药，我们也很遗憾地看到：很多企业引入了敏捷开发，但结果（指产品质量、成本和竞争力等方面）呢？有点像很多企业实施 IPD，单从局部看，貌似速度确实是快了，但客户期望的高质量、企业期望的低成本并没有实现，总体的研发效率也并没有提升，有的企业的研发效率反而更低了。

其中的原因和实施 IPD 失败的原因类似：喜欢凑热闹和赶时髦，不该敏捷的也敏捷，什么都往敏捷上靠，没有抓住敏捷的核心和精髓，形式上花费了不少力气，如宣称不写文档等，模仿得有模有样（不是说这样做不对，而

第 9 章
交付产品包：结构化开发流程，确保产品高效率上市

是首先得理解和抓住敏捷的本质，不能只停留在操作层面，而忽略敏捷的核心，不然很难真正发挥敏捷的作用）。

9.7.1 了解敏捷的应用场景和含义

"敏捷"是相对传统的瀑布模型而言的。敏捷诞生的主要原因是很多软件的应用场景具有不确定性且软件本身具有复杂性，很难真正一次性把事情做对。从敏捷的诞生来看，敏捷主要应用于两种场景，如图 9-11 所示。

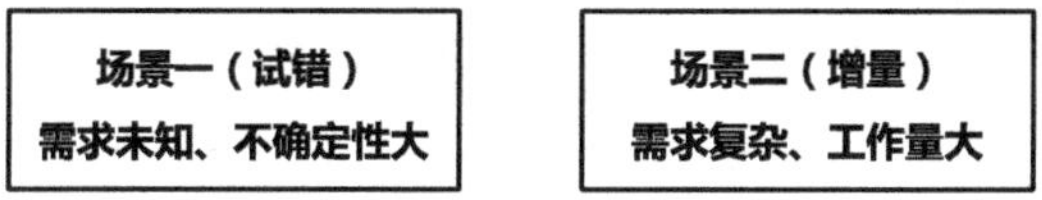

```
┌─────────────────────┐    ┌─────────────────────┐
│   场景一（试错）    │    │   场景二（增量）    │
│ 需求未知、不确定性大│    │  需求复杂、工作量大 │
└─────────────────────┘    └─────────────────────┘
```

图 9-11 敏捷的主要应用场景

1. 场景一（试错）：需求未知、不确定性大

软件要满足的需求和应用的场景变化较快，也就是说，客户需求变化快且未来如何变化无法准确预知，客户和整个产业链上的"玩家"都不清楚，只能走一步看一步、快速试错，也是我们常说的"摸着石头过河"，因此不能像瀑布模型那样确定好一个阶段后再进行下一步，因为下一步确实无法确定。

这个场景又有两种子场景，这两种子场景需要仔细甄别，然后采取正确的开发方式。

（1）子场景一：确实变化快，具有不确定性。

在新兴行业中，这样的场景很多。比如，在 30 多年前，没人（包括价值链上的用户、供应商、专家、企业家等）能准确预测互联网下一步会发展成什么样子，更别提用软件来描述和预测了。这种场景适合敏捷开发，边试错、边纠正，快速前进。实际上，互联网的发展也确实如此，整个行业都是在不断试错中逐步找到正确的方向的。

（2）子场景二：伪不确定性。

这种场景和子场景一表面上看类似，但实际上差异很大。这种场景表面上看起来或者可能你自己觉得是不确定的、难以预料的，但实际上并非如此。你觉得具有不确定性，只是因为你自己的认知有限，你对这种场景的需求和应用不了解、不熟悉，缺乏市场洞察与规划能力、需求分析能力。你可能本来应该按照瀑布模型一步一个脚印地稳步前进、确保质量，但你非快速迭代，导致做了大量无用的工作，反复修改，造成低质量和高成本。

比如智能手机，可能你不知道智能手机该如何设计，那就敏捷迭代吧，走一步，看一步。实际上呢？市场对智能手机的需求是很确定的，只不过有的用户自己表达不出来。伟大的乔布斯凭借对用户内心深处需求的洞察，深知客户需要，推出了智能手机，颠覆了传统的手机市场。苹果的产品开发参考的是瀑布模型：深入洞察分析，严格设计及测试，某个阶段不达要求不会进入下一个阶段。因此，你如果不知道该如何设计智能手机，不是因为它本身不确定，而是你对用户需求的洞察力不足。

笔者接触过不少企业，它们往往打着敏捷的旗号掩盖方法和能力上的欠缺与不足：不深入分析需求、不仔细设计方案，把大量的时间花费在反复修改上，更有甚者以敏捷开发为借口，认为敏捷开发不需要进行需求分析，不需要进行系统设计，也不需要制订开发计划，只要快速编码交付就行了。但它们的产品表现和结果很差：一直满足不了客户的需求，客户不满意，员工疲于奔命且士气下降，造成产品低质量和高成本。它们为自己不能识别行业发展趋势找借口，为自己不能深刻理解客户需求找借口，为自己缺乏系统工程和软件工程能力找借口。这也是很多企业虽然引入了敏捷开发，但产品质量依然很糟糕、成本依然很高的重要原因。

企业要先明确自身所处的场景，到底是行业发展确实处于不确定性阶段，不得不采取迭代试错的方式，还是因为自身对行业不熟悉认为其处于不确定性阶段（实际上客户需求及场景变化是比较明确的，只是你没有搞清楚罢了）。不同的场景要采取不同的开发方式。

很多企业照搬敏捷，因为它们觉得自己企业的场景属于子场景一。但

第 9 章

交付产品包：结构化开发流程，确保产品高效率上市

实际上，我们接触的大部分企业的场景属于子场景二，真正全新未知的行业并不多，大多已经发展了好多年，客户需求和应用场景实际上是已经比较清楚了。

因此，对很多企业来说，最应该做的是加强对自己所从事行业客户需求的理解及洞察行业趋势的发展变化，做好产品规划，按照 IPD 的要求尽量一次性把事情做对，而不是以敏捷为借口反复做无用功（还记得 IBM 当年对华为的诊断吗？说华为没有时间尽量一次性把事情做对，但有时间反复做同一件事。这恰恰是很多企业的写照）。

假如你承接了一个客户的软件开发项目，然后你说因为客户需求变化快、应用场景不明确而不得不一直采用敏捷试错的开发方式，笔者可以明确地告诉你：这种情况大概率是你没有真正理解客户的需求和应用场景，不能牵引和指导客户造成的。你需要认真学习第 6 章和第 7 章中提到的方法并构建及提升对应能力。

2. 场景二（增量）：需求复杂、工作量大

在很多应用场景中，需求往往十分复杂，再加上客户及供应商对需求和应用场景理解得不到位，导致开发期间也会有新的需求出现，从而造成分析设计和开发工作量巨大（但需求和应用场景实际上是明确的）。面对需求复杂、工作量大的场景，可以进行敏捷开发：先满足客户重要且紧急的需求，一步步交付，采用增量迭代的小步快跑方式。

虽然工作量大，但实际上客户需求和应用场景是明确的，并非不确定。场景一中的子场景二本质上也是场景二。

场景二是敏捷开发的主要应用场景，把庞大的工作量根据优先级划分为多个迭代周期进行增量开发，这样不仅可以减少工作量、降低复杂度，还可以降低犯错的概率。这也是解决复杂问题的基本方法和原则：大事化小，把复杂的问题分解为多个小问题。

实际上，大部分企业的开发面向的都是场景二。华为的通信市场主要面对的也是场景二，因为这个行业已发展了很多年，市场需求及应用场景是比较明确的，主要看谁理解得更深刻、产品做得更好。

9.7.2　IPD 与敏捷的互相融合

世界上不存在能够解决全部问题的方法，传统的敏捷方法有明显的不足：太重视编码和测试的迭代，往往会忽视全局及系统，类似只管低头拉车，看似跑得飞快，但可能前面有好多坑，不得不返回重新跑，甚至直接掉进去。因此，企业只有在有全局规划的前提下才可以真正实现快速奔跑，既要重视编码和测试的迭代，也要重视系统规划与设计，将二者结合起来是更为有效的开发方式。

本质上，IPD 和敏捷开发可以说不是一个维度上的事物。IPD 是关于产品商业成功的逻辑体系，是做产品的生意经。敏捷开发主要是针对产品开发流程（早期主要针对软件开发）而言的。

IPD 也有产品开发流程，另外 IPD 框架有较高的灵活性（可裁剪性），因此 IPD 产品开发流程是可以被其他流程替换的（如敏捷），但不会被替换的是 IPD 的产品投入产出的商业逻辑。二者在开发流程及方法上可以互相借鉴、互相融合。

IPD 产品开发流程更强调过程管控，在严格的过程管控中不断积累能力。实施敏捷对团队能力要求更高，尤其是核心工程能力。而大多数企业在这方面并没有坚实的基础，若这种情况下非要实施敏捷，就像"还没走稳，就想快跑"，结果肯定不会理想。你要想灵活地飞奔（快速迭代），就必须有强大的软件、硬件工程能力支撑，否则盲目地进行敏捷开发结果会更糟糕。一家企业如果有长期实施 IPD 的经验积累，在转向或者融合敏捷开发时效果会更好、见效也更快。因此，把敏捷思想与 IPD 体系融合是非常有价值的开发方式：该严谨时就要严谨，该快速迭代时就要快速迭代。

二者怎样结合才能有好的效果呢？

对于软件产品，无论是哪种应用场景，下列原则应该尽量遵循。

（1）需求尽量是完备和准确的（除非是前文所述的场景一，但即便是场景一，也要在迭代周期内假设一个目标需求，快速迭代验证，而不是漫无目的地奔跑）。

第 9 章
交付产品包：结构化开发流程，确保产品高效率上市

（2）架构和系统设计是软件产品稳定及高质量的根基，无论是哪种应用场景，架构和系统设计都应该先大概确定下来，就如盖高楼，你不能在图纸和地基都没有时就施工，你如果想让房子住得久且防雨、防风，甚至防震，就得打好地基，做好相关设计。

原则上，迭代开发的前提是需求和架构相对完备且稳定。

实际上，IPD 产品开发流程从概念阶段到产品上市，以中间的各个技术评审点为节点，本质上也是一种迭代。只不过 IPD 产品开发流程的迭代只有一个周期，强调每个阶段的严谨性，因此周期较长。在引入敏捷之后，可以把迭代看成高频的 IPD 产品开发流程，每个敏捷迭代周期内也都包含 IPD 产品开发流程强调的分析、设计、开发及验证，并不是说引入敏捷了，就不用做需求分析和架构设计，就不用写文档了。无论采用哪种开发方式，这些保证产品质量的基本动作都不可少。

那么，以 IPD 产品开发流程为基础，该如何进行敏捷迭代呢？

企业应根据应用场景的不同采取不同的迭代方式。

1. 场景一的迭代方式（需求未知、不确定性大的应用）

场景一的迭代方式如图 9-12 所示。

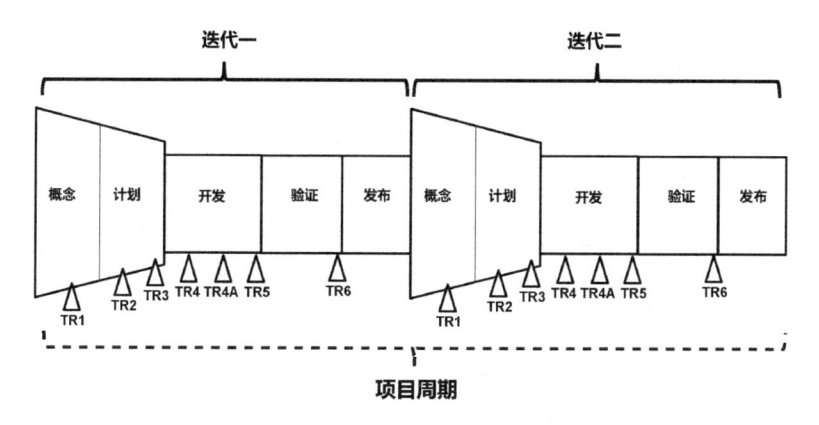

图 9-12 场景一的迭代方式（以两个迭代周期为例）

该迭代方式具有以下特点。

（1）适用于图 9-11 中的场景一，需求未知、不确定性大。

（2）划分为多个迭代周期，把 IPD 产品开发流程从概念到发布的长周期划分为多个重复的高频迭代周期，每个迭代周期交付一个试用版本，快速交付客户进行验证，以弥补 IPD 长周期在应对不确定性方面的不足。

（3）在每个迭代周期内，按照 IPD 流程要求，进行对应阶段的需求分析、架构设计、开发及测试活动。企业可以采用任何软件工程成熟的方法（可以采用敏捷开发，也可以参考 CMM），核心是确保获得良好的结果。企业不能因为是快速迭代开发，就跨过需求分析和架构设计阶段，这两个重要的过程是不可以省掉的，即便每个迭代的目标和需求是假设的，也要按照这个过程执行。

（4）每个迭代的技术评审点可以根据业务实际情况进行裁剪，但每个迭代周期内必须达到技术评审点验收的质量要求。

该迭代实际上是把 IPD 的瀑布模型划分为多个高频迭代的过程，每个迭代都是一个小的 IPD 瀑布，兼容了 IPD 和敏捷的优点，既能快速前进，也能保证质量，能够更好地应对不确定性场景。

2. 场景二的迭代方式（需求复杂、工作量大）

场景二的迭代方式如图 9-13 所示。

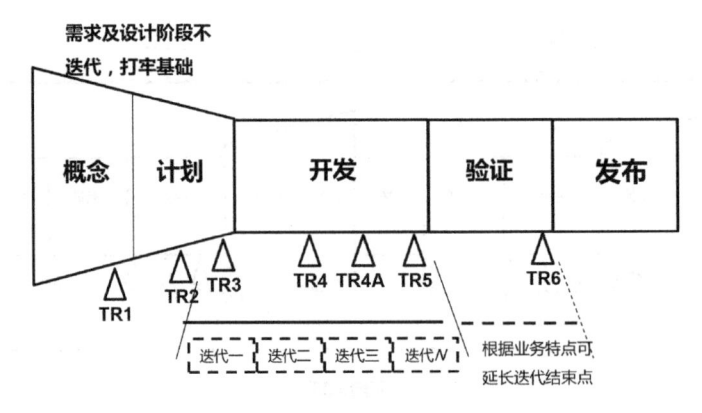

图 9-13　场景二的迭代方式

该迭代方式适用于图 9-11 中的场景二，需求复杂、工作量大，其特点具体如下。

第 9 章
交付产品包：结构化开发流程，确保产品高效率上市

（1）从进入开发阶段之后才开始迭代，之前的需求分析和架构设计原则上不允许迭代（至少需求分析阶段不允许迭代），为了确保需求分析的完备、正确及架构设计的底座牢固，不要把太多问题留到后端，否则会导致产品质量差、成本高。

（2）把从开发到验证阶段之间的开发阶段划分为多个迭代周期（也可以根据业务复杂度及交付紧急情况把迭代范围延长到验证结束），按需求的优先级、工作量进行迭代周期的划分。

（3）迭代周期内的技术评审可以根据业务实际情况进行裁剪，每个迭代周期内都必须满足技术评审的质量要求，只有满足后才能进入下个迭代（同样的技术评审会在各个迭代周期内多次进行）。

（4）当需求迭代完成后进行统一的集成测试和验证。

俗话说："外行看热闹，内行看门道。"很多企业讲起开发方式和模型头头是道，但是产品的价值和质量并不被客户认可，时常陷入追逐各种新名词、新方法中不能自拔，丢掉了取胜的关键要素，无论是瀑布模型还是敏捷开发，核心就是两点，即抓住客户需求及痛点（客户愿意为之买单）、进行对应能力建设，否则看似动作潇洒却没有理想的结果。

企业要想真正获得敏捷开发应有的效果，必须构建相关核心能力，根据应用场景的不同选择合适的开发方式，这样才能减少浪费，实现降低成本和提升质量，以及将产品快速推向市场，让产品真正具有竞争力。若能够抓住业务的本质，遵循一定的原则，企业就可以活得很好，而不是必须去赶时髦。

虽然这部分是按照模块的方式来介绍 IPD 的组成部分的，但这只是站在战术和操作层面来介绍的，目的是让大家更好地理解，能够在实践中更好地应用，这仅是一种手段，千万不要忘记 IPD 的本质是从机会到商业变现。

写书可以一段一段地写，但在实际应用 IPD 时一定要有机地把这些模块从经营和商业逻辑的角度连接起来。

第 3 篇
研发能力与效率：产品竞争力的保障

　　支撑产品竞争力的是研发体系，研发体系的能力是产品竞争力的关键保障，也是 IPD 实施成功和有效的关键。很多企业 IPD 实施效果不佳和研发体系的能力没有建立起来有很大的关系。

　　"板凳要坐十年冷"是对华为研发体系的真实写照，也是对建立华为研发体系必须沉下心来、扎扎实实构建技术能力，坚持"把豆腐磨好"的长期要求。

　　本篇借鉴标杆企业的优秀实践，阐述企业该如何提升研发效率和构建研发能力。

第 10 章

提升研发效率的关键措施

10.1 如何评估研发效率

商业组织并非为了研发而研发，而是为了构建产品竞争力和支持产品取得商业成功而进行研发的，因此任正非在华为引入 IPD 时强调研发人员要转身为工程商人，这就有了研发部门转身为对经营结果负责的商业中心。因此，评估研发效率的关键指标是支持多少产品取得了商业成功，具体可以根据产品收益和人均创造的收益两个财务指标来评估，这是最终且最重要的指标。

但一款产品取得商业成功往往需要很长时间，所以对研发效率的评估除需要最终的财务指标之外，还需要构建产品竞争力的过程指标，企业可通过过程指标（上市速度、竞争力、质量、成本等）预测产品的商业结果。

因此，评估研发效率的指标可分为结果指标和过程指标两大类。评估研发效率如表 10-1 所示，对齐 IPD 的目标要求：多、快、省、强、好。

表 10-1 评估研发效率

产品商业结果	多	销售额、人均销售额、利润
产品开发过程	快	产品上市快
	省	综合成本低
	强	研发能力： ♪ 专利、技术积累 ♪ 专业技术人才队伍及能力增长的管理体系

续表

产品结果度量	好	质量、品牌： ♪ 客户满意 ♪ 性能好且稳定，缺陷少

高研发效率是很多企业的追求，但也是很多企业可望而不可即的。华为在实施 IPD 的过程中摸索出了提升研发效率和能力建设的方法，这些方法有力支撑了华为产品竞争力的持续增强，具体表现在以下几个方面：架构与设计、业务分层、构建和管理产品开发过程基线、技术规划与开发、并行工程、技术评审、IT 工具支撑。

很多企业的产品质量不好、研发效率低，与上述各方面没做好有很大的关系。

10.2　产品的竞争力是设计出来的：架构与设计

在 IPD 的核心理念中，有一条对产品开发特别有指导意义：产品的竞争力（包含结果指标和过程指标：质量、进度和成本）是设计出来的。产品的竞争力并非测试出来的，也不是生产和验证出来的（当然这些过程也有很大的贡献），而是设计出来的。产品的设计过程决定了产品主要的竞争力。

在产品开发过程中，有几个关键环节，如图 10-1 所示。

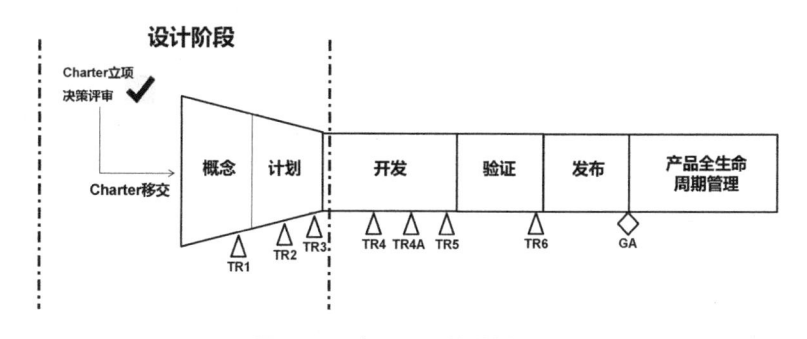

图 10-1　产品开发的关键环节

在产品开发过程中，设计阶段主要包含两部分内容。

集成产品开发 IPD

— 让企业有质量地活着，实现客户价值和商业成功 —

（1）Charter 立项：Charter 是产品设计的开始，决定了产品的定位、方向与核心卖点，对产品设计至关重要。

（2）概念与计划阶段：涉及产品进入开发后的需求分析与技术方案设计。概念阶段主要进行产品的需求分析（完备性与正确性）；计划阶段主要根据需求分析结果进行产品的架构与系统设计，构建产品稳定和高质量的底座。

很多企业的产品之所以竞争力不强、质量差，与这两个阶段的工作没有做到位有很大的关系，甚至有些企业没有进行产品的架构与系统设计，直接就从需求分析进入编码和测试，而且需求分析不准确。这往往导致大量问题出现在后端，到那时各个环节不得不反复修改，令人十分崩溃。

架构与系统设计是华为研发核心的工程能力，是构建产品竞争力的基础。IPD 强调在设计中应构建功能、技术、质量、成本优势及 DFX 优势，这是华为产品与解决方案竞争力的基石，是提升研发效率的关键措施。

（1）全系统设计监控：负责产品设计的全景图，确保架构设计、系统设计、子系统/部件设计之间的一致性，并保证设计方案从全局来看最优。

（2）DFX 落地：把握产品开发各环节 DFX（如可靠性、归一化、可服务性、可安装性、可制造性、可维护性、可采购性、可供应性、可测试性、可修改/可扩展性、成本、安全性、可运输性等）场景和需求，使 DFX 落地，提升产品竞争力和客户满意度。

（3）全生命周期守护架构：确保架构设计在产品全生命周期的落地，包括需求管理，设计的交付、传递与验证，技术冲突的协调和仲裁，设计维护、优化、变更控制等，确保设计落地和持续演进，支撑产品长期发展。

（4）设计团队管理：根据产品项目的需要，组建设计团队，提出团队工作计划和质量要求并监督落实，持续构建团队的设计能力，确保团队高效运作及助力产品竞争力的提升。

以前华为有不少产品和很多企业的一样，会陷入团队通过不断加班来响应客户需求变化的恶性循环。很多团队一直强调由于客户需求太多、变化太快，因此需要频繁加班。但也有不少产品的团队加班并不多，一样能响应客户需求变化。

第 10 章
提升研发效率的关键措施

通过深入分析和对比发现，加班少的团队，其产品往往有以下共性：产品架构设计合理，各模块设计互相不耦合、依赖少，系统可扩展性强。这样的产品自然适应新需求的能力强，在面对需求变化时进行修改也容易且快速。而加班多的团队，其产品往往追求快速交付，架构设计不足甚至没有进行架构设计，最终导致后端要通过不断加班进行修改，并且不能满足客户需求，这就是伪敏捷开发，同时还会陷入恶性循环。因此，企业要想真正从恶性加班中走出来，就必须提高架构与设计的能力。

架构与设计是平台战略的基础，平台与 CBB 的基础也是架构与设计。企业可通过架构与设计活动，持续构建可重用基础平台，极大地缩短开发周期，将产品快速推向市场。产品的架构与设计能力不足，就如同在沙漠里建大楼，建大楼不打地基，倒塌是迟早的事。

10.3 业务分层

10.3.1 业务分层的概念

业务分层是指根据企业的业务类型及价值链关系划分业务层次，它是实施高效业务管理和产品开发的基础。

任何企业在向客户提供产品和服务时，都会处于某个价值链中，而且大部分企业不可能将价值链中所有环节都由自己来完成。因此，明晰自己在价值链中的位置，以便更好地调配和管理资源非常重要。图 10-2 所示为价值链的含义。

在价值链中，我们做什么？
- 器件
- 模组
- 子系统
- 系统
- 解决方案
- 集成与服务
- 专利
- ……

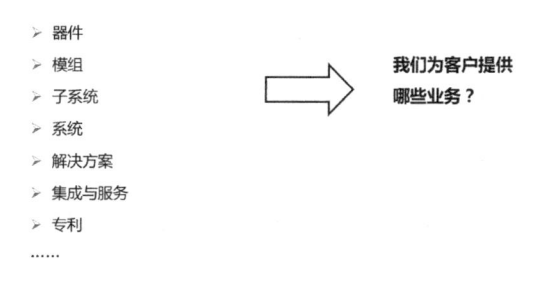

➡ 我们为客户提供哪些业务？

图 10-2　价值链的含义

不同的企业因为业务不同，所以业务分层也会有所不同。图 10-3 所示为华为的业务分层。

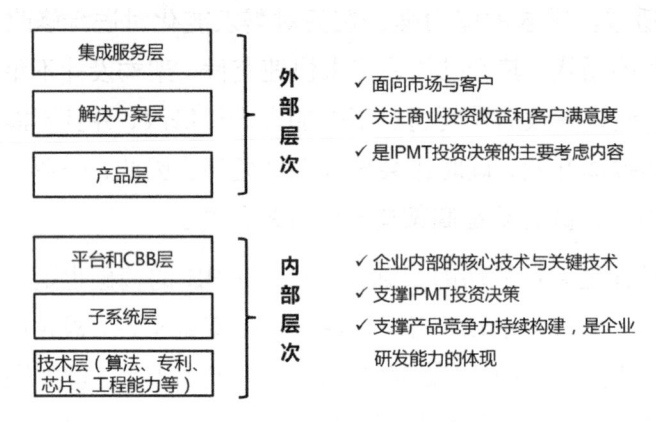

外部层次
- 集成服务层
- 解决方案层
- 产品层

✓ 面向市场与客户
✓ 关注商业投资收益和客户满意度
✓ 是IPMT投资决策的主要考虑内容

内部层次
- 平台和CBB层
- 子系统层
- 技术层（算法、专利、芯片、工程能力等）

✓ 企业内部的核心技术与关键技术
✓ 支撑IPMT投资决策
✓ 支撑产品竞争力持续构建，是企业研发能力的体现

图 10-3 华为的业务分层

华为业务的价值链比较复杂，其中的链条也比较长（长期业务发展和能力积累的结果），大部分企业都不会有这么广的范围。企业明确自己所处价值链的位置，能更好地聚焦资源、进行集中突破。

10.3.2 业务分层的价值

合理的业务分层可以大大提升企业的研发效率，具体体现在以下方面。

1. 实现异步并行开发，大大提升研发效率

业务分层实现异步并行开发如图 10-4 所示。

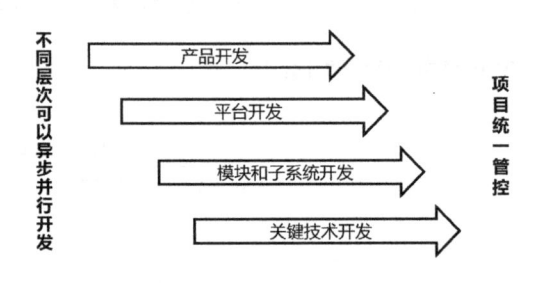

不同层次可以异步并行开发：
- 产品开发
- 平台开发
- 模块和子系统开发
- 关键技术开发

项目统一管控

图 10-4 业务分层实现异步并行开发

企业可以将业务纵向分解为不同的层次，如关键技术层、模块和子系统

层、平台层及产品层等,可以将不同层次的开发任务交由不同的团队,由这些团队采用适合各层次的方法和流程进行开发。良好的架构接口设计,可以减少各层次之间的耦合、制约及互相依赖。即便某层次的工作延迟或者出现问题,也不会对整体的开发进度造成大的影响,从而提高开发效率。

2. 提升架构与设计能力

合理的业务分层可以对业务进行梳理,建立集成服务、解决方案、产品、平台和 CBB、子系统、技术等层次关系,能够加深承担不同层次开发任务的团队对产品内部层次结构、平台功能与接口、子系统功能与接口、产品技术等方面的理解,有助于更好地设计架构(尤其是模块划分及接口解耦),有效地提升架构与设计能力。

3. 为人力资源建设提供支撑

各个层次对应不同的专业能力,因此合理的业务分层有利于根据专业能力建设组织,更好地构建专业能力,实现"战区主战、军种主建"的目标,同时为专业人员的数量优化配置提供支撑,相似的专业能力经过整合,能够减少人员重复、提升效率。为了实现人力资源的合理配置,企业还应识别核心技术、核心人员,优化任职资格和更合理地确定薪酬等级。

10.4　构建和管理产品开发过程基线

前文已提到"产品基线"的概念,IPD 以开发产品的基线版本为目标,并持续对其进行升级和迭代。

产品基线反映的是开发过程中需求和特性基线的演进与迭代。

很多企业在产品开发过程中,版本缺乏基线的概念,管理混乱,随意变更直至无法控制。IPD 通过一个个基线来保证各阶段的需求及版本质量可控。处于开发过程中的产品通过对应的正式评审(DCP 对应着商业业务计划,TR 对应着需求和特性规格),会形成一个基线版本(需求基线或者特性

集成产品开发 IPD
— 让企业有质量地活着，实现客户价值和商业成功 —

基线）。基线版本是相对中间版本而言的，一旦成为基线版本，变更就严格受控：必须有明确的专家评审同意变更，变更过程及结果都要有文档对应，且必须归档，以便后续复盘。

开发过程基线化是保证产品质量的重要手段，是产品开发过程稳定的重要防线。虽然现在敏捷迭代开发成为主流，但并不意味着产品开发过程可以随意更改。实践证明，开发过程中缺乏基线控制、随意更改是产品质量下降的罪魁祸首之一。图10-5所示为构建产品开发过程基线。

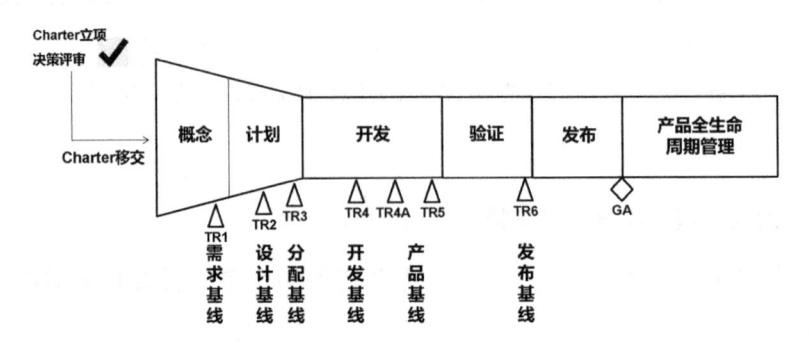

图 10-5 构建产品开发过程基线

产品开发过程基线描述如表10-2所示。

表 10-2 产品开发过程基线描述

基线	描述	对应的TR点
需求基线	产品包和设计需求已经完成定义，产品概念、原理和关键技术已经确定	TR1
设计基线	系统架构和系统设计方案（模块划分、接口、关键技术）已经确定，设计需求已经分解到各个子系统。系统规格形成	TR2
分配基线	最小子系统规格已经确定，能够分小组进行开发	TR3
开发基线	编码完成，已经完成所有最小子系统的BBFV，可以进行集成联调及系统测试	TR4
产品基线	完成了集成联调和系统测试，所有关键问题都已经得到解决（遗留问题也都有了解决方案或应对措施，并制订了跟踪闭环计划）。可以在小范围内进行测试	TR4A/TR5
发布基线	产品技术和功能一致性已经得到验证，批量生产能力已经得到验证，各种外部认证测试已经完成。系统可以对市场发布	TR6

第 10 章
提升研发效率的关键措施

在迭代的每个周期内，企业都应该建立受控的过程基线，以确保每次迭代的质量，不让"污水"流入下次迭代中。很多企业虽然打着敏捷的旗号，但是开发过程质量管控处于一种放任状态，结果产品质量不但没有提升，反而更糟糕。

10.5 技术规划与开发：扫清技术障碍，技术开发要先于产品开发

我们经常说的 R&D 实际上有两层含义：R（Research）是指技术规划与开发，是把金钱变成技术的过程；D（Development）则是指产品规划与开发，面向市场及客户，是把技术变成金钱的过程。二者相辅相成，IPD 既包括产品开发，也包括技术规划与开发。

很多企业都存在这样的问题：当产品规划与开发进行到关键时刻时，突然发现有技术难题不能被攻克，最终导致产品不能按时上市，不仅浪费了资源，还丧失了宝贵的市场机会。

华为在引入 IPD 之前，和很多企业类似，也是将复杂的技术规划与开发或者预研同产品规划与开发混为一谈，没有区分单独的技术规划与开发。在没有了解清楚或者技术成熟度不够、新技术没有准备好的情况下，就贸然进行产品规划与开发，导致产品开发被延误，开发成本超出预算，甚至有些产品因为新技术无法实现而导致项目失败，造成研发费用的大量浪费。

在引入 IPD 之后，华为将技术规划与开发同产品规划与开发进行了分离，单独进行技术和平台的规划与开发，当技术达到一定水平后才将其迁移到产品规划与开发中，缩短了产品开发和投放市场的时间，提高了产品开发的成功率，减少了研发费用。

从华为产品竞争力提升的实践及我们辅导和接触的企业来看，很多企业产品质量差、成本高的一个很重要的原因是缺少技术规划与开发，没有可复用的产品平台和 CBB（见图 10-3 中的内部层次）。相似的需求和功能被反复

集成产品开发 IPD
— 让企业有质量地活着，实现客户价值和商业成功 —

开发，人力成本随着项目的增多而同步线性增长，不能被控制在合理的范围内，更重要的是这些开发的内容难以得到继承和迭代、越来越难以维护，就如同没有打地基就盖高楼，最后质量完全不可控。

华为产品竞争力持续提升的过程，也是平台和公共技术组件不断建设的过程，是 IPD 的核心理念"产品开发要与技术开发分离"的实践。任正非指出："我们要加大对平台的投入，赢得明天的胜利，未来的竞争是平台的竞争。"华为能够一步一步赶超竞争对手并跻身世界前列，和它长期坚持平台战略，不断做强、做厚平台有很大的关系。有了强大的平台和 CBB，企业很快就能完成产品百分之六七十的工作量，只剩下百分之三四十的工作量，因此产品响应市场需求的速度更快、产品质量更高、产品所消耗的成本更低。

产品、平台、模块和技术的关系如图 10-6 所示。

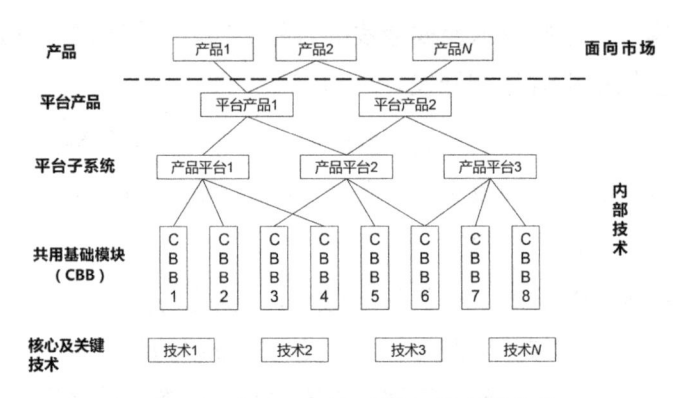

图 10-6　产品、平台、模块和技术的关系

图 10-6 中的内部技术（核心及关键技术、CBB、平台子系统及平台产品）代表着企业技术研究开发能力的强弱，是 R&D 中的 R 部分。很多企业由于缺乏可复用的内部技术积累，只能在不断增长的市场需求面前增加人力、重复开发。

华为早期构建了电信系统软件平台 DOPRA、数据通信平台 VRP 和硬件平台 ATAE 等平台型产品，它们构成的平台型产品体系支撑了后来华为百亿、千亿美元的产品。没有这些平台的构建与支撑，华为的产品大厦不可能如此稳固。平台的核心与产品设计一样，也是架构与系统设计，必须深入考虑 DFX，构建底层支撑和可复用的能力。

第 10 章
提升研发效率的关键措施

在 IPD 中,技术、平台和 CBB 属于技术规划与开发体系。技术规划与开发体系(简称技术体系)同产品规划与开发体系(简称产品体系)是并行的,二者共同构建产品竞争力。

产品体系和技术体系如图 10-7 所示。

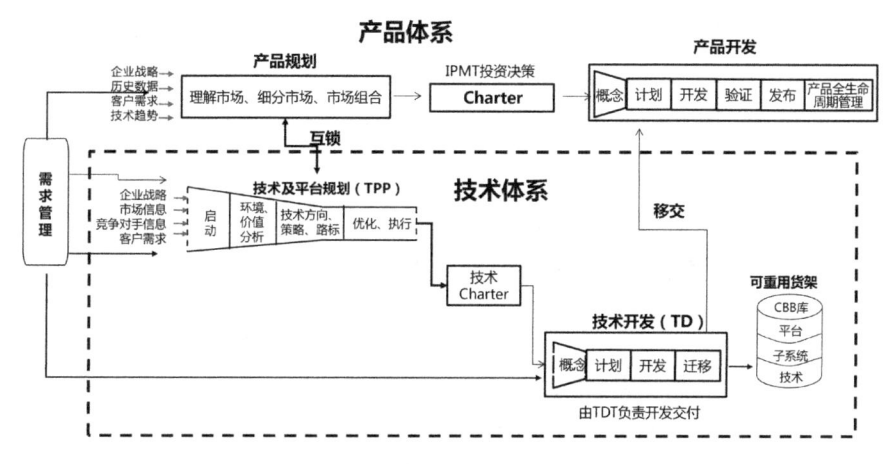

图 10-7 产品体系和技术体系

在图 10-7 中,下方虚线框里面是 IPD 的技术体系,虚线框外面是产品体系。

从图 10-7 中可以看出以下内容。

(1)产品体系和技术体系是两个并行的体系,过程和流程相似,有类似的组织,都有对应的规划、立项决策及开发过程,二者共同构建产品竞争力。

(2)产品体系和技术体系都有相同的输入:企业战略及客户需求,它们是这两个体系的源头和驱动力。

(3)产品规划和技术规划互锁前进:产品规划会向技术规划反馈未来可能需要的技术,让技术规划提前准备立项。技术规划在规划新技术时,会推动产品规划寻找新技术支持下的能够实现市场弯道超车的机会。

(4)技术开发要先于产品开发,以便提前准备好技术、平台和 CBB,为产品开发扫清技术障碍。

(5)技术开发(TDT 负责)输出的是关键技术、CBB 和平台,目的是在产品中通用和复用,无须再重复开发,提升研发效率。

(6)产品体系和技术体系有不同的组织、流程及决策组织。产品规划立项的决策组织是 IPMT,其对投资损益负责;技术规划立项的决策组织是 ITMT/PL-TMT,其对产品的资源投入和技术竞争力负责。

产品和技术犹如硬币的正反面,互相"拧麻花"、互相驱动,不断构建强大的产品竞争力——强大稳固的平台和底层技术,这样才能在需求变化极快的市场中更快地开发交付高质量的产品。

10.6 并行工程:研发与测试的协同、研发与制造的协同

很多企业研发效率低下的一个重要原因是各部门没有协同起来,早期阶段只有研发部门在开发产品,其他部门很晚才介入,导致很多问题没有及时被发现,结果后期不断返工,造成高成本,并且会严重影响进度。

由前文可知,IPD 中的产品开发是 PDT 各部门深度协同的并行工程。本节我们以研发与测试的协同、研发与制造的协同为例,介绍并行工程对提升研发效率的价值。

10.6.1 研发与测试的协同

很多企业的测试介入点如图 10-8 所示。

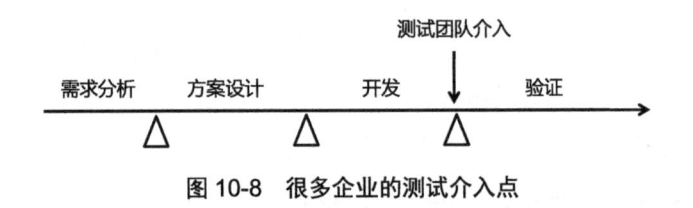

图 10-8 很多企业的测试介入点

很多企业往往在产品开发完成后才开始测试,殊不知为时已晚。因为前面的需求分析、方案设计过程基本不参与,导致测试团队既不了解需求,也不了解设计方案,很难有高质量的产品测试结果。这也是为什么很多企业的产品发布到市

场上之后问题非常多（包括逃逸问题也很多），主要是测试环节没有起到把关的作用，很多企业让客户测试产品，这样必然导致客户不满意，同时返工还会造成高成本。

从产品的概念阶段开始，测试团队（测试代表作为负责人）就应当介入产品的开发过程，在后续的每个阶段都开展对应的测试工作。IPD 的测试活动贯穿整个开发过程如图 10-9 所示。

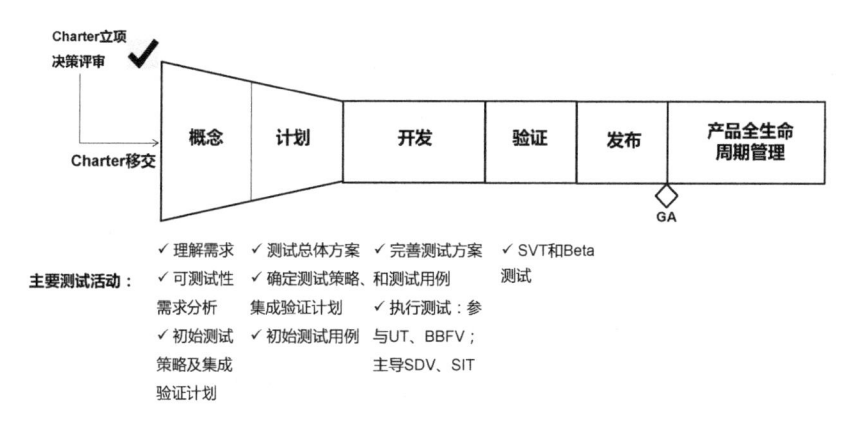

图 10-9　IPD 的测试活动贯穿整个开发过程

IPD 的测试活动从立项后的概念阶段开始，直到验证阶段结束。测试活动与开发活动应并行。只有测试团队提前介入开发，才能真正理解产品的需求分析和方案设计，才能设计出对应有效的测试方案及用例，才能最大限度保证测试的质量。

10.6.2　研发与制造的协同

在很多有制造环节的产品研发型企业中，影响研发效率，进而影响产品质量的另一个重要因素是生产制造环节在产品开发过程中错位。

因为产品开发与生产制造的专业性质、业务目标不同，所以二者之间常常互相"埋怨"。产品开发关注如何根据需求把产品原型做出来，考虑如何将需求特性转化为符合要求的有形产品，更多考虑如何通过技术手段来实现。

生产制造则更多考虑如何以更低的成本、更高的效率批量生产出符合规

集成产品开发 IPD
— 让企业有质量地活着，实现客户价值和商业成功 —

格要求的产品，除了关注规格，生产制造更关注大批量生产过程中的良率和整体表现的一致性。研发与制造所需要的技能并不相同。

在很多企业中存在这样的场景：产品研发出来了，功能、性能都不错，但是很难投入生产，或者生产成本很高，甚至有不少的需求在追求效率和一致性的要求下都无法满足，不得不返工，重新设计方案；即便企业硬着头皮生产、发货，不但周期长（要不断解决生产的问题），而且可能会在客户那里爆发更大的问题，导致企业口碑受到影响及成本高昂。

实际上，研发部门研发出来的产品只能算是样品，要成为真正能够大规模生产和能为企业赚钱的商品，这中间还隔着一条鸿沟。

在产品开发过程中，生产制造部门没有介入产品早期的设计开发，直到测试样品才介入，情况就类似测试早期不参与产品设计一样，到了生产制造环节才发现很多问题，同样为时已晚。

为了解决这一问题，IPD 在产品开发流程中引入了 NPI 这个支撑子流程。NPI 的核心类似 10.6.1 节中介绍的研发与测试的协同，生产制造环节要提前介入产品的设计开发，从需求阶段就开始把可制造性需求及方案考虑进去，使研发出的样品能够顺利移交，并且能够高效率、低成本地大批量制造出来，而且每个产品都符合规格要求。图 10-10 所示为 IPD 的制造设计活动。

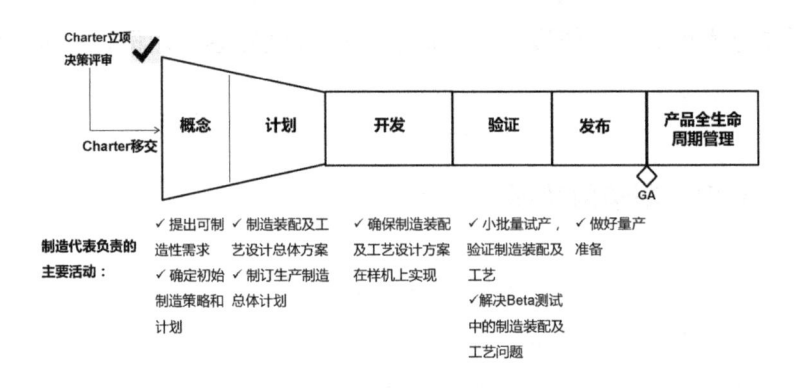

图 10-10　IPD 的制造设计活动

生产制造活动贯穿产品开发从概念阶段到发布阶段的所有过程，确保可制造、可装配需求在产品中实现，研发出的样品能够顺利在生产环节进行高效率、低成本的一致性量产。

实际上，不仅是测试团队和生产制造部门，其他部门（如市场、采购、服务、质量及财务部门）也应提前介入产品开发，尽量让问题在早期暴露，避免流入后端，造成质量问题解决困难和返工高成本。

10.7 技术评审

做好技术评审是提升研发效率的关键动作，具体可见本书 9.6 节的内容。

10.8 IT 工具支撑

当代产品的开发速度，随着市场和客户需求的变化而不断加快，不同地域的协同越来越普遍，单纯靠以前人工方式的"手拉肩扛"已经很难支撑高效开发。必备的支撑高效开发的 IT 工具越来越重要，这些工具能够助力提升研发效率。

IT 工具的支撑体现在以下方面。

- 需求管理。
- 代码及版本管理。
- 集成开发环境。
- 代码检查。
- 并行编译。
- 测试管理。
- 缺陷管理。
- 软件应用运行可观测管理。

一般来说，中小企业需要需求管理、代码检查、缺陷管理相关工具的支撑。

第 11 章

研发组织和能力体系

IPD 是关于做正确的事、正确地做事的方法论,但是无论多么好的方法,都不会直接达成目标。要想让这些方法真正发挥作用,必须有对应的关键要素:能力。没有对应的能力,再好的方法也难以发挥作用。

华为进行 IPD 变革包括其他领域变革的过程,也是持续构建对应能力的过程,包括产品规划能力、需求分析能力、产品系统工程和软件工程设计能力、项目管理能力等。在变革的过程中,华为不断构建对应的能力,才促使变革真正产生了效果。很多企业的 IPD 变革不能产生效果的重要原因之一:只学了形式或者推广方法,但没有构建对应的能力。就像练武只有套路和招数,而没有内力!

2019 年年初,任正非宣布华为将首期投入 20 亿美元,"全面提升软件工程能力,打造可信的高质量产品"。

企业该构建哪些研发方面的能力?这些能力又该如何构建?

11.1 核心工程能力

11.1.1 当年 IBM 对华为产品开发项目失败原因的分析

20 多年前,IBM 顾问在帮助华为实施 IPD 的调研阶段,提出了导致华为产品开发项目失败的第二大原因——在产品开发中没很好地应用系统工程。具体体现在以下方面。

（1）硬件、结构开发与软件开发通常彼此独立，而不是作为一个系统统一考虑，导致在集成时只能进行重新设计。

（2）产品设计在很大程度上只考虑产品功能，而没有考虑 DFX，如可安装性、可维护性、可制造性、可服务性、可靠性、外观、运行环境及电磁兼容性等，导致现场产品问题频发和成本高昂的返工。

（3）由于在系统设计阶段没有充分考虑整个系统（软硬件和结构相结合）的性能和容量，因此后续要不断为解决产品的性能和容量问题频繁地进行重新设计。

（4）系统测试没有严格的制度且测试不全面，使得很多问题在实验局甚至上市后才发现。

（5）没有把硬件和软件作为一个配置系统进行管理，导致产品版本控制难问题。

（6）缺乏严格的系统级文档、评审和过程基线控制，导致大量的子系统接口问题和需求遗漏。

（7）缺乏系统工程制度和技能，如缺乏可靠性工程、需求工程、工业设计、系统测试、仿真，只关注产品的功能。

系统工程能力不足是华为 20 多年前存在的问题。华为通过 20 多年持续的 IPD 及能力建设，基本解决了上述问题。但很不幸的是，现在很多企业仍然存在上述问题，导致研发效率低下、产品质量差、成本高。

11.1.2 关键产品研发工程能力

要想全面提升研发效率，离不开包括前述系统工程能力在内的研发工程能力的长期构建。

构建研发工程能力是指通过组织级的能力建设、流程过程、方法工具来帮助企业持续提升产品竞争力，最终是为了取得产品的商业成功。产品研发

集成产品开发 IPD
- 让企业有质量地活着,实现客户价值和商业成功 -

工程能力框架体系如图 11-1 所示。

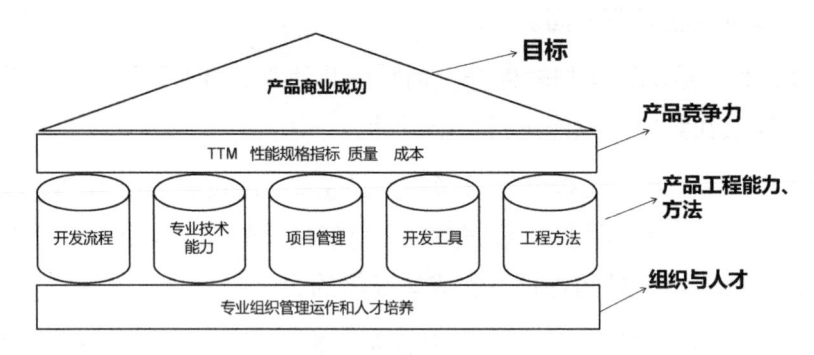

图 11-1 产品研发工程能力框架体系

关键产品研发工程能力、方法和工具如图 11-2 所示。其展示了产品开发立项后从开发阶段开始的关键能力。当然,产品开发立项之前需要具备市场洞察能力和产品规划能力,它们也是非常重要的能力,能够确保产品开发的方向正确。

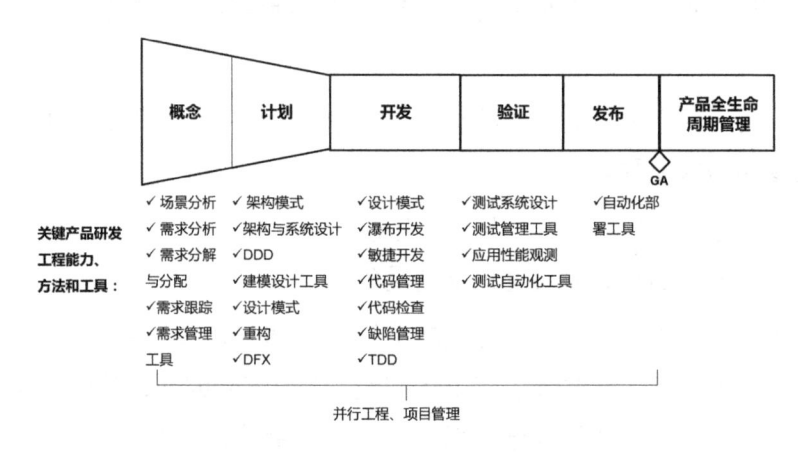

图 11-2 关键产品研发工程能力、方法和工具

根据华为开发产品的经验,开发过程中会用到数十种工程方法及上百种开发工具。就算是中小企业,如果没有这些工程能力作为支撑,只靠个人能力和经验,研发团队要想实现高效开发及进行高质量的产品交付,无异于天方夜谭。

11.1.3 系统工程能力

如前所述，产品的竞争力是设计出来的，而系统工程能力是设计产品的关键。缺乏系统工程能力是当年华为产品开发项目失败的重要原因之一，这项能力也是很多企业现在仍然缺乏的能力，缺乏这项能力会严重影响产品竞争力。

1. 什么是系统工程

无论是软硬件一体的产品还是软件产品，随着需求越来越多、支持的场景越来越复杂，都适宜用系统化/工程化的方法来进行设计。这就如同建造高楼大厦、复杂桥梁必须有严格的设计过程，不可能直接去施工，否则就是不打地基建高楼——岌岌可危。

系统工程是研究复杂系统设计的科学，在设计复杂系统时，应有明确的预定功能及目标，并协调各个元素之间及元素和整体之间的有机联系，以使系统从总体上达到目标。在设计系统时，要同时考虑参与系统设计活动的人员及其作用。

我国科学家钱学森在控制论和系统论中对系统工程下过定义：系统工程是组织管理系统的规划、研究、设计、制造、试验和使用的科学方法，是一种对所有系统都具有普遍意义的方法。

系统工程使不同的系统、子系统、组件、零部件共同运作，确保组合起来的系统作为一个整体，并具有适当的功能和性能，是一种使系统能成功实现并满足商业目的跨学科的方法和手段。

既然是系统化和工程化，就意味着产品开发不能采用随意的方式，而需要有规范的过程，有系统化的、可量化的管理，有正确的方法、科学的工具、专业的人员，这样设计、生产出来的产品才可能是有质量保证、客户满意、能够持续演进、可规模化的产品，并且才可能真正给客户带来价值、为企业带来收益。

人类很多伟大的产品都是系统工程的产物，如原子弹、通信设备、智能手机、复杂的软件等。即便是敏捷流行的今天，仍然不能缺少系统工程的方法。

2. IPD 中的系统工程

IPD 中系统工程的上下文如图 11-3 所示。

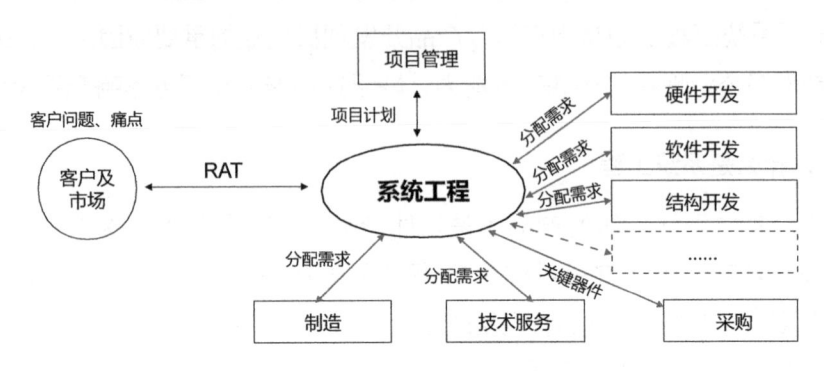

图 11-3　IPD 中系统工程的上下文

系统工程连接着市场与研发，企业可以通过系统工程把客户的市场需求转化为产品的架构及系统设计方案、开发实现的设计需求和设计规格。这就如同建造高楼和桥梁，如果没有设计图纸直接施工，那么建造出的高楼和桥梁估计没人敢住、没人敢通行。

IPD 中的系统工程主要包括需求分析及管理、系统及架构设计、系统工程师负责的技术管理及产品配置管理。需求分析能力和架构设计能力决定了产品技术层面的竞争力。

3. 系统工程的核心是架构与系统设计

产品技术层面的竞争力，根本是架构与系统设计的水平。这也是 IPD 强调"产品的竞争力是设计出来的"的原因。

很多企业现在仍然和华为 20 多年前的状态差不多，缺乏架构与系统设计的工程能力，缺乏稳固、可扩展的架构（包括产品和平台），导致产品无法适应外部需求的变化，不得不反复修改，最终设计出来的产品质量差、成本高。

什么是架构？

SEI 指出："架构是指一个系统的一个或多个结构（视图），包括组成系统的元素，元素的外部可见属性及元素之间的相互关系。"

第 11 章　研发组织和能力体系

架构设计有以下两个关键要素。

（1）子系统和模块划分及它们之间如何交互（接口及机制）。

（2）设计和划分这些子系统和模块、交互机制的决策逻辑。

系统设计是如何实现这些子系统及其交互的？

架构与系统设计最重要的原则是符合系统的高内聚、低耦合，实现局部变化不影响其他子系统，当外部需求有变化时仅需少量、快速修改，而不是"牵一发而动全身"，要修改很多地方。

架构与系统设计如图 11-4 所示。

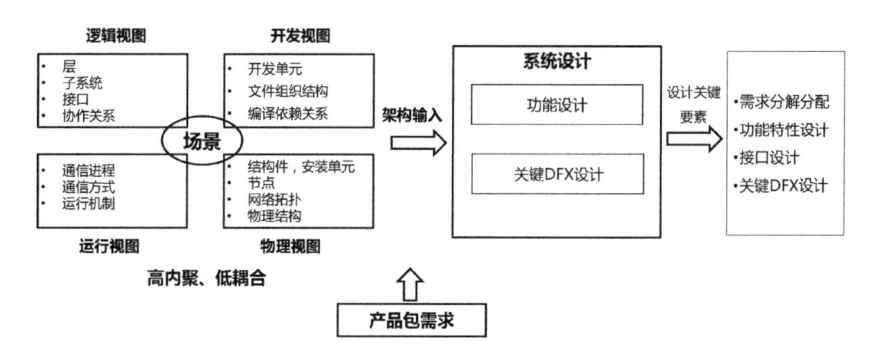

图 11-4　架构与系统设计

图 11-4 左半部分是基于"4+1"视图的架构划分，右半部分是基于划分架构的子系统设计关键要素。

产品需求的分解分配如图 11-5 所示。

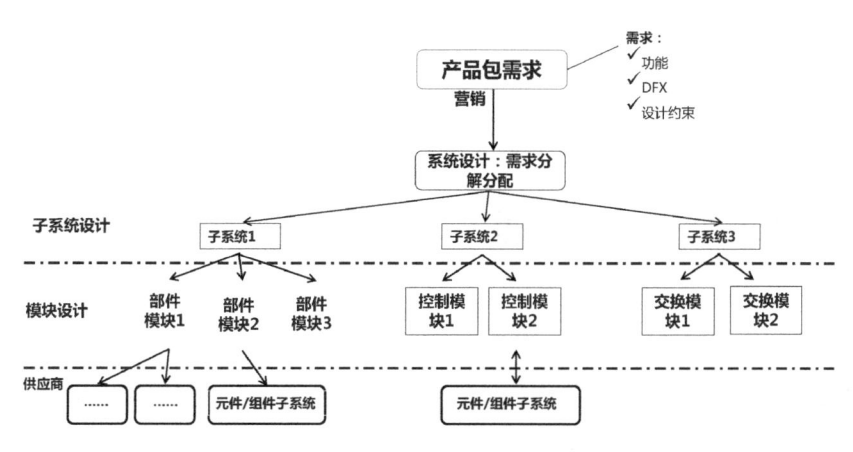

图 11-5　产品需求的分解分配

集成产品开发 IPD
— 让企业有质量地活着，实现客户价值和商业成功 —

很多企业的产品缺乏架构与系统设计，模块划分不合理、不清晰、互相纠缠在一起，剪不断、理还乱，尤其是 DFX 在设计阶段严重考虑不足，导致在编码、生产阶段甚至到了客户现场，与 DFX 相关的问题才大规模爆发。另外就是缺乏过程管控基线，对需求从前端到后端没有进行跟踪，导致开发过程中前端的需求丢失。这些是目前很多企业产品开发的通病。

架构与系统设计团队在产品开发阶段的工作如图 11-6 所示。

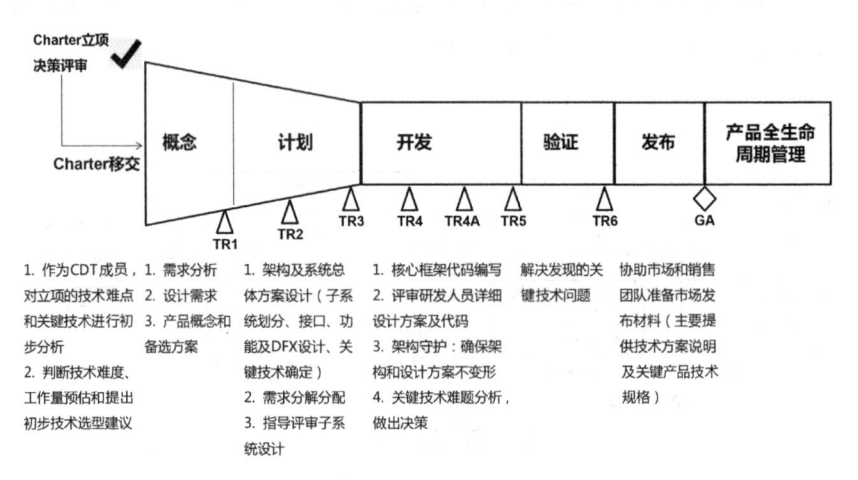

图 11-6 架构与系统设计团队在产品开发阶段的工作

架构与系统设计工作贯穿从产品开发到发布的各个阶段，从而有力地保证产品质量和竞争力。

IPD 本身是集大成的体系和方法论，架构与系统设计已经发展得很成熟，IPD 直接拿来为自己所用。大家若有兴趣，可以阅读关于架构与系统设计的图书。

11.2 研发管理组织体系

提升研发效率的能力该如何构建？

IPD 的核心理念之一"能力要建立在组织上"已经给出了答案。华为在长期实践 IPD 的过程中，不断把包括研发能力在内的各专业能力持续建立在组织上，通过组织的管理和机制一点一滴地构建起了支撑产品竞争力大厦的研发能力。

很多企业的能力之所以构建不起来,一是因为依靠个人英雄,而不是组织;二是因为没有建立对应的组织来沉淀能力,没有系统化,不能传承发展,相关人员一旦离开,能力也就跟着消失了。

华为长期以来不断构建对应的专业组织及员工的成长机制,尤其是研发体系。通过构建组织能力,华为培养出了专业技术人才队伍,让高研发效率有了根基。

11.2.1 研发管理体系

研发管理体系是支撑产品竞争力的核心体系。华为一直在全方位开展研发能力持续建设和提升工作。研发能力建设维度如图 11-7 所示。

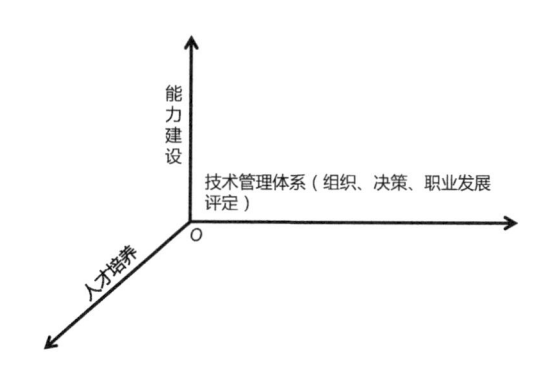

图 11-7 研发能力建设维度

华为的研发能力建设可以从以下 3 个维度来理解。

(1)技术管理体系维度:从公司到产品线有专门的组织对整个公司的技术及产品工程能力的建设方向决策负责,并对相关研发能力建设的组织提出设置建议。这种统一的组织管理,可以让全公司的研发能力及方向力出一孔,拉通研发体系的所有技术资源,实现共享。同时,公司对技术人员的任职资格进行评估和评定,是技术人员的"娘家"。

(2)能力建设维度:技术和产品工程能力建设,包括技术能力和非技术能力两个方面。技术能力涉及与产品相关的各类专业技术,如操作系统、数

> **集成产品开发 IPD**
> – 让企业有质量地活着，实现客户价值和商业成功 –

据库系统、硬件工程技术、系统工程技术、软件开发技术、DFX 技术、材料技术、芯片技术等，并通过技术管理体系进行管理。非技术能力涉及与研发相关的理念、流程、方法、工具等。它们在技术管理体系的统一指导下，依托"2012 实验室"开展建设和应用。相关的研究成果由"2012 实验室"组织联合各产品线的质量与运营部门，被部署到所有研发团队，同时人力资源担任能力中心的角色，大家共同提升研发体系的能力。

华为的研发能力建设是由全公司分布式建设和部署的。除"2012 实验室"承担预研技术研究及通用产品、技术平台之外，各产品线及分布在全球的研究所也承担了不同领域的研发能力建设。比如，无线网络产品线负责射频技术能力中心，固定网络产品线负责 IP 和光技术能力中心，网络能源产品线负责电源技术能力中心，俄罗斯研究所负责算法能力中心，法国研究所负责美学能力中心等。

（3）人才培养维度：再好的技术和管理，也必须由具有专业技术能力的人力资源来承载落地。华为持续建设研发能力的过程，也是不断培养对应的专业技术人才队伍的过程。华为有专门的技术人员晋升和成长机制。员工即便不从事管理，只要"板凳能坐十年冷"、能为公司产品技术能力的提高做出贡献，也能获得非常好的发展（职位和薪酬）。强大的专业技术人才队伍是华为产品研发能力的源泉。

华为的技术管理体系如图 11-8 所示。

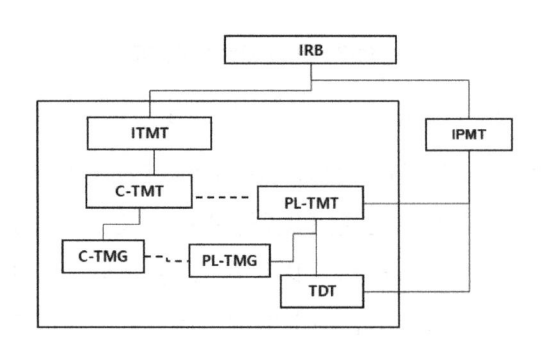

图 11-8 华为的技术管理体系

技术管理体系包括决策团队、执行团队、支撑团队和一套运作体系。其以 ITMT 为核心，包含 ITMT、C-TMT、PL-TMT、C-TMG、PL-TMG、TDT 等团队。

ITMT 负责在企业战略指引下，洞察和把握业界技术发展趋势，以及企业技术和平台开发的立项投资决策，通过建设企业技术体系、构建企业现在与未来的技术和工程能力，支撑企业提升研发能力，确保产品发展需要的技术和工程能力提前准备充分，实现产品市场竞争力和客户需求响应速度业界领先，并最终实现客户价值和产品商业成功。

ITMT 也负责对研发能力最重要的人才资源的任职资格进行评定，促进研发队伍的高质量成长。

C-TMT 是 ITMT 的支撑团队，汇集了企业的顶级专家，在 ITMT 的授权下，在技术管理、决策、仲裁及评审活动中为 ITMT 的决策提供专业支撑。

PL-TMT（C-TMT 是企业级团队，PL-TMT 是产品线级团队）是产品线技术与工程专家委员会，负责确定本产品线技术、平台创新方向，以及技术和平台开发的投资决策，有效地支撑产品线 IPMT 对产品投资立项的决策，并在 C-TMT 的指导下拉通各产品线的技术共享，在本产品线内落实 C-TMT 制定的研发人员技术职业发展政策。

C-TMG 是由专项技术专家组成的团队（如安全、OS、数据库、系统工程、软件工程等），在产品专项技术领域具有很高的权威性，有效支撑 ITMT 的决策及技术的规划及开发。

TDT 负责技术和平台立项的开发与交付，向产品线提供可复用、稳定的技术底层支撑，减少产品开发的资源浪费。

需要注意的是，不要被上述复杂的团队吓住了。其实，各个团队承担的是图 11-7 中 3 个维度的不同职责，只要那 3 个维度的工作有团队在承担和落实即可，具体的团队设置对中小企业来说可以简化，要抓住核心！

相比优秀标杆企业的研发管理体系建设，其他企业存在以下问题。

（1）研发资源分散，没有形成合力。很多企业的研发体系分散在各个项目中，各自的成果不能在企业及产品层面共享，重复"造轮子"，浪费了企业的宝贵资源。更重要的是，因为企业的技术体系没有被打通和形成共享机制,不能像华为那样"一方有难(某个产品),四方来帮(其他产品线专家)"。很多企业遇到技术问题时,没有"娘家"可以求助,要么自己蒙着头搞,要么束手无策。很可能企业其他部门已经有了类似的积累,只需要拿来用即可,但因为没有形成可共享的技术管理团队,大家各自为政,这样非常不利于企业技术的长期积累与发展。

(2)没有统一的能力构建体系。很多企业的研发资源只是做当前产品和项目的,缺乏长期技术和工程能力的培养与积累,大家都在交付市场项目,没有对技术、CBB和底层平台的长期投入,一旦市场竞争激烈,就很难有持续的产品竞争力。

(3)技术人员没有成长通道,依赖个人英雄。很多企业的技术人员没有正式的职业发展通道,往往技而优则仕,脱离技术岗位。那些喜欢沉浸技术的员工会感到发展空间受限或者迷茫,甚至会离开。研发效率和产品竞争力最终要建立在持续壮大、可继承的专业技术人才队伍上。华为在构建研发能力的过程中,技术人员有自己的职业发展通道,众多的技术人员能够安心研发工作。

11.2.2 培养架构与系统设计团队:为产品竞争力保驾护航

前文讲述了专业技术人才队伍是高效研发的源泉,其中架构与系统设计又是产品竞争力最重要的因素,所以培养强大的架构与系统设计团队至关重要。

华为通过构建技术管理体系建立了一个强大的总体技术体系,由其对架构与系统设计进行把关,这是把能力建立在组织上的优秀实践。建立在各产品线研发部门的架构与系统设计管理部,具体负责本产品线平台和产品架构设计及实现的竞争力,也是架构师、系统工程师等技术人员职业发展和晋升通道的管理责任主体。

华为明确了架构与系统设计技术人员的成长路径,即普通开发人员→模块设计师→系统工程师和架构师,薪酬回报与同级的管理岗位对等。华为通过架构设计、系统设计、模块设计3个层面,在组织、运作上相互衔接,全

第 11 章
研发组织和能力体系

面覆盖产品各层级设计业务、确保产品竞争力的全面构建。

华为通过各种手段促使研发人员成长为合格的架构与系统设计人员。

（1）首先明确架构师、系统工程师、模块设计师在产品版本和项目中的角色并正式任命，确保权威性，产品设计经验与后续晋升挂钩。

（2）推行架构与设计体系实名制——设置首席架构师、设计师，同时让那些使产品有竞争力的架构师、设计师及团队，事后能够真正得到认可、扬名立万，另外还有精神层面的激励。

（3）通过引入业界先进的方法、工具，并经常引入外部高端技术人才，进行培训交流，拓展大家的视野，以及开展内部常态的架构与系统设计领域经验和教训的分享讨论，让大家的能力快速提升。除薪酬之外，职业成长能够吸引广大技术人员继续深入技术研发，进而获得成就感。

华为不仅对架构设计人员进行持续培养，还重视广大开发人员的能力建设，对某一专业领域特别强的开发人员给予了高度的肯定和职业回报：设立开发各领域的"兵王"，即软件开发王、单板王等，开发人员可以安心在自己普通而又不平凡的岗位上持续做贡献，普通开发人员也能获得发展。

华为通过一系列长期的能力建设，让研发队伍的职业化能力不断增强，并将这种能力有效建立在组织上而不依赖个人，有力地保证了产品在市场上的竞争力！

第 12 章

质量与成本

20多年前,华为还没有引入 IPD 时,产品质量和很多企业一样,有各种各样的问题。这些曾存在于华为和如今仍存在于其他企业的问题如下。

(1)客户不满意,因为需求满足度、产品稳定性、可靠性都达不到要求,企业不得不靠过度服务来弥补,造成高成本。

(2)研发人员非常繁忙,日夜加班解决问题,经常往返于企业与客户现场,充当"救火英雄"。

(3)因为研发人员经常出差"救火"、产品不符合要求,发生换货、退货问题,会产生"呆死料"甚至罚款,直至失去客户。

(4)企业设立了质量部门,而且一旦有质量问题,管理者就会责成质量部门进行改进。此时质量部门往往和研发部门互相指责,都埋怨对方没有把好质量关。最后的结果自然是不了了之,管理者也一脸迷茫。

(5)在很多企业里,大家(尤其是研发人员)普遍认为既然有测试团队和质量部门,让它们对质量把关就行了。

……

要说哪家企业不重视质量,恐怕它的员工会跟你急,但为什么会有上述问题,而且很普遍呢?

依照华为质量改进的实践及笔者在华为的经历,笔者认为造成上述问题的原因如下。

第 12 章
质量与成本

首先，对质量和成本的认知不足或有误区。实际上，华为早期对"到底什么是质量、质量意味着什么"，同样存在理解偏颇甚至理解是错误的，尤其是研发人员往往唯技术论，以是否技术高超衡量自己或产品的水平，认为技术水平越高，产品质量越好。至于"产品在客户那里的表现如何、客户是否满意"，研发人员根本不在乎，甚至认为客户"不懂技术"。

研发人员不会考虑可维护性、可服务性等客户对产品的要求，因为大家认为那些东西不那么重要。这应该是当时华为大多数研发工程师的认知和想法。作为技术人员，都认为大家比拼的是编程技巧和技术水平，客户怎么看根本不重要。这就是对华为当年相当一部分研发工程师的真实写照。

相信不仅仅是华为的研发工程师，现在很多企业的技术人员都是类似的思维，对产品质量和成本是没有什么概念的。

研发人员的这些思维方式和认知害苦了华为。大量的研发人员因为产品质量问题前赴后继地奔赴一线"救火"，不仅给华为带来了高昂的经营成本、吞噬了公司的利润，更重要的是让客户产生了不满甚至不信任，严重损害了公司的口碑和品牌。华为 20 多年前的情景在今天的很多企业中仍然很常见。

根因是很多企业上下没有形成一致的质量文化和质量观！

其次，运作执行上不对。质量是产品的属性和结果表现，是不能独立存在于产品或业务之外的。很多企业将质量和业务分离、"两张皮"在运作，业务做业务的、质量做质量的，完全没有融合，造成业务和产品缺乏质量的属性，这也是很多企业研发部门和质量部门矛盾大的重要原因。

12.1　华为质量管理的核心原则

任正非首先认识到华为产品质量系统上的问题，为了改变这种状态，2000 年华为发生了里程碑事件。一天，数千名研发人员齐聚一堂，任总在大会上给那些"辛勤"的研发人员隆重颁发了项目"奖金"——因为不关注客户需求和产品质量造成的"呆死料"费用及多次出差的费用。这一动作震撼了华为的研发队伍，大家认识到因为自己对客户真正需求的不关注使公司产生了高昂成本。

正值推行 IPD 之际，华为开始在产品开发过程中构建质量和成本优势。"呆死料"奖金大会拉开了华为产品质量构建的序幕，从此华为开始全方位建设质量体系。

华为的质量体系也是一步一步建立起来的，经历了流程、标准、质量文化和以客户满意为闭环的发展阶段。

2007 年 4 月，华为召开了由 70 多名中高级管理者参加的质量高级研讨会，以世界质量大师菲利浦·克劳士比（Philip Crosby）的"质量四项基本原则"（质量的定义、质量系统、工作标准、质量衡量）为蓝本确立了华为的质量管理原则。这次会议堪称华为质量史上的关键里程碑。

华为经过多年的建设，在质量管理方面形成了如下所述的核心原则。

12.1.1　质量要满足客户的要求

这是最基本的原则，包含两层含义：一是必须以客户满意度为衡量标准，不能让客户满意、不能为客户创造价值就是低质量；二是不能过度重视质量和过度服务，确保对客户、对公司性价比最优。

过度重视质量和过度服务对客户未必有价值，反而会增加企业的成本。企业的重心放到客户最为关注的地方才能性价比最优。乔布斯曾经花了很多精力在苹果内部使用的生产机器上，要求机器的外观绝对达到他个人极度的审美标准，这并不符合客户要求，而是他自己的喜好，对企业也无益处，反而增加了成本。

12.1.2　质量问题在于预防

产品的质量很大一部分取决于前端的设计（规划立项、架构与系统设计），而不是依赖事后的检验。大家都知道扁鹊是名医，但相传他的两个哥哥实际上更厉害，扁鹊是在人发病后才治疗，而他的两个哥哥是在人的病还未发作时便将其治愈，让人感觉不到生病。这也是 IPD 强调的"在设计中构建产品质量和竞争力"的理念。

12.1.3 零缺陷

华为强调一次性把事情做对，要求为客户创造价值的每个环节、每个岗位都要把问题在自己这里解决掉。每个人都应对质量负责，不能让"污水"流入下个环节。

20 多年前华为开始意识到"一次性把事情做对"的重要性，但今天仍然有很多企业对此没有感知，也导致了其产品缺乏竞争力。

12.1.4 产品质量差的代价是金钱

产品质量差的代价是什么？就是企业的投入、成本，也就是金钱。

很多人会觉得高质量就意味着高成本，其实并非如此。成本并非仅仅只有物料成本，而是包含全生命周期的 TCO。企业和客户真正应该关心的是 TCO：对企业来说，TCO 更能说明总花费；而客户不仅应关心采购设备的价格，更应关心从购买产品和服务直到产品被更换替代总共要付出多少成本。

很多企业往往只关心物料成本，却没有考虑因为质量问题导致的很多浪费所增加的成本。即便物料成本高一些，但只要质量管控得好，那么总成本也未必高。因此，质量和成本是统一的。不少企业对 TCO 的概念理解得不深，甚至都不知道，更谈不上在工作中把它作为一个重要指标了。

12.1.5 复盘与持续改进

每天进步一点点，一年就能有巨大的进步。而阻碍你每天都能进步的是没有养成复盘与持续改进的好习惯。坚持复盘与持续改进是组织和个人不断进步的不二法门。

很遗憾,很多企业的水平一直得不到提升,不擅长复盘与持续改进是一个关键原因,经常犯同样的错误。华为在构建质量体系的过程中,在全公司形成了复盘与持续改进的质量文化,不断降低犯同样错误的概率,成本浪费也越来越少。

12.1.6 质量是产品的结果属性

很多企业的产品质量出了问题,老板就会把责任算在质量部门头上,以为是质量部门没有把事情做对。实际上,质量是产品的结果属性(满足客户需求),是不能游离于产品之外单独存在的。很多企业的产品质量不佳的一个主要原因就是业务部门和质量部门是两条平行线,各自为政,质量部门不懂业务流程,业务部门也感知不到质量部门的存在。很多公司的质量部门只是来应对 ISO 流程建设的。

质量原则与成本的统一如图 12-1 所示。

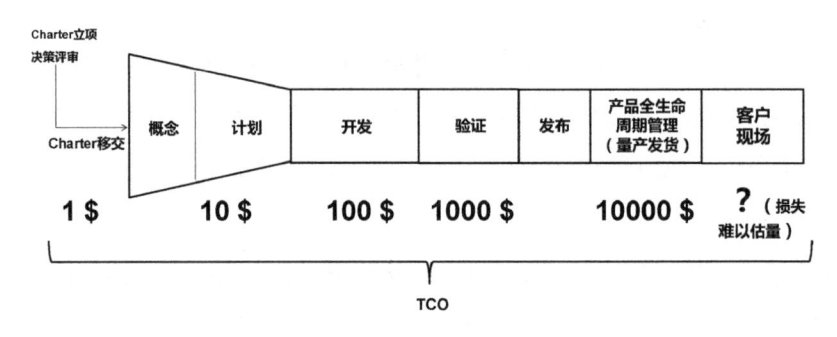

图 12-1 质量原则与成本的统一

从图 12-1 中可以看出,如果不遵守预防、零缺陷、设计阶段构建竞争力等质量原则,企业必然会付出巨大的代价——高昂的成本!越往后端,成本越高(10 倍原则),一旦到了客户现场才发现问题,付出的代价(成本)将难以估量!

12.2　产品质量的第一责任人

在很多企业中，质量部门往往是产品质量的第一责任人。产品一旦出现质量问题，老板就把质量部门臭骂一顿，实际上质量人员解决不了问题。

有人说产品是研发部门设计的，所以研发部门要负责。

也有人说由测试团队负责，它要构筑质量的堤坝，是最后的把关者。

还有人说由管理者负责，因为他们掌握着资源，能够推动解决问题。

上述观点都是有道理的。按照零缺陷原则，人人都应该对产品质量负责。

但是如果真的出了问题，大家都有责任就类似法不责众，也就谁也没有责任了，所以必须找到产品质量的第一责任人。

那么，谁应该是产品质量的第一责任人呢？

实际上，业务人员最清楚业务本质，流程是业务本质的一种表现。业务人员最了解业务本身、流程和规则，所以第一责任人应该是他们。

在华为，如果出现产品质量问题，那么第一责任人就是产品线负责人，而不是质量部门或者其他部门。产品线必须牵头组织所有相关部门（如研发、采购、生产、质量、测试等部门）共同分析和解决问题，但第一责任人是产品线负责人。

很多企业没有认识到这一点，或者缺乏对产品兜底的组织，因此在处理质量问题时乱作一团，找不到合适的人，结果可想而知。

那质量部门应该干什么？

质量部门在提升产品质量的过程中，更像业务部门的参谋和顾问。质量部门负责引入业界有效的质量方法，赋能业务部门，指导业务部门提升认知和改进方法；引导过程数据度量，进行风险预警，帮助业务部门分析出现质量问题的原因，并做出客观的评估；敦促问题回溯，强化监督执行。

就如军队作战，如果战败，你不能先问责参谋长，而应该先找司令官，司令官（业务部门负责人）才是胜败结果（质量）的第一责任人。

12.3 提升产品研发质量的关键活动

大家读到这里不要惊讶，实际上，我们在前面的章节中已经提到过提升产品质量的关键活动了，具体内容如下。

（1）产品规划和严谨的 Charter 立项过程、IPMT 的立项投资评审决策，确保产品方向正确，不然后续所有投入和工作都是沉没成本，更别谈质量。

（2）在设计中构建质量和成本的竞争力。

（3）DCP 和 TR。

（4）并行工程，PQA 在开发的每个阶段都融入质量活动，质量与业务融合。

（5）开发过程中构建过程基线。

只不过我们并没有高喊质量的口号，但是 IPD 已经实实在在地把质量原则和活动融入产品开发流程中，确保业务的每个活动都是为了保障质量，质量与业务不再是"两张皮"。

PQA 在产品开发过程中的关键活动如图 12-2 所示。

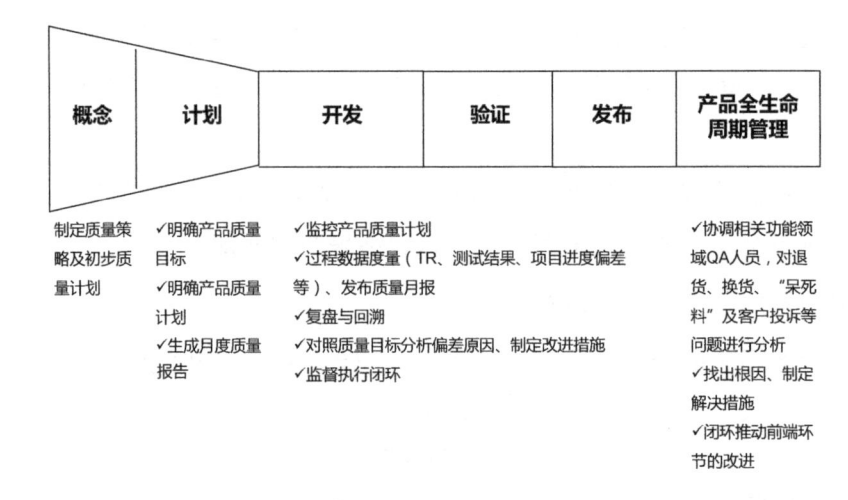

概念	计划	开发	验证	发布	产品全生命周期管理
制定质量策略及初步质量计划	✓明确产品质量目标 ✓明确产品质量计划 ✓生成月度质量报告	✓监控产品质量计划 ✓过程数据度量（TR、测试结果、项目进度偏差等）、发布质量月报 ✓复盘与回溯 ✓对照质量目标分析偏差原因、制定改进措施 ✓监督执行闭环			✓协调相关功能领域QA人员，对退货、换货、"呆死料"及客户投诉等问题进行分析 ✓找出根因、制定解决措施 ✓闭环推动前端环节的改进

图 12-2 PQA 在产品开发过程中的关键活动

从图 12-2 中可以看出，PQA 作为质量人员，已经把质量构建活动融入开发的每个阶段，确保质量理念融入业务中，二者不再是"两张皮"。

第 12 章
质量与成本

注重质量不能只喊口号,质量应与业务融为一体。

很多企业天天把质量挂在嘴边,却不能把质量活动融入产品开发过程中,质量活动是质量活动,产品开发是产品开发,最终注重质量只成了一个"高大上"的口号而已。

华为从高级管理者到普通员工的质量认知和行动如下。

(1)公司最高层:每年轮值 CEO 都会设定质量目标,带头执行目标。

(2)管理层:在不同的产品体系里每年都会对管理者进行排名(质量方面),排名靠后的管理者要被问责。这一活动每年都会坚定执行,让管理者真正起到对产品质量负责的带头作用。

(3)员工层:从意愿上,公司会设定考核目标,将质量作为员工考核的重要指标,同时会设定很多奖项,对质量贡献突出的员工给予奖励;从能力上,公司引进业界先进的管理方式,对员工进行必要的培训,为全体员工提供提高质量的方法和工具,以保证每个员工都有能力参与打造高质量。

华为提升研发质量的关键措施如图 12-3 所示。

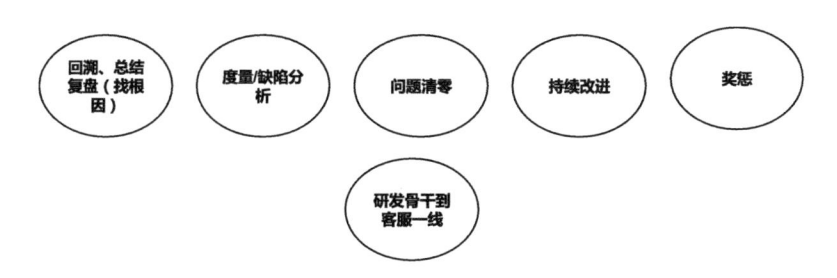

图 12-3 华为提升研发质量的关键措施

从图 12-3 中,你看到"质量"两个字了吗?

华为通过一系列的管理(责任、回溯、改进、追责和奖惩等)及把质量构建活动融入 IPD 流程中,确保了华为所有员工都把质量构建工作自觉融入日常工作中,并且刻到骨子里,虽口中不说质量但心中注重质量。

最后,用图 12-4 展示华为的系统质量文化观。

集成产品开发 IPD
— 让企业有质量地活着，实现客户价值和商业成功 —

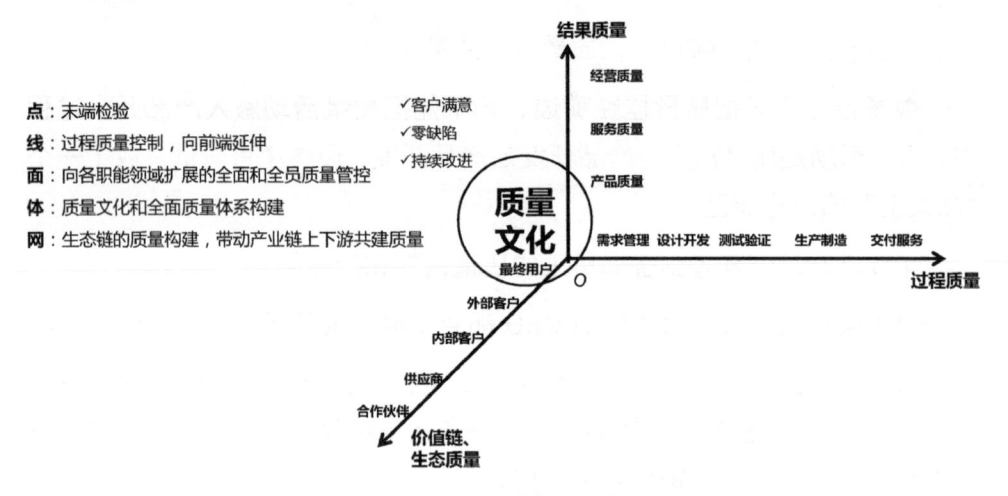

点：末端检验
线：过程质量控制，向前端延伸
面：向各职能领域扩展的全面和全员质量管控
体：质量文化和全面质量体系构建
网：生态链的质量构建，带动产业链上下游共建质量

结果质量轴：经营质量、服务质量、产品质量
过程质量轴：需求管理、设计开发、测试验证、生产制造、交付服务
价值链、生态质量轴：最终用户、外部客户、内部客户、供应商、合作伙伴

质量文化核心：✓客户满意 ✓零缺陷 ✓持续改进

图 12-4　华为的系统质量文化观

第 13 章

研发如何考核：仗怎么打考核就怎么进行

笔者接触过很多企业，不少企业的老板对笔者说：研发考核真是世界难题，根本没办法考核。这可能是很多企业都有的感觉。

确实，研发不像销售，可以直接通过财务结果（如销售额、利润等）来考核，研发是周期性甚至长周期工作，短期内确实很难产生明显的结果，看似是难以考核的。

但从华为的长期实践来看，研发的考核是有章可循的，也较易评价。一些企业之所以认为研发难以考核，是因为它们没有把握好考核的原则。

13.1 考核的原则

一些企业在对研发进行考核时，总是想将财务结果作为考核指标。财务结果虽然很重要，但要记住：财务结果并不是自动就产生的，而是实现客户价值后产生的，而实现客户价值往往是一个漫长的过程，需要多方面的努力，其中研发贡献产品竞争力。可见，成功是各个要素集合的结果，因此考核也应该是多维度的。

在对研发进行考核时，可参考以下几个方面。

（1）多"打粮食"：就是常见的短期财务指标，毕竟商业组织只有产生利润才能存活，所以这一方面大部分企业都有涉及，但并不应只看绝对值，也应看变化，即增量和进步。

（2）支撑多"打粮食"的土壤肥力：这是华为长期对各组织及主管的硬性考核指标，也是被很多公司忽略的。就如种庄稼，不能只盯着当期的产量，要想有长期收获，就必须让土地有持续产粮食的基础，要施肥、除草、灭虫、浇水等，没有土壤肥力，要想长久多"打粮食"不现实。企业应注重能力建设、技术长期投入和突破、管理变革、干部培养、客户关系培养等，这些是长期胜利的根基。

（3）"打粮食"和构建土壤肥力的阶段性目标与过程指标："罗马不是一天建成的"，你吃 6 个包子饱了，绝非第 6 个包子的功劳，如果没有前面 5 个包子，你是不会饱的。

在达成多"打粮食"目标的过程中，有很多阶段性任务及过程努力，这些阶段性任务及过程努力是最后成功的保障，也是重要的考核指标。即便没有达成最终的目标，但中间付出的努力也是后人成功的基础，是不能被遗忘的贡献。

因此，正确的考核应该是长期与短期、结果与过程的结合，这样方能更好地体现团队、个人对组织的贡献。

我们可以借助 BSC 描述相关考核内容。常见的考核维度与考核指标如表 13-1 所示。

表 13-1 常见的考核维度与考核指标

考核维度	考核指标	类别
财务	订货	多"打粮食"
	收入	
	回款	
	现金流	
	利润	

第 13 章

研发如何考核：仗怎么打考核就怎么进行

续表

考核维度	考核指标	类别
客户与市场	客户满意度	土壤肥力
	市场品牌力	
	客户关系	
	大客户收入占比	
	新产品收入占比	
内部运营	组织变革	
	运作成本	
学习与成长	干部梯队	
	人均贡献	
	关键能力建设与提升	
阶段性	计划执行偏差率	过程
	质量表现	
	成本投入	

很多企业的考核存在的主要问题是太偏重财务的短期指标，只看结果，不看为达成结果付出的努力，导致分配时出问题：只有最后摘果子的人才有大收益，前期栽树付出了巨大努力（甚至是血汗）的人则收益甚微。不考虑土壤肥力的巨大贡献，会造成员工有怨言甚至团队不稳定，导致后续没有人愿意为企业的长期发展做贡献。

研发的工作特点是很难在短期内见到财务效益，所以对研发的考核可以重点放在土壤肥力建设、阶段目标及过程指标上。但是，这些指标的最终目标也是实现产品商业成功（对应产品商业结果，参考表 10-1）。

以作战类比，你设定了作战目标，就要把这些目标分解成一个个阶段性目标，然后逐个去实现这些阶段性目标，逐步取得期望的结果。某阶段的考核指标并不是确定的，而是根据你的目标和过程而设定的。很多企业图省事，以为有什么"万能"的考核指标，这是严重的教条主义。打仗哪里有什么定式呢？仗怎么打，考核指标就怎么设置。

华为消费者 BG 某经营年度的考核指标如表 13-2 所示。

表 13-2 华为消费者 BG 某经营年度的考核指标

考核维度	权重	指标项
多"打粮食"（当期的经营结果）	60%	♪ 增长：销售收入 ♪ 盈利：利润 ♪ 现金流
增加土壤肥力（能力与效率）	40%	♪ 用户体验 ♪ 用户推荐 ♪ 质量 ♪ 市场品牌 ♪ 组织能力建设
内外合规（风险管理）	扣分项	♪ 流程符合度 ♪ 信息安全 ♪ 客户投诉 ……

完整评价组织和个人不能只考虑财务结果。

13.2 考核示例

某企业有个大客户提出了产品项目需求（该客户被企业定位为未来能够为企业贡献利润的大客户）。该企业已经与客户签订了意向实验局合同，现在需要企业的研发团队按要求提供方案和测试系统，并根据测试结果决定后续是否签订正式的商用合同。

如何评价研发团队的工作？

首先，别急着设置考核指标，而是先看一下这场战役该如何打、如何才能一步一步达成目标。

根据这个项目的实际情况，我们可以把整体目标分解为一个个的阶段性目标，如图 13-1 所示。

第 13 章

研发如何考核：仗怎么打考核就怎么进行

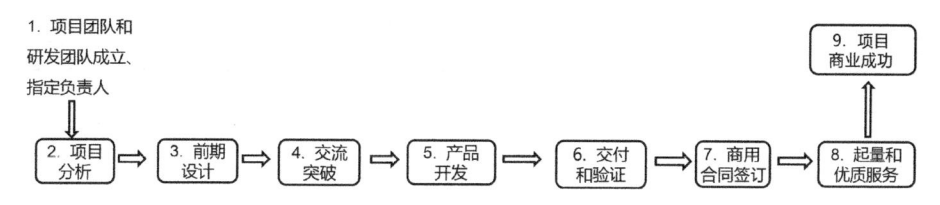

```
1. 项目团队和
研发团队成立、
指定负责人
                                                              9. 项目
                                                              商业成功
                                                                 ↑
2. 项目   →  3. 前期  →  4. 交流  →  5. 产品  →  6. 交付  →  7. 商用  →  8. 起量和
  分析       设计       突破       开发      和验证     合同签订    优质服务
```

图 13-1　把整体目标分解为一个个的阶段性目标

在确定战役如何打后，再看如何设计对研发的要求和考核指标。

因为客户是有影响力的大客户，要求是比较苛刻的，想一举拿下并不是容易的事，所以评价研发团队的贡献，不能只看最后是否签了合同，而是要根据结果和过程来评价，不能忽略"浴血奋战"的英雄们的付出。

基于以上原则，我们可以沿着作战过程的每个阶段，对研发团队的工作进行阶段性评价，每前进一步都应该给予鼓励、激励！

项目交付是企业所有相关部门协同的攻坚战，在本示例中我们主要从研发团队的工作视角出发。各个阶段的目标及考核指标如表 13-3 所示。

表 13-3　各个阶段的目标及考核指标

阶段目标	研发的主要工作	考核指标
项目分析	输出需求及技术分析报告： ♪ 客户关键需求分析 ♪ 潜在竞品分析和优劣势分析 ♪ 关键技术点及获取策略 ♪ 项目取胜要素 ♪ 研发人力投入评估 ♪ 分析报告	分析报告通过研发团队内部、整个项目团队及企业的正式评审；进度和质量符合要求
前期设计	根据客户需求，完成产品设计方案并准备与客户进行交流	方案通过研发和企业技术专家的评审；进度和质量符合要求
交流突破	与客户交流交付方案	客户同意方案并进行现场测试；重大里程碑的突破，要记大功一件，向成功迈进了一大步。 客户对产品方案的评价是重要的考核指标

集成产品开发 IPD
- 让企业有质量地活着,实现客户价值和商业成功 -

续表

阶段目标	研发的主要工作	考核指标
产品开发	按照实施方案进行产品开发	↗ 进度 ↗ 质量 ↗ 投入人力（成本）
交付和验证	在客户现场进行产品的验证	重大里程碑,又向成功迈进一步: ↗ 解决客户问题,帮助客户成功 ↗ 客户满意度
商用合同签订	主要是项目团队的工作	与客户签订正式商用合同,是整个项目的最核心的里程碑,是整个项目团队共同奋斗的结果（包括研发团队）
起量和优质服务	客户愿意继续签订新的购买合同	↗ 产品运行稳定 ↗ 解决客户问题、满意度高
项目商业成功（开庆功会）	客户成为企业的长期合作伙伴、持续不断的订单	整个项目的最终考核指标: ↗ 签订长期战略合作合同,成为正式长期供应商 ↗ 财务指标：贡献收入和利润 ↗ 客户愿意为企业站台宣传 ↗ 培养了一批研发技术骨干,产品可以向其他客户推广

从上述示例可以看出,对研发考核的要点包括以下内容。

（1）仍然以产品在市场上的表现为最终评价指标（财务成功、竞争力、客户满意度）。

（2）土壤肥力：培养了研发骨干队伍,产品可以向其他客户推广,构建了新的现金牛产品来源。

（3）阶段性目标和过程指标兼顾,认可每个阶段的贡献。

其实,并没有固定的考核指标,仗怎么打考核就怎么进行！关键是团队的主管要有指挥作战的能力,能够把总目标分解为一个个的小目标,并分配给合适的团队和个人,而且能激发团队为实现目标而付出不懈的努力。

第4篇
商战：通过经营活动变现产品包、多"打粮食"

经营是企业永恒的主旋律，管理的目的是提高经营效率和获得良好的结果。经营和管理就像是一个硬币的两面，既相互关联，又有所不同。

第 14 章

IPD 是关于产品经营的商业逻辑

14.1 企业的目标是获得经营的结果

经营对外指企业与外部的交易行为,本质是企业与客户的价值交换,是实现客户价值、企业获得收入的手段和过程,通俗地讲就是如何赚钱。经营包括从怎样洞察和把握变幻莫测的市场,如何发掘商业机会,如何设计企业的盈利模式、发展策略、预算、商业实现路径,到如何实现产品的销售、交付和回款,最终实现企业的可持续发展。

企业经营主要回答以下问题。

(1)目标是什么?(未来到达哪里)

(2)差距有哪些?(现在的位置)

(3)出现差距的原因是什么?(复盘和改进)

(4)弥补差距的商业机会在哪里?(增长点)

(5)如何落地这些机会?(路径和打法)

企业应对内进行管理,理顺人和事,提升内部运作效率和活力。为此,企业可以从企业文化、组织、流程、方法、能力、考核与激励方面发力,支撑企业长期高效、低成本运作,并让组织充满活力。在同样的经营活动下,

第 14 章
IPD 是关于产品经营的商业逻辑

高效的管理能够让企业实现经营效率比竞争对手高，从而更高质量地实现与客户的价值交换。

回到本书的主题——产品开发。进行产品开发当然不仅仅是为了把产品做出来，还是为了实现经营目标（实现客户价值和多"打粮食"）。

14.2 从客户中来、到客户中去的商业闭环

IPD 的目标是实现客户价值和产品商业成功。IPD 既包括提升管理效率的活动，又包括实现经营目标的活动。IPD 的目标和企业的目标高度一致：通过和客户进行价值交换，实现商业成功。

图 14-1 展现了 IPD 体系作为客户价值创造的关键流程而实现的商业闭环——从客户中来、到客户中去。

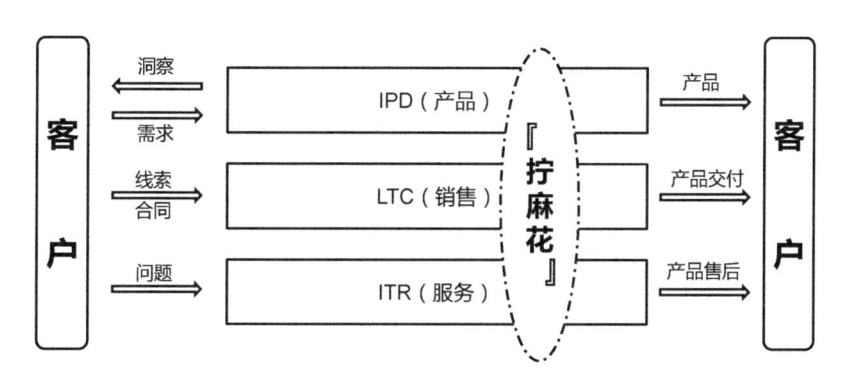

图 14-1 IPD 体系实现商业闭环

在图 14-1 中，IPD 是核心，因为 LTC 和 ITR 的标的都是 IPD 的产出——产品，销售和服务的都是产品。如果产品不符合客户的要求，可持续的销售与服务就无从谈起，更谈不上为客户创造价值和实现商业成功。

IPD 的本质是关于产品如何做生意的商业逻辑。什么是做生意？

谈到做生意，相信大家都理解以下几点。

（1）企业的资源有限，必须把有限的资源聚焦到适合的行业和赛道，不

集成产品开发 IPD
— 让企业有质量地活着，实现客户价值和商业成功 —

能什么都做，这是投资思维（投入）。

（2）在选定投资方向后，就要考虑如何提供对客户有价值、在市场上有竞争力的产品和服务（推出有竞争力的产品和服务）。

（3）如何把产品和服务推向市场，在不断满足客户需求的同时，让自己获得持续的利润（产出）。

无论做什么生意，都涉及投入和产出（赚钱）。不同的是，有的生意的投入产出比高，有的生意的投入产出比低。有些企业的生意可以持续做大，有些企业的生意一直做不大，甚至会被市场淘汰。

做生意的逻辑并不难理解，生意的投资有很多种，如房地产、贸易投资等。IPD 是聚焦产品研发这个领域的生意的投资，同样符合上述做生意的逻辑，研究产品开发如何有更高的投资效率。

做产品投资生意和其他生意一样，目的都是赚钱。因为商业组织要想在市场上持续活下来，就必须有收入、利润和现金流，不然生存都难以为继，何谈发展，更别说为客户创造价值了。

很多企业实施 IPD 没有达到预期效果，其中一个关键原因是没有真正构建面向经营的体系（组织、责任和运作），只是把 IPD 当成开发流程，却丢掉了其经营之魂，没有建立从对产品投资到对变现负责的完整链条：产品立项投资决策（规划产品包）→高效开发产品（交付产品包）→经营变现（变现产品包）。同时，这些企业没有培养出对经营结果负责的经营型干部团队，不能对最终目标——实现商业成功负责，把经营压力全部压在老板一人身上，这种实行"绿皮火车"机制的企业是很难有持续的动力的。

本书 8.4 节提到了实施 IPD 的 4 个典型阶段，并提出大部分企业都没能完成第二阶段：要么没有建立起对经营结果负责的组织，要么这样的组织不能真正运作起来（缺乏对应的经营型干部团队及经营机制）。

如何才能实现 IPD（也是企业）的经营目标呢？

一是建立对经营结果负责的组织，二是在经营过程中不断培养和锻炼经营型干部团队，把经营压力无依赖地传递到各个业务部门。

第 15 章

评估企业的经营健康度和市场竞争力

15.1 企业的经营健康度指标

如何评估一个企业的经营健康度和市场竞争力呢？

人的身体健康状况可以通过一些诊断指标进行评估，企业的经营健康度也需要通过一些诊断指标来评估。

企业的经营结果指标很多，根据世界标杆企业的经验，最能反映企业的经营健康度的指标如表 15-1 所示。

表 15-1 企业的经营健康度指标

维度	指标	说明
企业层面（总体指标）	员工敬业度	↗ 企业持续良好经营的内驱力，是企业文化的凝聚力、企业的运作效率、行业前景的吸引力、激励等各种因素的综合反映，也是企业是否有活力和战斗力的关键。 ↗ 由员工不敬业基本可断定企业的经营状况堪忧，经营难以持续
	客户满意度	↗ 企业生存的基础，为客户服务是企业存在的唯一理由。 ↗ 将 NPS 作为评价指标，而不是"自嗨"
	现金流	↗ 企业的血液和生命。 ↗ 没有利润的收入是打肿脸充胖子，而没有现金流的利润是纸上富贵，没有意义。 ↗ 关键财务指标

续表

维度	指标	说明
产品业务层面（财务结果和过程指标）	ROI	投资效率：投入产出结果、商业洞察力
	市场份额	产品竞争力、品牌力
	营业毛利润率	成本控制及产品竞争力
	应收账款周期	市场力、品牌力和声誉
	存货周转率	市场预测能力、计划能力、产品竞争力

企业也要像人一样经常"体检"，这样才能及时发现问题。很多企业的老板并非始终清楚企业的经营指标（或者只知道部分），往往在感觉出问题时才去了解，或者这些指标只是在财务部门那里，而财务部门只是被领导要求时才进行统计，至于这些数据反映出的业务经营状况，财务部门并不是很清楚，更别说其他部门了。这也是很多企业的经营已经出现较大问题，而企业却不知晓，最后酿成大祸的重要原因。

15.2　企业的市场竞争力和经营管理的中长期目标

企业知道了自身的经营健康度，还需要知道自身的市场竞争力如何。如何分析和评估企业的市场竞争力呢？具体来说，可以从两个维度分析和评估企业的市场竞争力。

第一个维度是市场和财务表现，需要关注的点如下。

- 销售额增长率。
- 毛利增长率。
- 人均毛利增长率：反映企业长期发展的效率和能力。
- 市场份额增长率、与主要竞争对手市场份额增长率的对比。
- 客户对自己和主要竞争对手的评价对比。

表 15-2 和表 15-3 分别为与主要竞争对手市场份额的对比和与主要竞争对手客户评价的对比。

第 15 章
评估企业的经营健康度和市场竞争力

表 15-2　与主要竞争对手市场份额的对比

时间	主要竞争对手 1 的市场份额	主要竞争对手 2 的市场份额	主要竞争对手 3 的市场份额	自己的市场份额
当年				
前 1 年				
前 2 年				

表 15-3　与主要竞争对手客户评价的对比

时间	客户对主要竞争对手 1 的评价	客户对主要竞争对手 2 的评价	客户对主要竞争对手 3 的评价	客户对自己的评价
当年	质量、性能、服务、性价比等维度			
前 1 年				
前 2 年				

在表 15-2 和表 15-3 中，企业要关注的是这些数据的变化趋势是向好还是向坏。如果向坏，那么意味着企业的市场竞争力开始下降，企业需要高度重视并找出原因、加以改进。

第二个维度是业务及管理表现，需要关注的点如下。

- 核心产品收入占比：评估企业的现金牛产品能力。
- 优质客户收入占比：评估企业的行业地位。
- 重点和战略区域收入占比：评估企业的行业地位。
- 研发投入的收入占比：评估企业的长期竞争力。
- 管理改进投入的收入占比：评估企业的长期竞争力。

业务表现决定了企业的生存状态，图 15-1 展示了企业的 4 种生存状态：挣扎在生存边缘、活着、有质量地活着、有威严地活着。比较遗憾的是，相当多的企业都处在活着甚至挣扎在生存边缘的状态。在图 15-1 中，越上方的企业的数量越少。

企业的经营管理是非常有挑战性的工作。我们该如何理解企业的经营管理呢？

集成产品开发 IPD

— 让企业有质量地活着，实现客户价值和商业成功 —

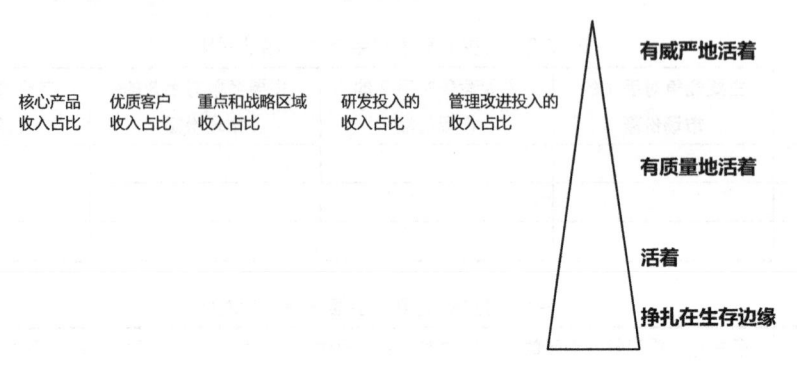

```
核心产品    优质客户    重点和战略区域   研发投入的   管理改进投入的        有威严地活着
收入占比    收入占比    收入占比         收入占比     收入占比

                                                                      有质量地活着

                                                                      活着

                                                                      挣扎在生存边缘
```

图 15-1　业务表现决定了企业的生存状态

根据世界标杆企业成功的路径，我们可以得出结论——企业的经营管理是短期、中期、长期目标的结合，如图 15-2 所示。

短期目标：财务结果	中期目标：效率与产品竞争力	长期目标：能力与组织活力
✓ 商业机会	✓ 以客户为中心的利润中心（营销与研发组织）	✓ 企业文化与核心价值观的共识、上下同欲
✓ 收入	✓ 产品研发队伍建设	✓ 良好的生态联盟（客户、合作伙伴、供应商：利益共同体）
✓ 利润	✓ IPD 落地实施	✓ 各领域专业队伍的持续建设、不依赖个人英雄
✓ 现金流	✓ 质量与成本意识，并持续改进动作	✓ 持续改进的质量文化、重承诺的契约式交付文化全面形成
	✓ 不让"雷锋"吃亏	✓ 获取分享制、多劳多得、愿赌服输的激励文化
		✓ 管理体系全面、深入、持续的构建与改进
		✓ 以能力与活力应对变幻莫测的外部环境，让成功从偶然成为必然

→ 方向大致正确且组织必须充满活力 →

图 15-2　企业的经营管理是短期、中期、长期目标的结合

以华为为例，华为并不像很多企业那样单纯追求利润最大化，而是要求在一定利润率水平上的成长最大化，追求企业长期有效地增长：竞争力持续提升。

企业的经营管理犹如一场没有终点的马拉松比赛，比的不是某个阶段是否领先，而是长期的耐力与持续优势。

♪ 短期：看经营结果，即财务数据。

♪ 中期：看效率与产品竞争力。

♪ 长期：看能力与组织活力。

第 15 章
评估企业的经营健康度和市场竞争力

很多企业往往更看重甚至只看短期的财务数据,忽略了自身的中长期发展,这也是很多企业的发展大多是靠个人能力、市场红利和政策机遇,但很难持续成长、不能让成功从偶然成为必然的原因。

作为企业的经营管理者,深刻理解经营管理的短期、中期、长期目标,是战胜外部不确定性、实现企业长期健康发展的关键。无论是因为外部变化无常的"黑天鹅""灰犀牛"事件,还是内部一时的方向和投资决策失误,企业只有具备了长期发展的能力和活力,才能快速调整和应对并安然渡过难关,从而继续攀登下一个高峰。反之,企业则可能会翻船甚至沉船。

【思考】贵企业的经营健康度和市场竞争力如何?如果满分为 10 分,你会打几分?

15.3 对经营管理者的素质和能力要求

对经营结果负责的责任人需要有相应的视野、能力及素质基础,才能承担和完成企业的任务。

作为经营管理者,应该具备哪些能力和素质呢?

对经营管理者的要求可以从素质和能力两个维度进行描述,如图 15-3 所示。

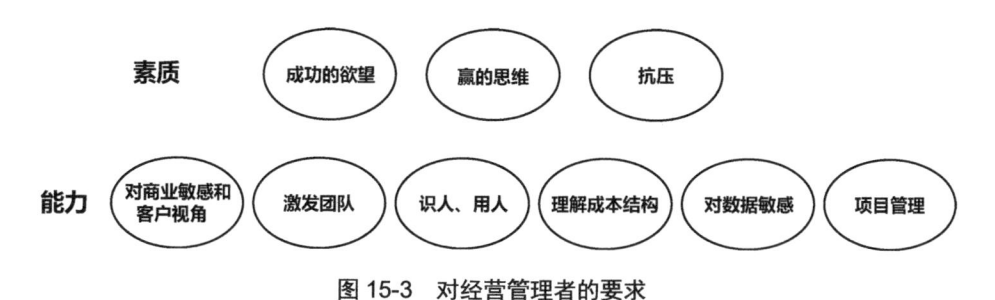

素质:成功的欲望 | 赢的思维 | 抗压

能力:对商业敏感和客户视角 | 激发团队 | 识人、用人 | 理解成本结构 | 对数据敏感 | 项目管理

图 15-3 对经营管理者的要求

15.3.1 素质维度

经营者同时也是管理者,带领团队作战,是第一关键人物,人们常说的

> 集成产品开发 IPD
> — 让企业有质量地活着，实现客户价值和商业成功 —

"兵熊熊一个，将熊熊一窝"就是这个意思。作为经营管理者，要具备如下素质。

1. 成功的欲望

经营管理者要有强烈的成功的欲望，充满激情，愿意主动带领团队去挑战困难，敢想、敢打、敢战；愿意主动挑战和实现更高的目标，面对困难毫不畏惧。无欲无求者或者不求有功，但求无过的人是很难承担经营责任的。

2. 赢的思维

在成功的欲望的驱使下，经营管理者要不断思考：客户现在和未来到底需要什么？我们的产品定位是什么？我们的目标是什么？都有哪些玩家？各自的优劣势是什么？我们要怎么做才能超越竞争对手而赢得客户的信赖？如何才能提升销量，从而实现商业目标？

脑海里有系统性赢的思维和逻辑，有强烈的目标驱动感和主动性，是对经营管理者的第二大素质要求。

3. 抗压

经营管理者经常会面对外部的各种变化、内部的各种挑战，并要承担责任，承受的压力是巨大的，甚至经常会陷入崩溃的边缘。但是，经营管理者当先治心，要做到"泰山崩于前而色不变"，不能因害怕失败而言弃，应临危不乱，在黑暗中发出哪怕是微弱的光芒，也要带领团队不达目标不罢休。

15.3.2 能力维度

1. 对商业敏感和客户视角

经营管理者要对商业有较高的敏感度。经营就是实现价值交换、为企业赚钱。经营管理者必须对市场趋势、客户需求及背后的商业机会有很强的洞察力，能及时抓住商业机会。同时，经营管理者必须站在客户的视角考虑自己提供的产品和服务的价值，能够进行换位思考：客户采用你的产品后的 ROI 及客户的成本优化是否能够解决客户的商业痛点、满足客户的需求，乃至促使客户取得商业成功。

2. 激发团队

经营管理者作为要带领团队打胜仗的责任人，要具备感染团队的领导力，让大家愿意跟着自己战斗、愿意和自己一起为共同的目标努力。死气沉沉的团队是不可能打胜仗的。

3. 识人、用人

经营管理者作为团队负责人，必须能够根据当前的目标，找到合适的人，对团队中每个人的特长、弱点了然于胸，能将他们安排到正确的岗位上并分配合适的任务，否则必然效率下降，甚至无法完成任务。这是对经营管理者的关键要求。不能正确地识人、用人，往往是经营管理者失败的重要原因。

4. 理解成本结构

经营管理者必须理解成本结构，不理解成本结构的经营管理者谈不上优秀。

成本结构示例如图 15-4 所示。

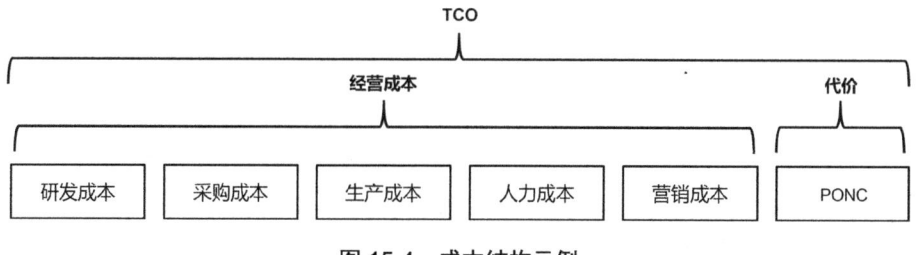

图 15-4　成本结构示例

经营管理者必须对本企业的成本结构烂熟于胸，知道成本都花费在哪里，哪些成本是不应该产生的，哪些地方是需要继续加大投入的。只有知道成本花费在哪里，才可能去有效改进。经营管理者要清楚图 15-4 中的 PONC，因为很多企业的内部管理（组织协同、流程、方法等的低效）导致的浪费实在太多了。

经营管理者更要关心 TCO，不断根据成本结构对其进行优化。

不夸张地讲，能不能对成本结构有很清晰的认知，是考量一个经营管理者水平的关键指标。

5. 对数据敏感

优秀的经营管理者都善于从结果和过程数据中发现机会、风险与问题，从而提前制定应对措施。细节往往都藏在一线现场中，经营管理者要对15.1节中的指标了如指掌，同时要对过程数据非常清楚和敏感，特别是要对目标与实际值的偏差值（差距）高度敏感。

经营管理者需要了解财务最主要的3张表（资产、利润和现金流方面）中的主要数据，这并不是要让经营管理者成为财务专家（那是财务部门的事），而是要经营管理者理解这些数据背后呈现的经营和业务的逻辑及问题，而且要对存货周转、自由现金流周转、订单和合同数量的变化，甚至企业招聘职位数量的变化高度敏感，因为它们往往代表着可能的商机、风险、竞争力及成本等方面的变化趋势。

6. 项目管理

在华为，万事皆项目。对所有经营管理者而言，项目管理能力都是一种根能力，任何管理岗位的责任人都必须进行对应的项目管理认证，不然是不能上岗的。华为要求所有经营管理者都必须取得 PMP 证书。

经营管理者无时无刻不在管理项目，所以必须具备项目的预算（投入和产出）、风险识别及管控、资源配置、计划、沟通等基本能力。

但很遗憾，在大多数企业中，管理岗位的责任人对项目管理一知半解，甚至基本没有感知，全凭个人经验，这样如何能管理好团队及取得经营结果？

很多企业的老板拼搏了二三十年，可能已经到了退休的年龄，也发自内心地想要退休。然而，"理想很丰满，现实很骨感"，企业并没有能够承接经

第 15 章
评估企业的经营健康度和市场竞争力

营责任的干部团队,在没有为企业培养出一批经营管理者之前,老板想退休是不可能的。例如,华为的创始人任正非实际上已经离开业务一线,企业的运营已经被交给轮值董事长团队;美的集团的创始人何享健也早已不再管理企业的具体业务,而是把经营企业的重任交给了方洪波等人。

如何才能实现老板安心退休的目标?如何才能不断获得经营人才?

"宰相必起于州部,猛将必发于卒伍。"训战结合,企业应在学习与实践中完成这一艰巨任务,最核心的是在经营管理实践中成长。

第 16 章

企业必须构建对经营结果负责的组织

经营是极具挑战性的工作,是企业实现目标最直接的活动。随着业务逐渐扩大和竞争日趋激烈,只有老板承担经营职责的企业很难做大,更难持续做大。因此,企业必须把经营责任层层传递给团队,并培养出对此负责的干部团队,只有这样,才能长期健康发展,在竞争激烈的市场中立于不败之地,实现不但活着,而且高质量地活着。

16.1　企业责任中心的划分

根据企业对经营结果应该承担的责任,可将企业的责任中心划分为 5 类,如图 16-1 所示。

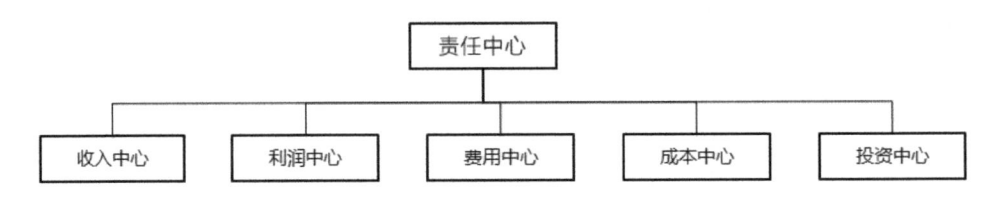

```
                    责任中心
    ┌──────┬──────┬──────┬──────┐
  收入中心 利润中心 费用中心 成本中心 投资中心
```

图 16-1　企业责任中心的划分

第 16 章
企业必须构建对经营结果负责的组织

收入中心：对产品和服务的销售收入负责，典型的是销售部门。

利润中心：对经营结果的利润指标负责，是企业发展的源泉，但在很多企业中是模糊不清的，往往老板不得不自己成为利润中心。

费用中心：对发生的费用及做出的贡献负责。

成本中心：对企业所要求的成本目标负责（与标准成本的差别、资源利用效率、成本改进等），实现降本增效。

投资中心：负责企业和产品未来发展方向的投资决策，并对投资结果负责，如 IRB、IPMT。

责任中心划分可以分层分解，如利润中心和投资中心可以继续分解为下级利润中心和投资中心等责任主体。

华为的责任中心划分如图 16-2 所示。

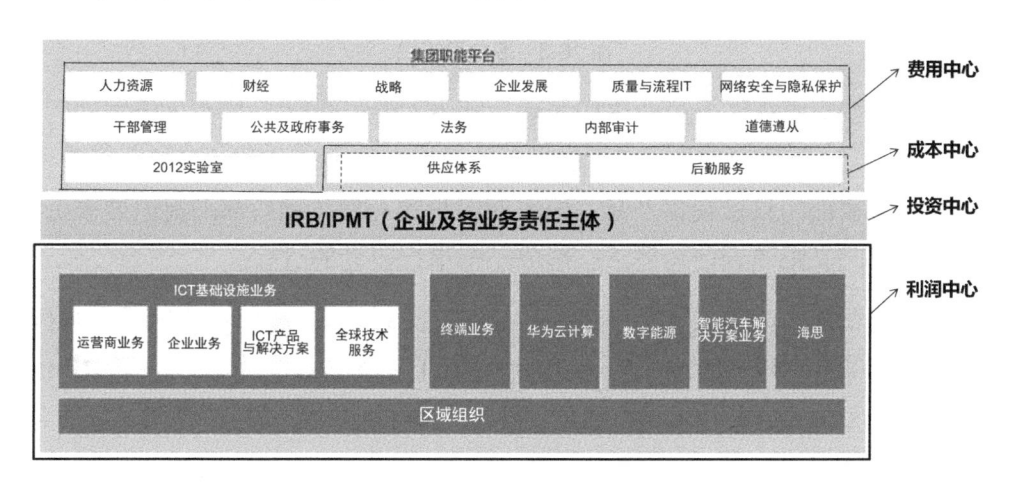

集团职能平台						费用中心
人力资源	财经	战略	企业发展	质量与流程IT	网络安全与隐私保护	
干部管理	公共及政府事务	法务		内部审计	道德遵从	
2012实验室		供应体系		后勤服务		成本中心

IRB/IPMT（企业及各业务责任主体）	投资中心

ICT基础设施业务				终端业务	华为云计算	数字能源	智能汽车解决方案业务	海思	利润中心
运营商业务	企业业务	ICT产品与解决方案	全球技术服务						

区域组织

图 16-2 华为的责任中心划分

合理划分责任中心是企业进行高效经营的基础和前提。实际上，很多企业对责任中心的划分不合理，导致很多部门并不清楚自己在实现企业经营目标的过程中到底该承担什么责任、互相之间该如何高效协同，最终结果就是老板承担一切。

16.2 企业常见的组织阵型

一般来说，企业常见的组织阵型有以下几种。

16.2.1 职能型组织

我国大部分企业的组织阵型是职能型组织（见图 16-3），华为在没有引入 IPD 之前，采用的也是这种组织阵型。

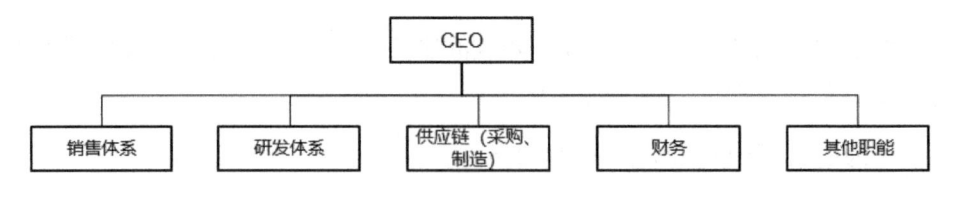

图 16-3 职能型组织

职能型组织在很多企业中的表现为前台（销售部门）、中台（研发部门、供应链部门）及后台支撑，各职能部门按照专业能力来分别承接部分经营责任，如销售部门只管销售产品，研发部门只管开发（销售部门提出要求），供应链部门又跟随着前端需求，形成一个串行驱动的过程。

我们在前面的相关章节中已经讨论过这类组织的缺点：各职能部门只按自己的功能和 KPI 完成部门任务，如销售部门只管卖、研发部门只管做、生产部门只管生产，实际上没有任何一个部门真正地对经营结果负责，最终老板担责。

很多企业的销售部门只是收入中心，不负责利润，再加上销售提成制的激励方式，导致销售部门总以产品竞争力不够、价格太高为理由，不断要求企业降价，不会考虑如何敦促研发部门提升产品竞争力，只追求卖出产品拿提成。另外，一些企业小单多、利润率低，甚至亏损，但销售部门一样有奖金拿。更严重的是，销售部门的人员只愿意在自己熟悉的领域工作，不愿意去拓展新业务，变成销售指挥企业，而不是企业指挥经营，甚至客户成了销售部门的个人资产。此种状态是很多企业都有的，这样的企业很难构建产品

第 16 章
企业必须构建对经营结果负责的组织

竞争力和实现持续增长,当市场竞争越来越激烈的时候,就极其容易被越来越多的竞争对手超越。

在前文中我们讲述过,很多企业的研发部门被当成费用中心甚至成本中心,因为不对经营结果负责,所以只是被动接受销售部门传递的二手需求,而不关心他们开发出来的产品是不是有竞争力、未来的产品规划该如何进行、如何设计商业模式。如果产品卖不出去,研发部门会说是因为销售部门的能力不行。

其他部门也类似,都是被动接受上游部门传递的任务,只关注自己部门的 KPI 和利益,不会端到端地关心如何解决客户痛点及找到企业未来的增长点。

很多企业的资源没有力出一孔、利出一孔。

16.2.2 事业部制组织

不少企业的组织阵型是事业部制组织,如图 16-4 所示。

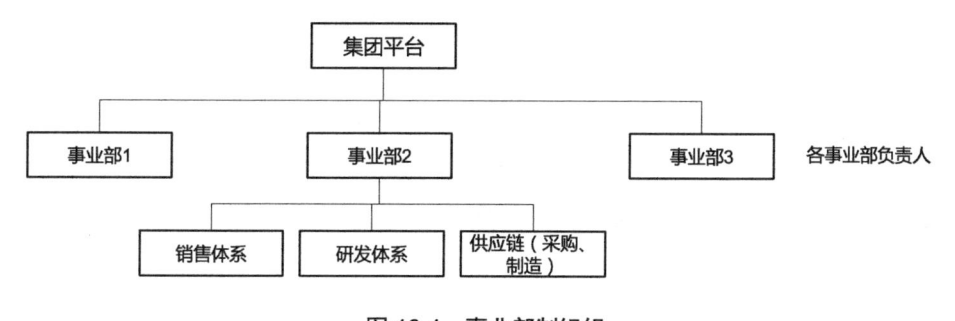

图 16-4 事业部制组织

相比于职能型组织,事业部制组织前进了一步:老板会把经营压力传递给各事业部负责人,各事业部负责人承担各自的经营责任。

但是,事业部制组织仍然有很多问题。每个事业部都仍然是职能型组织,原来职能型组织的问题在事业部制组织中同样存在,只是老板把矛盾转移到了下面而已,基本上是换汤不换药,各事业部的效率仍然很低。

另外,因为各事业部的权力很大,会出现不听集团调遣、各自为政,甚至互相恶意抢夺客户的严重情况，浪费企业的资源，甚至影响集团的品牌。

在事业部制组织中，老板往往会在管理上做甩手掌柜，并没有真正解决经营上的问题，甚至会出现更严重的问题（互相抢夺资源、客户市场品牌混乱、集团管理失控等）。

事业部制很像我国历史上的分封制，如果没有长期的价值观的认同，没有集团有效的管控，就会出现无法管控的局面。

16.2.3 阿米巴组织

阿米巴组织是日本经营之圣稻盛和夫创造的一种责任经营模式，其核心是把经营责任分发给各小单元，让各小单元都自行负责经营结果。这种模式最大的价值是可以促使各小单元树立经营意识和承担相关责任，对团队提升经营意识和能力有很大的作用。

阿米巴组织的本质是把事业部划分得更小，相当于构建了更多的事业部，因此事业部本身有的问题在阿米巴组织中同样存在。同时，阿米巴组织的成功运作不可避免地要在不同组织间进行内部结算，本来是同一个企业，但如此多的内部结算对企业的管理能力提出了巨大挑战。由于经营单元过小，很难集中力量办大事，因此阿米巴组织更适合小而变化快的市场。如果没有良好的文化和价值观引领，众多阿米巴组织各自为战、互相抢夺市场，就会对企业的品牌和整体效率造成负面的影响。

16.3 华为为什么没有采用事业部制

曾经有一个国际咨询企业给华为制定过一个实行事业部制的方案：按产品线实行事业部制，即功能封闭运作。虽然华为支付了顾问费，但是并没有实行这个方案。为什么呢？

（1）华为的客户是集中的且技术共享性很强，实行事业部制相当于把集中的客户资源割裂了、把研发的技术体系割裂了,这会让华为丧失竞争优势。

(2)如果多个事业部面向同样的客户,客户就会疑惑:谁代表华为呢?客户要的是解决方案,而在事业部制下,移动网络只提供无线的方案,固网只提供固网的方案,业务软件只提供软件的方案,谁能够给客户提供全面的解决方案?

(3)事业部为了自己的利益,很可能面向客户展开同室操戈的竞争,非常不利于企业整体能力的建设和提升,这不仅会让企业的利益受损,还会损害企业的品牌。

(4)华为的战略经营原则是聚焦,集中资源和兵力打大仗、打恶仗,追求长期健康发展,所以事业部制在华为的核心业务领域被否定了。

当然,如今华为有多种业务,终端 BG 的阵型具有事业部制组织的特点,但是终端 BG 也是有条件地自主经营的。终端 BG 共享了华为的后端能力(人力资源、财经、供应链和管理体系等),大家都在华为这个大品牌下集体作战。终端 BG 与运营商业务互相支撑,华为大平台为终端发展提供了强有力的支撑,终端 BG 站在华为这个巨人的肩膀上,很快就奠定了领先业界的基础。华为并非像很多企业那样各自为战,难以找到帮手。

按照彼得·德鲁克的理论,企业的业务体系应尽可能按照利润中心定位和运作,那么华为的经营责任组织(利润中心)是怎样设计和运作的呢?

16.4 对经营结果负责的组织——区域战区和产品线战区

华为的经营责任组织阵型以两大利润中心为核心,驱动企业其他的职能体系,以市场和客户为中心,共同为客户创造价值,实现多"打粮食"(商业成功)。

这两大利润中心一个是区域战区,另一个是产品线战区,如图 16-5 所示。

集成产品开发 IPD

- 让企业有质量地活着，实现客户价值和商业成功 -

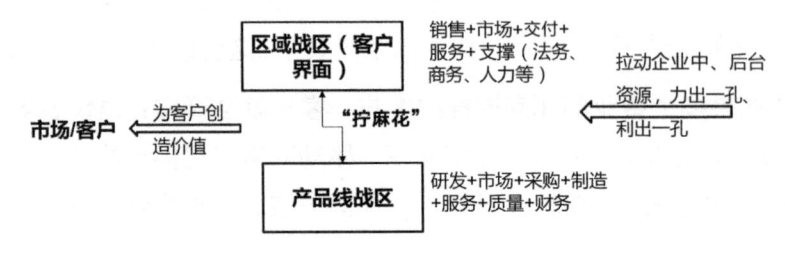

图 16-5　华为的两大利润中心——区域战区和产品线战区

华为以区域为核心形成战区，是客户界面组织（很多企业可能以行业或者客户群体为战区，没有本质差异，都是利润中心），主要承担需求收集、销售和售后服务的工作。华为的区域战区和产品线战区类似，是跨部门的作战组织，由销售（主要成员）、市场、交付和服务等军种组成，还有法务、商务、人力等支撑部门，共同对收入、利润负责，不像很多企业的区域战区只有销售这一军种。

产品线战区的组成已经在第 8 章中详细介绍过，此处不再赘述。

华为的区域战区（以销售军种为主）、产品线战区和很多企业的定位差异很大。很多企业的销售部门往往只是收入中心，只负责收款和回款，但不负责利润，导致销售部门为了完成收入任务而不断降价，损害企业的利益。很多企业的研发部门也只是费用中心甚至成本中心，只是被动响应销售部门传递的客户需求，只对费用和进度负责，不对提升产品竞争力和客户端到端问题负责。

华为把区域战区和研发部门转身后重新定位的大研发（产品线战区）均定位为利润中心的战区组织，一下子解决了困扰很多企业的问题。

既然是利润中心，区域战区和产品线战区就要对多"打粮食"（收入、利润、回款、现金流、客户满意度）负责。在定位发生变化后，销售部门和产品线战区都不再以各自的局部利益为中心，而是要一同站在解决客户问题、提升产品竞争力和不断寻找商业机会的角度作战，如果产品不能在市场上获得成功，那么区域战区和产品线战区都不会有奖金，共同的利益把大家紧紧地绑在了一起，一荣俱荣、一损俱损。

尤其是研发部门转身为大研发（产品线战区），从原来被动开发产品到主动洞察和规划产品，并对产品全生命周期的竞争力负责，成为产品的"亲生父母"，自然会对自己"孩子"的前途十分关心。

第 16 章
企业必须构建对经营结果负责的组织

16.5 "拧麻花"：战区组织之间高效协同的机制、共同多"打粮食"

很多实施了 IPD 的企业，其区域战区和产品线战区并没有真正协同起来，类似在打仗时，各战区或军种各自为战，仍然是乱仗。华为是如何协同区域战区和产品线战区的呢？在华为，协同区域战区和产品线战区的机制被称为"拧麻花"。

华为从 3 个角度把区域战区和产品线战区拧成了一股绳，如图 16-6 所示。

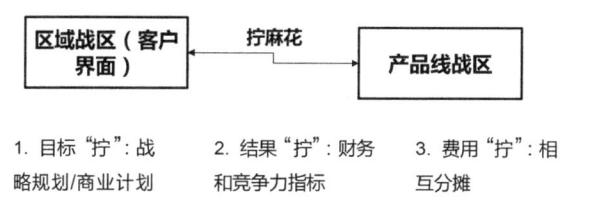

```
┌──────────────┐   拧麻花   ┌──────────────┐
│ 区域战区（客户│ ────────→ │  产品线战区   │
│    界面）     │            │              │
└──────────────┘            └──────────────┘

1. 目标"拧"：战      2. 结果"拧"：财务    3. 费用"拧"：相
   略规划/商业计划       和竞争力指标         互分摊
```

图 16-6 区域战区和产品线战区"拧麻花"：力出一孔、利出一孔

（1）目标"拧"。在做战略规划和年度商业计划时，两大战区分别从各自的角度［区域战区（客户机会、市场机会）、产品线战区（行业机会、新产品机会）］说明如何协同在市场上做大做强，给客户提供更多、更优质（竞争力）的产品包和服务，并完成年度计划执行的互锁（目标、作战任务及措施互相协同）。

（2）结果"拧"。作为利润中心，区域战区和产品线战区都要对财务指标负责。区域战区要负责的财务指标为收入、利润、回款、现金流、客户满意度。产品线战区要负责的财务指标为收入、利润、产品竞争力、客户满意度。

（3）费用"拧"。在实现客户价值的过程中，如发掘市场机会、进行技术交流、交付项目等，战区间要相互分摊费用。区域战区要分摊产品线战区呼唤"炮火"的费用，同时产品线战区要分摊区域战区拓展该产品的费用。

通过以上互相"拧"的机制，可以实现如下目标。

（1）使区域战区和产品线战区都关注如何更好地发掘市场、客户投资机会、项目机会。

（2）区域战区会要求产品线战区持续开发新产品、满足新机会、提升产品竞争力，让客户满意。同时，产品线战区作为产品的"亲生父母"，会更关心自己设计和开发的产品在市场上如何变现，会要求区域战区向更多行业和客户群渗透、销售更多的产品，"首战用我，用我必胜"，提高产品的市场占有率。

（3）二者互相承诺、互相帮扶，共同把产品包和服务蛋糕做大做强，产品成功则大家一起分钱，产品不成功则大家都没有钱分，真正把大家绑在同一艘战船上，为实现客户价值和多"打粮食"而集成作战。

在把区域战区和产品线战区变成利润中心以后，它们的整个行为就会趋于合理，会解决困扰很多企业的难题和以前很多解不开的疙瘩，会真正面向客户价值，协同作战，实现多"打粮食"，而不再内部扯皮。

当然，互相"拧"的机制和方法能否在企业中落地，会涉及一个更为重要的基础要素：价值观。如果一个企业没有很好的价值观，好的机制就难以落地执行。

华为的企业文化打造了强大的执行力，区域战区和产品线战区即便有一些分歧（如在对产品竞争力的评价、客户、产品销售优先级、销售策略、定价等方面存在分歧），在目标和利益一致的情况下，也能很快达成一致意见，实现"胜则举杯相庆，败则拼死相救"。

第 17 章

落实年度商业计划，把经营目标变成经营结果

17.1 利润中心的经营执行框架

研发部门转身为产品线战区，成为对经营结果负责的利润中心，如何才能高效地完成经营任务呢？这涉及经营体系的构建和实现。

利润中心的经营是从企业战略开始的，由企业的战略规划到年度商业计划，开启年度经营活动。

年度经营框架如图 17-1 所示。

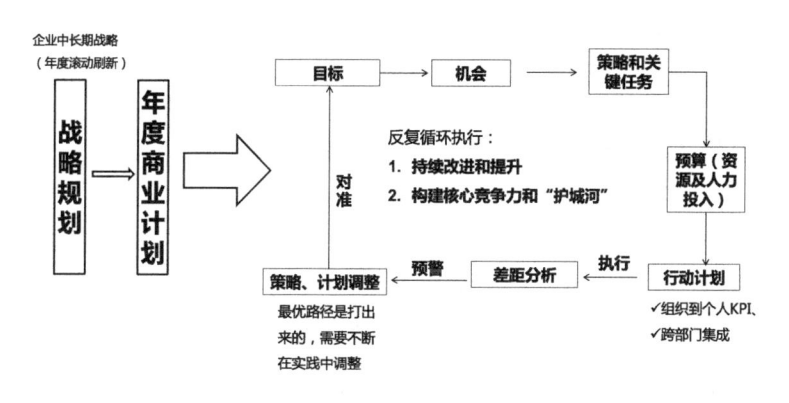

图 17-1 年度经营框架

作为经营管理者，务必深刻理解如图 17-1 所示的经营逻辑。在很多企业中，实际上是没有这个经营逻辑的，基本上靠个人的能力或者运气，无法沉淀经验和教训，也无法迭代升级，经营结果总处于受外界影响很大的具有不确定性的状态，企业难以长期健康增长。

17.1.1 目标

根据企业的长期战略方向，可以导出企业的年度目标。年度目标是用来完成和挑战的，不是用来讨价还价的。

17.1.2 机会

很多企业的年度目标难以实现与看不清机会有很大的关系。如果利润中心对未来的机会没有感觉，自然就不敢去承担目标。

如何寻找增长机会？我们在 17.2 节中讨论。

17.1.3 策略和关键任务

来自战略规划的战略解码，根据战略规划和年度目标的要求，制定本年度最重要的工作任务及对应策略，包括但不限于客户拓展、产品研发、成本、合作、渠道、激励等完成目标最关键的任务。

17.1.4 预算（资源及人力投入）

商场如战场，拼的是资源和钱。企业的资源有限，因此必须根据长期战略和年度目标，提前计划把钱花到哪里、如何花。很多企业基本上是过一天花一天的钱，对花钱既无计划，又不清楚，处于一种随机状态。

华为对非主航道业务有严格的投入预算控制：非主航道业务必须有足够

第 17 章
落实年度商业计划，把经营目标变成经营结果

的利润和现金流支撑，能够为主航道业务提供充足的"弹药"、为主航道业务保驾护航，否则就严控或禁止投入。

全面预算、业财融合是提升企业经营效果和能力的关键举措。没有合理规划的预算，就难以有精确的过程核算及事后的决算。很多企业的花费就是一笔糊涂账，账算不清，就很难对结果进行价值评价，也就难以论功行赏，从而陷入吃大锅饭的境地，甚至导致劣币驱逐良币，引起团队不稳。因此，经营管理的方法、效果和结果可谓一环套一环、步步惊心。

根据标杆企业的实践，可将预算分为经营预算和战略预算两大类，如图 17-2 所示。

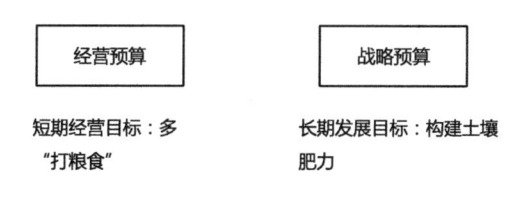

经营预算	战略预算
短期经营目标：多"打粮食"	长期发展目标：构建土壤肥力

图 17-2　经营预算和战略预算

即便是有预算体系的企业，很多企业也往往只是盯着短期经营目标，忽略长期竞争力（管理变革、能力建设、预研、平台等关键技术）的构建，基本没有投入构建土壤肥力的预算或者随意减少预算，更不用说那些连预算都没有的企业了。华为的战略预算是不能被经营预算侵占的，必须保证对长期竞争力构建的投入。

17.1.5　行动计划

在关键要素（目标、机会、关键任务、预算）明确的情况下，经营者必须把下一步可以具体执行的作战任务分解到各职能军种，保持各部门的高度协同，形成集成业务计划，并完成从组织到个人 KPI 的签署，作为年度价值评价的依据。

IBP 的核心是集成，是跨部门计划的集合，不是单一部门的计划。很多企业可能连单一部门的行动计划都没有，走到哪里是哪里，更别提集成行动计划了，这是很多企业作战效率低的重要原因。

17.1.6 差距分析

经营者必须对目标与实际的差距高度敏感，必须挖掘差距背后的原因，以免发生巨大问题或风险。世界级的经营者都对差距有独特的偏好，他们擅长从差距入手，发掘潜在的问题或风险，并及时解决问题或化风险于无形之中。

华为有个管理原则：允许你犯错误，但你犯同样的错误不可原谅。不犯同样的错误的背后则是常年对差距进行分析和找根因形成的能力。

通用电气的原董事长和CEO、世界上十分受尊敬的经理人杰克·韦尔奇钟爱差距分析。他说："我的主要兴趣是差距分析。它更能揭露现实世界中的所有可能性、风险性和复杂性。它是一个用途极大的超级工具，而你唯一需要惧怕的就是如果不对它加以使用的话，你就会错过很多。"

年度商业计划体现的是作为战区的利润中心如何站在结果要求的视角（以终为始），协同各军种集成作战的计划、路径和行动。它既不是单纯的财务数字要求，又不是单个部门的各自为战，而是以实现商业结果为目标的IBP（集成人、事、财、物），是经营能力水平的直接体现。

17.1.7 策略、计划调整

最优路径是打出来的，需要在实践中调整。

17.2 业务增长的五大机会点：行业、客户、产品、区域及模式创新

目标的实现必须由业务增长的机会来支撑，不然目标很可能就变成喊口号和吹牛皮。很多企业的目标之所以无法实现，很大一个原因是没有找到业务增长的机会。利润中心该如何寻找业务增长的机会呢？结合标

第 17 章

落实年度商业计划，把经营目标变成经营结果

杆企业的成功实践及我们辅导企业的经验，我们总结出业务增长的五大机会点，如图 17-3 所示。

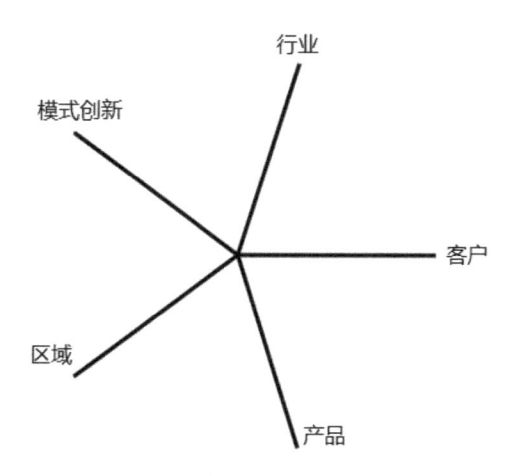

图 17-3　业务增长的五大机会点

利润中心可以沿着图 17-3 所示的五大机会点寻找业务增长的机会，如表 17-1 所示。

表 17-1　业务增长的机会

业务增长的机会	描述	措施	说明
行业	很多技术型企业根据技术及产品在不同行业里寻找应用机会。例如，处理水的技术可以用在民用和工业废水处理、核废水处理、石油化工等行业	组建行业拓展项目团队，深挖不同行业的应用要求，结合自身产品的特点，设计每个行业的产品业务计划（见9.5节）	
客户	拓展新客户群,拓展价值客户和战略客户	♪ 根据6.4.3节划分和确定客户群 ♪ 对于战略客户和价值客户，要从战略投资角度理解其需求，挖掘新商机 ♪ 为每个客户群设计对应的业务计划	

集成产品开发 IPD
— 让企业有质量地活着，实现客户价值和商业成功 —

续表

业务增长的机会	描述	措施	说明
产品	把老产品卖给老客户	这是对已有市场的渗透：降低成本、降价，设计更多增值包，提升复购率	要掌握本书第5章、第6章、第7章的相关内容
	把老产品卖给新客户	♪ 加大市场宣传力度，提升市场人群的渗透率 ♪ 提升产品包的竞争力，抢占竞争对手的份额	
	把新产品卖给老客户	深挖客户的潜在需求，加快产品迭代，快速推出新特性和新版本，满足客户日益增长的新需求	
	把新产品卖给新客户	要比竞争对手更深刻地理解客户的痛点，用新产品、新版本、新特性解决客户未被解决的痛点和诉求，如帮助华为在全球获得巨大商业成功的无线 SingleRAN 产品就是紧紧抓住了客户网络基建运营及成本方面的深刻痛点，一举拿下西方大型运营商，堪称新产品拿下新客户的典范。 【注】新产品应该在原来企业擅长的领域或者与价值链上下游有关联的领域，其能力和积累可以复用。进入全新赛道务必慎重，如主营业务是做通信的，想进入房地产行业去拓展新机会，就要慎之又慎	
区域	♪ 从国内局部区域走向全国 ♪ 从国内走向全球	东方不亮西方亮，避免竞争激烈或渗透率饱和的区域，寻找区域的蓝海。每个区域又可以被按照行业、客户和产品再逐层打开，寻找新机会	
模式创新	产品创新	♪ 新特性创新，如华为的无线 SingleRAN 产品 ♪ 沿着价值链扩展，如从做产品走向集成和服务，如 IBM 转型为服务模式，从"挖金子"到"卖铲子"	
	渠道营销创新	线下到线上、公域流量和私域流量、直销到经销	

第 17 章
落实年度商业计划，把经营目标变成经营结果

续表

业务增长的机会	描述	措施	说明
交易模式创新	结合客户拓展维度,针对不同的客户群:团购、以租代购、从免费到流量广告、平台租金、低成本薄利多销、按时间、按流量、基本功能免费增值功能收费等。例如，HP打印机主要靠墨盒获利。旅游时的团费不贵,但可以创造购买的氛围,通过购物增加收入。电商的群雄争霸体现了商业模式和交易模式的创新	掌握本书第5章关于如何设计产品包的内容，根据不同的产品包设计不同的交易收费模式
创造需求	借助技术的进步和潜在的渴望，没有需求就创造需求或让潜在需求浮上来，如功能机到智能机、线下到线上、扩展生态链，卷入更多的需求或者挖掘内在需求。例如，通用电气发明了家用电器，带动了电力的消费。智能机的普及带动了通信技术从2G到3G/4G的网络大建设。如今，需求又逐渐饱和，5G技术又需要寻找新的应用机会，可以从消费者转移到工业企业的应用领域或者新消费大数据的业务(如增强现实、虚拟现实等)	♫ 首先要掌握本书第5章和第6章关于如何规划与设计有竞争力的产品包，以及第7章关于如何深刻理解客户需求并构建对应的产品竞争力的内容 ♫ 其次要对消费和技术趋势高度敏感，具备创新意识和能力

作为利润中心的负责人，要深刻理解和应用表 17-1 中所列的业务增长的机会，并能进行相互关联和进一步创新，这也是对经营责任人商业洞察能力的要求。

第 18 章

经营分析会及经营分析报告

经营活动就是不断回答下列问题的过程，是赢的思维的体现，不断逼近和挑战目标：

我们的目标是否有变化？

我们现在在哪里？

我们实现目标的增长机会在哪里？

我们该如何实现这些机会？

有哪些主要问题和风险？该如何解决？

……

商场如战场，企业的经营过程中充满各种不确定性因素，再完美的计划也不可能完全按照自己的预期进行，往往是计划赶不上变化。因此，为了实现目标，企业必须不断地监控和优化计划的执行，不断逼近和超越目标。年度规划目标落地的抓手是什么？如何才能保证企业及各组织的年度任务高效完成？

标杆企业通过例行的监管机制，确保年度经营按既定方向前进，其中最重要的抓手就是经营分析，包括经营分析会和对应的报告，被华为称为"一报一会"。

在华为，能不能开好经营分析会和有高质量的经营分析报告，是对利润中心——战区负责人经营水平的重要衡量标准。

第 18 章
经营分析会及经营分析报告

作为经营抓手的经营分析如此重要,但很多企业做得非常不到位,甚至没有做过,很多企业在增长时不知道为什么会增长,在下降时不知道为什么会下降,靠天吃饭。

18.1 企业经营分析会之乱象

企业经营分析会之乱象有如下几个。

(1)汇报会:大家一个一个汇报工作,汇报自己的部门都干了什么事情,主要内容是晒成绩、诉苦劳,强调干了什么、大家多么辛苦、加班到几点等。与会者听完都非常感动,至于背后的问题也就不过问了。大家一个一个地汇报,然后散会。

当 A 汇报时,其他人要么看手机,要么处理自己的事,好像和自己没有关系,其他人汇报时情况类似。只有老板和极少数人关心汇报的内容,会提出问题,大部分人是来陪会的,而且大家会前都不知道会议的议题及汇报的大概内容。

(2)批判会:大家常常会互相指责相关部门的工作不给力,给企业造成了损失,把矛头指向别人甚至竞争对手,使经营分析会变成追责会。

(3)漫议会:会议往往变成没有目标的漫天分散的讨论,时间长,但不能解决大家真正关心的问题。

(4)不闭环:会议结束,大家散伙,但会上提到的问题没有落实到责任人、没有完成要求,也没有时间点要求。对于同样的问题,下次会议还会再次谈到,周而复始……

以上是很多企业经营分析会的真实写照。在标杆企业,经营分析会不是汇报工作,更不是晒成绩,因为成绩已经变现到你的级别、工资和奖金中,无须再提。

更关键的是,上述会议对企业业绩目标达成、问题和风险的解决基本没有帮助,反而会浪费管理层大量宝贵的时间。

经营分析会应该讨论什么？其目的是什么？

标杆企业的经营分析会是围绕目标实现展开的：目前距离目标还有多远、原因是什么、问题和风险有哪些、如何才能实现目标。标杆企业经营分析会的主要内容如下。

（1）聚焦暴露问题和风险。

（2）聚焦商业机会。

（3）聚焦如何落实机会和实现目标。

总之，经营分析会应紧紧围绕如何多"打粮食"、如何实现目标或超额实现目标，即如何打胜仗。

18.2 经营分析从差距分析开始

差距分析不仅是经营分析的入口，也是战略规划的开始，不满意会导致对战略的重新审视，而不满意往往是因为有差距。

很多企业会做差距分析，但分析得不全面，只是跟计划目标比。为了更好地挖掘经营中的问题，企业需要结合多方面的差距进行分析。

差距分为两大类：一类是结果差距，另一类是导致结果的原因差距。

结果差距主要有 5 种，如图 18-1 所示。

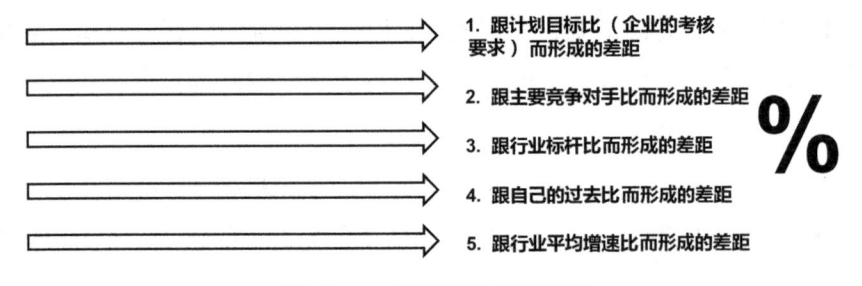

1. 跟计划目标比（企业的考核要求）而形成的差距
2. 跟主要竞争对手比而形成的差距
3. 跟行业标杆比而形成的差距
4. 跟自己的过去比而形成的差距
5. 跟行业平均增速比而形成的差距

图 18-1　5 种主要的结果差距

很多企业觉得自己比过去有增长就沾沾自喜，如果全面展开看结果，就会发现自己的增速不如主要竞争对手的增速，更不用说和标杆企业比了，甚至落后于行业平均增速。

经营者必须全面了解结果差距,方能做到心中有全局、知晓问题之所在。

从导致上述结果差距的原因看,原因差距可以分为两大类:业绩差距（又称执行差距）和机会差距。这两类原因差距都会导致上述结果差距。

业绩差距:这类差距是在原计划的目标和预测内的,是那些事先已经看到的目标却没有实现——措施不当、能力效率低和努力不够等导致目标没有实现。

机会差距:因为没有看到新的趋势变化带来的机会而错失了机会,导致任务没有完成,产生结果差距。机会差距往往是一个企业被竞争对手弯道超车的重要原因。机会差距不是通过加班等执行层面的努力可以解决的,而是你事先根本没有看到和想到的。例如,一个企业因为看不到新能源的发展趋势而一直坚持生产燃油车,那么它无论如何努力可能都很难持续增长,甚至有被淘汰出局的危险。对于这类原因导致的结果差距,企业必须提升自身的市场洞察和规划能力,不让机会从自己手中溜走。

表 17-1 中的模式创新机会属于这类机会,如果你能抓住别人看不到的机会,那么大概率能够在市场上活得很好。

18.3 目标-预测-实际

作为经营责任人,要对目标-预测-实际这个经营逻辑（见图 18-2）有深刻的理解。

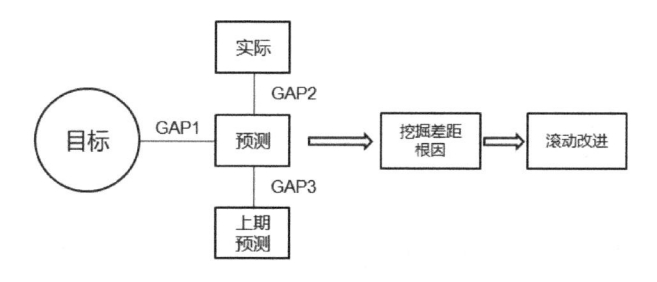

图 18-2 目标-预测-实际的经营逻辑

目标：利润中心要完成的任务，或者挑战更好的结果，来自企业根据企业战略下达的目标任务。

预测：预测在华为被称为经营的核心。预测不一定每次都很准确，企业在此过程中要不断洞察市场机会（不仅包括一个个公开招标的项目机会，还包括通过对客户战略的理解及对客户未来投资机会的洞察，所看到的更大、更多的商业机会）。

预测背后的本质是抓机会能力和执行的高效。预测是更好地完成目标的基础，是不断提升经营能力的重要手段，没有很好的预测分析能力，就很难抓住机会，完成目标也就靠运气。

目标、预测及实际值之间产生了 3 种不同的 GAP。

GAP1：目标差距，即目标与预测之间的差距。偏差在预测内的，是执行差距，需要企业重点抓执行能力和效率。偏差在预测外的，是机会差距，需要企业提升洞察能力，多挖掘机会点。

GAP2：预测与实际的差距，即执行差距。说明经营过程出了差错：要么能力不够，要么措施不得力，要么管理效率低，需要加强日常差距的分析与内部管理。

GAP3：预测变动，即本期预测与上期预测的差距。若变动很大，则说明预测能力不足，要么是新机会抓不住，要么是执行力不够。企业需要不断提升洞察能力，把预测外（没有预测到的机会）的转入预测内，提升业务把控能力；加强内部管理，让预测内的按计划实现；避免预测大起大落，影响经营和管理的决策。

有了这些 GAP，经营者就需要不断去挖掘这些差距背后的根因，从而制定改进措施，让实现目标成为必然。

18.4　深挖差距的根因

分析差距只是初步手段，最终目的是找到造成差距的深层次原因，并制定改进措施和实现目标。如何找根因？

第 18 章
经营分析会及经营分析报告

要从横向和纵向两个视角进行分析：横向分析是穷尽所有可能且互不交叉，纵向分析是深挖根因，如图 18-3 所示。

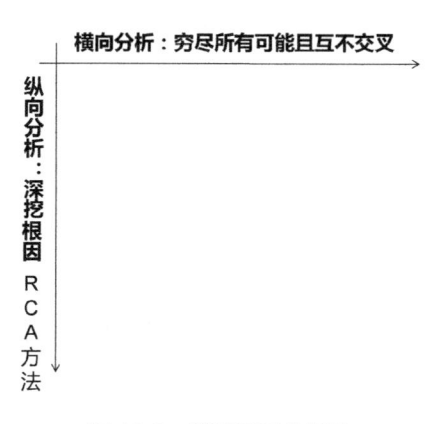

图 18-3 差距原因分析法

横向分析：按照金字塔原则，穷尽所有可能且互不交叉。这种方法又称分类打开方法，即按照不同的分类维度打开、打开再打开（类似剥洋葱），把所有可能的分类都展现出来。

例如，根据区域打开，可以先分别按照国内各省打开，然后将每个省按照不同地区继续打开，以此逐渐深入。对于产品，则可以按照不同类别的产品打开；对于同一类产品，则可以根据不同型号再打开。

纵向分析：根据横向每次打开的分类，采用 RCA 方法，找到根因。这种方法也叫 5Why 分析法，即多问几个为什么。

在挖掘根因时有个非常重要的原则：行有不得，反求诸己。也就是说，要多做自我批评，多从自身找原因，即要归因于内。很多企业在做经营分析和复盘时，往往归因于外，把经营结果不好的原因归结为外部环境不好、竞争对手太强大、兄弟部门不给力或者支持不到位等，采取这种态度是很难进步的。

虽然被美国打压了，但是华为没有把经营业绩下滑的原因归结为外部环境不好，而是更加奋发图强、深挖内部效率和提升各方面的能力，以能力和规则应对外部的各种"黑天鹅"事件和不确定性，只有这样，才能在难以预测的外部环境中不被掐脖子，才能继续前进和成长。华为承受了这么大的外部压力，但其经营依旧健康，更重要的是不仅没有被压垮，还强渡大渡河，不断有新的突破。

图 18-3 所示的方法不仅可以用在经营分析上，还可以用来分析管理效率。例如，企业要分析质量，可以按规划质量、设计质量、开发质量、测试质量、采购质量、制造质量等打开；企业要分析成本，可以按采购成本、人力成本、设计成本、生产成本、浪费成本等打开。

18.5 示例：一个手机厂商的经营差距分析

假设有一个市场主打国内、生产智能手机（高、低端两种型号）的消费电子企业，其某年度计划完成 50 亿元的销售额，实际该年度完成的销售额是 51 亿元。

很多企业会觉得已经完成了年度任务，应该皆大欢喜和大力庆祝。但从经营分析的角度看，仅仅看总额远远不够，还要看竞争对手、标杆企业及行业的增长情况，才能全面了解企业在市场上的竞争地位。

结合图 18-3 所示的方法，我们可以深度分析更全面的经营情况。

先在横向上按区域、产品、客户群、渠道等分别打开，分析各自的完成情况，才能深入了解经营的细节，也才能知道更深层次的问题。

我们按区域和产品两个维度打开（客户群、渠道等类似，读者可自行练习）。按区域维度打开如表 18-1 所示。

表 18-1 按区域维度打开

区域	实际销售额/亿元	目标/亿元	说明
南部战区	10	12	高级别预警
北部战区	10	10	
中部战区	10	10	
西部战区	11	7	惊喜
东部战区	10	11	未达标
合计	51	50	

第 18 章
经营分析会及经营分析报告

从表 18-1 中可以看到，虽然该企业的总体任务完成了，但被寄予厚望的现金牛——南部战区和东部战区没有像往年那样完成任务，反而是以往不被关注的西部战区超额完成了任务。南部战区和东部战区的负责人必须把任务没有完成的原因分析清楚，任务完成得好的西部战区的负责人也需要向管理层说明原因：是必然还是偶然，是否可以提炼出普适的经验在全企业进行推广。

读者可自行练习，在表 18-1 中增加前两年的数据对比，了解增速变化。

按产品维度打开（示例）如表 18-2 所示。

表 18-2 按产品维度打开（示例）

产品	实际销售额/亿元	目标设定/亿元	说明
高端产品	25	30	高级别预警
低端产品	26	20	

从表 18-2 中可以看出，该企业希望打开高端市场，但实际上仍然是低端市场贡献了该企业的主要收入，这是个不好的信号，需要继续深挖原因。

读者可以在表 18-1 中增加其他维度（如上一年度各区域的数据），以及基于区域继续按产品打开，分析每个区域的高端和低端产品的销售情况。同样，在表 18-2 中，读者可以基于产品维度，增加区域维度，对于每种产品在各个区域的销售情况等，可以继续按照客户群、渠道等继续打开，不断挖掘更加细致的经营情况。

先按照横向分类打开，再针对每个打开的维度进行纵向的深度剖析，寻找每个打开维度的根因。例如，在表 18-1 中，本应该是现金牛的南部战区的销售额不达标，原因有哪些？我们可以多问几个为什么：

♪ 产品竞争力不行？→哪里不行？（质量、性价比、性能……）
♪ 内部管理效率低？→哪些方面？（敬业、能力、协同……）
♪ 渠道不行？→哪个渠道不行？→为什么？（对分成不满、渠道数量不够、渠道能力不行……）

> - 对手变强大？→哪里变强大？→怎么变强大的？
> - ……

很多企业缺乏对经营问题和数据的深度、广度的打开分析，浮于表面，自然难以挖到根因、难以改进。

18.6 经营分析报告

经营分析报告是在经营分析会前必须准备好的，也是经营分析会上主要讲述的内容。经营分析报告必须能够支撑经营分析会的目的。

很多企业的经营分析报告往往是由财务部门主导的，充斥了专业的财务名词，让大家云里雾里的，从老板到管理团队都搞不懂其中的含义，根本无法达到经营分析会的目的和要求。其原因是没有站在业务经营的视角。经营分析报告不是财务 3 张表，需要站在 CEO 的业务视角来呈现。它相当于飞机或汽车上的仪表盘，要让企业和部门的高管一看就能看清楚其中的问题、风险和可能的机会，而不是一大堆枯燥的财务数字。

华为的经营分析报告由两大部分组成：主报告和业务报告（IBP）。

18.6.1 主报告的内容

如果把商场比作战场，主报告就是用来描述当前战场的实况的。主报告要说明以下内容。

> - 我们在哪里？（当前经营的实际结果）
> - 和目标的差距是什么？（差距分析）
> - 原因是什么？（原因分析）
> - 有哪些问题和风险？
> - 下一步的方向（机会有哪些？→预测）

主报告相当于经营仪表盘，把经营过程中的核心问题暴露出来。

按照 18.2 节、18.3 节、18.4 节所介绍的方法生成主报告。特别要注意：对于差距分析和预测，务必使用数字进行说明（见 18.5 节的示例），不能只是用文字进行定性描述，要进行定量描述，以便让人看清楚距离目标有多远。

主报告的编制、汇报责任人是业务部门，负责经营的部门是主角，而不是财务部门。

18.6.2　业务报告（IBP）的内容

在清楚当前作战实况后（差距、根因、预测机会），下一步的工作是实现机会及业务目标，包括以下内容。

- 全年的业务预测（可以按月、季度展开）。
- 预测背后商业机会的详细分析（客户投资机会、项目机会、创新机会等，详见 17.2 节）。
- 目标与预测机会间的 GAP 分析。
- 围绕目标、针对 GAP，制订详细的行动计划。按照 17.1 节中的经营执行框架，拉通企业各部门，为共同的目标集成作战。
- 其他重点工作。

业务报告聚焦如何实现目标，切忌很多企业常见的不良习惯：

- 流水账：一堆任务列表。
- 假动作：貌似行动很多，但大都是假把式，不能针对实现目标落地。

18.7　开好经营分析会

清楚了经营分析会的目的是打胜仗、多"打粮食"，那么该如何开好这个重要的会议呢？标杆企业有如下经验。

（1）将经营分析会分成不同的层级，从下至上召开：各区域战区、各产品线战区、企业层面。

（2）有专职的会议组织和管理者负责发起通知、主持会议、进行事后跟踪，形成固定的运作流程和机制，确保经营分析会不是"三天打鱼，两天晒网"的心血来潮。

（3）在会前要拟定会议的议程，并提前通知参会者。

（4）各汇报的经营主体要提前准备好经营分析报告，在汇报时抓重点（差距、根因、机会及措施）。

（5）务必提前与相关责任部门、人员沟通问题，尽量在会前把问题解决；解决不了的，再到会上决策。切忌会前不沟通，到了会上才讨论。

（6）不能将家事（完全是自己部门内部的事，管理者要自行解决）拿到会上讨论，只有跨部门的议题才可以上会讨论和决策。切忌把自己家里鸡毛蒜皮的事都拿到会上。

（7）议题必须决策：切忌议而不决，所有议题都必须有结论。

（8）闭环：会后对会议的决策务必形成行动计划，并由专人跟踪，每个决议都务必有责任人、结果和时间要求。切忌开完会拍拍屁股走人，问题依然存在。

表18-3所示为会议遗留问题跟踪示例，很多企业也有所谓的事后跟踪，但既没有责任人，又没有结果要求，甚至连时间点也没有，形同虚设。

表18-3 会议遗留问题跟踪示例

序号	待解决的事项	责任人	结果要求（可度量、定量说明）	时间要求
1	降成本		成本方案通过评审	1个月内
			更新设计方案、成本降低15%	3个月内
2	其他任务			

经营分析会聚焦如何解决经营分析报告所呈现的机会与目标的差距，以及如何协调资源来集成作战。企业长期执行这个动作，就一定能不断提升经营管理水平，使经营目标不断被实现和超越。

18.8 产品线例会

对产品线战区来说,除了经营分析会,还有一个重要的会议,即产品线例会。产品线例会类似军队作战的战后总结,能够尽快发现、总结当前存在的各种问题。相比经营分析会,产品线例会的召开频率更高,建议一周召开一次。

很多企业的产品线例会有以下问题。

- 没有主题,漫议,没有会议结论,会后我行我素。
- 流水账式的汇报,抓不住关键问题,不仅会议时间长,还解决不了问题。
- 开成技术细节讨论的研发例会,忽略了经营管理问题。
- 事先不沟通,大事小事都放到会上解决,浪费宝贵的时间。
- 会后不闭环,没有跟踪,问题依然存在。

召开产品线例会是及时发现当前作战问题的有效手段。开好产品线例会和开好经营分析会类似,除采用召开经营分析会的那些方法外,还有如下要求。

(1)不讨论技术问题(技术问题由研发例会处理)。

(2)参会的各 PDT 代表只需要讲重大问题、风险、措施,不要讲过程细节。

标杆企业成功的经验:在不断提升管理效率和专业能力的前提下,培养能够在市场上打胜仗的经营型干部团队。这是企业持续成功的法宝!

附录 A

华为 IPD 变革大事记

华为自 1998 年拜师 IBM 引进 IPD，已经持续变革了 20 多年，直到今天还在为了适应新的业务而不断改变。企业的成功绝非仅靠运气，华为从发布第一个版本的 IPD 起，至今已经发布了 10 个版本的 IPD。企业长期成功的背后，必然是不断改进的管理体系和不断提升的效率。

图 A-1 所示为华为早期 10 年的 IPD 变革大事记。华为早期 10 年的 IPD 变革是符合大部分企业的发展情况的，因此也是值得大部分企业学习和借鉴的。

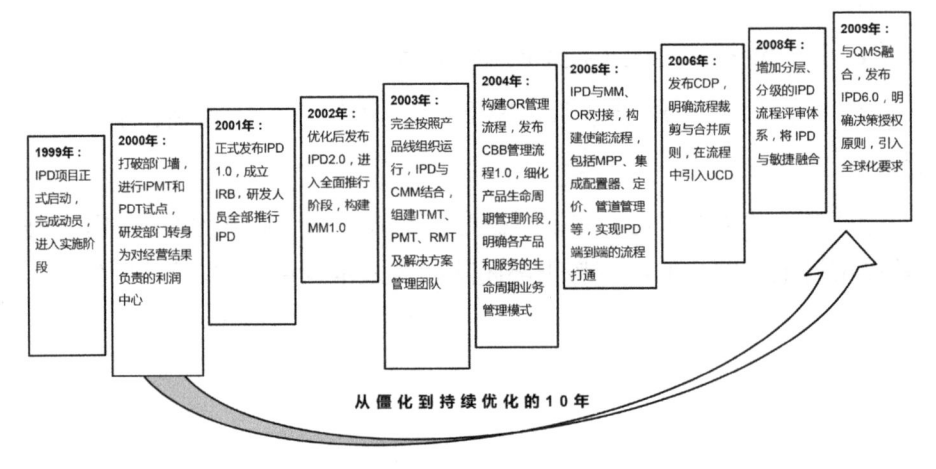

1999年：IPD项目正式启动，完成动员，进入实施阶段

2000年：打破部门墙，进行IPMT和PDT试点，研发部门转身为对经营结果负责的利润中心

2001年：正式发布IPD1.0，成立IRB，研发人员全部推行IPD

2002年：优化后发布IPD2.0，进入全面推行阶段，构建MM1.0

2003年：完全按照产品线组织运行，IPD与CMM结合，组建ITMT、PMT、RMT及解决方案管理团队

2004年：构建OR管理流程，发布CBB管理流程1.0，细化产品生命周期管理阶段，明确各产品和服务的生命周期业务管理模式

2005年：IPD与MM、OR对接，构建使能流程，包括MPP、集成配置器、定价、管道管理等，实现IPD端到端的流程打通

2006年：发布CDP，明确流程裁剪与合并原则，在流程中引入UCD

2008年：增加分层、分级的IPD流程评审体系，将IPD与敏捷融合

2009年：与QMS融合，发布IPD6.0，明确决策授权原则，引入全球化要求

从僵化到持续优化的10年

图 A-1　华为早期 10 年的 IPD 变革大事记

华为 IPD 变革的过程是充分认识到自身不足、愿意向强者学习，乃至敢于革自己命的过程，也是奠定华为成功的从偶然到必然的过程。

向敢于持续变革的企业致敬！

附录 B

破山中贼易，破心中贼难！很多企业 IPD 变革效果差的主要原因是什么

提到 IPD，很多企业表示知道或者听说过，也有不少企业效仿华为实施过，但结果让人感到很遗憾——大部分企业没能像华为一样构建产品竞争力并取得巨大的商业成功。可以说，企业界存在 IPD 理解和应用乱象。

下面是笔者根据华为的实践和自己辅导企业的经验，经过分析得出的很多企业 IPD 变革效果差的主要原因。

原因一：你叫不醒一个装睡的企业

世界上不存在灵丹妙药和轻松制敌的绝招，任何企业都不会轻易取得成功。一些企业不尊重商业常识和经营本质，总希望一夜暴富。别说坚持变革十几年、几十年，就连一年甚至半年，一些企业都坚持不了。看到短期内没能赚大钱，一些企业就开始怀疑甚至放弃正在进行的变革，又去追求其他时髦的方法，今天学华为，明天学阿里巴巴，总期望一夜之间练就"长生不老之术"，看似很努力，但结果往往是能力没有建立起来，白白浪费了时间，而自己还在原地踏步。这样的企业怎能获得持续的成功呢？

原因二：最大利益相关者没有真正带头和投入

实际上，华为当年实施 IPD 变革，和现在的很多企业一样，困难重重、步履艰难！

华为的 IPD 变革堪称革命性动作：革自己的命。华为当年实施 IPD 变

集成产品开发 IPD
— 让企业有质量地活着，实现客户价值和商业成功 —

革时并不顺畅，很多员工有抵触心理，原因和现在很多企业的借口类似：IPD 源自美国，不符合中国国情；IBM 是搞计算机的，其经验不适用于处于通信行业的华为等。

当时，除了任正非和孙亚芳，大多数人都看不明白 IPD，甚至反对实施 IPD。就以我这个普通工程师为例，我当时觉得 IPD 烦琐：会议多了、文档多了、执行速度没以前快了等，以前打个电话就可以开始写代码搞定的事情，在实施 IPD 后得花时间讨论。我觉得很麻烦，认为效率低下，不愿意按照 IPD 的要求去做。可以说，当时华为的研发人员普遍是这种状态，这是华为最初实施 IPD 时的真实写照。

但任正非理解了 IPD 的核心，他知道 IPD 能够真正改变华为的现状，所以他强烈要求所有人必须学习，并在实际工作中使用 IPD，理解了要执行，不理解慢慢摸索也得执行。"先僵化"就是这个意思，要先长期僵化学习。

任正非为什么要提"先僵化"？原因是他深谙人性的弱点，知道很多人喜欢走捷径，不愿意扎扎实实地按照正确但可能开始会有点慢的方式做事，也不愿意改变自己以前不好的做事习惯，更何况改变过程中还会有不适应和出现"阵痛"：做事效率下降（这是黎明前的黑暗，化茧成蝶必须承受的痛苦）。这又导致很多人开始说风凉话，抵触和反对实施 IPD。可见，改变思维和行为习惯多难啊。

笔者发现很多企业在引入 IPD 时，只是研发部门在主导，只在研发部门内部进行改进，其他部门（如市场、供应链、财务、服务和质量等部门）都不参与。IPD 是改变整个企业组织和商业模式的过程，如果老板（或者拥有同等权力的角色）没有真正理解，不亲身投入其中且坚持实施，那么企业怎么可能真正改变自己多年养成的坏习惯呢？老板是第一改变之人，但是很多企业没有做到。这是很多企业实施不好 IPD 的关键原因之一。

原因三：对 IPD 的理解不正确

IPD 的核心是从机会到商业变现，告诉你做好产品的生意经，不仅仅是开发流程。很多企业只是把它当作一种开发流程，却忽略了产品商业经营的逻辑。明明是一把屠龙刀，你却只用它切菜，怎么会取得理想的结果呢？IPD

附录 B
破山中贼易，破心中贼难！很多企业 IPD 变革效果差的主要原因是什么

既是管理的科学，又是经营的艺术，是从市场洞察、产品规划、投资立项决策、产品开发上市到市场变现的完整商业逻辑，真实展现了把产品开发当成投资进行管理的投入和产出的商业逻辑。你丢了西瓜，只捡芝麻，当然没有办法取得理想的结果。

因为没有理解 IPD 是关于产品经营的商业逻辑，也没有培养对应的经营型干部团队，经营责任和压力只有老板在扛，所以企业难以实现经营目标。

原因四：没有构建起对应的能力

IPD 告诉你做产品生意的正确的过程和方法，但如果团队能力太弱，那么是没有办法取得成功的。很多企业只是照着流程和模板执行，却没有同时培养起能力。例如，有的企业连会议都开不好，基本的需求分析都做不对，日常计划都不能完成，怎么可能实现 IPD 的目标呢？

IPD 在告诉你怎样做事情的同时，也告诉你如何发现短板、该构建哪些对应的能力。这也是 IPD 具有很大价值的原因。以前你可能不知道自己欠缺什么，有了 IPD，你就可以按照要求把对应的能力构建起来了。

这些能力包括经营能力、市场规划能力、研发能力、团队管理和项目管理能力等。有了正确的方法，再加上卓越的能力，企业大概率能取得理想的结果。

原因五：没找对顾问

很多企业对 IPD 的理解不正确，只把 IPD 当作开发流程，找的顾问只是站在流程视角，缺乏丰富的产品业务经验，忽略了 IPD 最为核心的产品竞争力和商业经营。

因为 IPD 是关于产品如何经营的商业逻辑，所以企业在开始实施 IPD 时要找具有丰富的产品业务经验和广阔的视野的顾问提供指导，不能找只是做流程的顾问，很多企业没找对顾问。当年指导华为实施 IPD 变革的大都是 IBM 的产品业务专家。企业首先应站在业务和产品经营的角度实施 IPD，等业务部门的人理解了 IPD，把 IPD 和业务实践真正融合后，再将其抽象提炼为流程体系，这个顺序不能搞反。

集成产品开发 IPD
– 让企业有质量地活着，实现客户价值和商业成功 –

破山中贼易，破心中贼难！什么是企业的心中贼？就是企业的认知误区和长期以来养成的不好的做事习惯。

有的企业不愿意扎扎实实地构建竞争力、为客户长期"磨好豆腐"，总想投机取巧走捷径、赚快钱，反反复复十几年甚至几十年，一旦市场稍微发生变化，就会回到原点，甚至被淘汰。

IPD 告诉你如何做正确的事、如何正确地做事，但它的思想、方法及要求与很多企业的心中贼是不能共存的。如果企业没有魄力、决心，不能坚持到底，那么想破心中贼（改变认知和做事习惯），把 IPD 做出效果，谈何容易呀！

世界上最难的事之一可能就是改变一个人的思想了，所以在华为实施 IPD 变革时，才有了任正非给出的高压：不改变思想就换人！华为花费了大量的人力、财力和时间去一点点改变心中贼，才有了今天强大的产品竞争力及商业成功从偶然到必然的结果。

总体来说，IPD 实施成功有 3 个必要条件。

（1）老板理解和亲自推动并坚持（核心条件，因为 IPD 改变的是企业的整个商业模式和组织体系，不仅仅是研发部门，若老板不亲自推动，则基本没有成功的希望）。

（2）把 IPD 理解正确（产品经营的生意经和商业逻辑，不仅仅是流程），同时长期构建对应的能力（经营、需求分析、洞察、规划、专业研发、团队及项目管理等）。

（3）找到具有丰富的产品业务经验的顾问。

如果企业具备了上述条件，并投入合理的资源，那么笔者相信会产生一定的效果。

附录 C

缩略语一览

- $APPEALS：需求分析模型，包括 8 个客户关心的维度。
- A-DCP：Availability Decision Check Point，可获得性决策评审点，产品可以大规模销售和交付的时间点。
- BB：Building Block，基础模块。
- BBFV：Building Block Function Verification，构建模块功能验证。
- BG：Business Group，业务群。
- BLM：Business Leadership Model，业务领先模型。
- BOM：Bill of Materials，物料清单。
- BSC：Balanced Score Card，平衡记分卡，战略评估工具，也可作为考核的工具。
- BU：Business Unit，业务单元，指从产品或解决方案维度建立的产品线。
- CAPEX：Capital Expenditure，资本支出。
- CAPS：Call Attempts Per Second，每秒建立呼叫数量。
- CBB：Common Building Block，共用基础模块，指那些可以在不同产品、系统中运用的单元。
- C-DCP：Concept Decision Check Point，概念决策评审点。
- CDP：Charter Development Process，产品任务书开发流程。
- CDT：Charter Development Team，产品任务书开发团队。
- CDR：Charter Development Review，产品任务书开发过程评审。

集成产品开发 IPD

— 让企业有质量地活着，实现客户价值和商业成功 —

- CMM：Capability Maturity Model，能力成熟度模型，由美国卡内基梅隆大学软件工程研究所提出，是被广泛应用的软件开发过程改进评估模型。
- CMMI：Capability Maturity Model Integration，能力成熟度集成模型，是在 CMM 的基础上，把 CMM 及发展出来的各种能力成熟度模型，集成为一个单一框架，以更加系统和一致的框架来指导组织改进软件开发过程。
- CSF：Critical Success Factor，关键成功因素。
- DCP：Decision Check Point，决策评审点。
- DDD：Domain-Driven Development，领域驱动开发。
- DFX：Design for X，面向产品非功能属性的设计，其中 X 代表产品的某个特性、产品生命周期或其中某一环节。
- DOPRA：Distributed Object-oriented Programmable Real-time Architecture，分布式面向对象可编程实时构架。
- DSTE：Develop Strategy to Execute，从开发战略到执行，战略管理流程。
- E-DCP：End of Life-cycle Decision Check Point，生命周期终止决策评审点。
- EOM：End of Marketing，停止销售。
- EOP：End of Production，停止生产。
- EOS：End of Service and Support，停止服务与支持。
- EOX-DCP：代表 EOM DCP、EOP DCP、EOS DCP。
- GA：General Availability，一般可获得性，是产品可以批量交付给客户的时间点。
- GDP：Gross Domestic Product，国内生产总值。
- GSM：Global System for Mobile Communication，全球移动通信系统。
- IBP：Integrated Business Planning，集成业务计划。
- ICT：Information and Communication Technology，信息与通信技术。
- IFS：Integrated Financial Service，集成财经服务，华为的财经管理体系。
- IPD：Integrated Product Development，集成产品开发。
- IPMT：Integrated Portfolio Management Team，集成组合管理团队，是 IPD 体系中的产品投资决策和评审机构。

附录 C
缩略语一览

- IPR：Intellectual Property Rights，知识产权。
- IRB：Investment Review Board，投资评审委员会，在 IPD 投资体系中，对企业层面业务领域的产品与解决方案投资组合、生命周期管理和投资损益及商业成功负责的组织。
- ISC：Integrated Supply Chain，集成供应链。
- IT：Information Technology，信息技术。
- ITMT：Integrated Technology Management Team，集成技术管理团队。
- ITO：Inventory Turn Over，库存周转率。
- ITR：Issue to Resolution，从问题到解决，是面向客户服务请求到问题解决的端到端流程。
- KPI：Key Performance Indicator，关键绩效指标。
- LMT：Lifecycle Management Team，生命周期管理团队。
- LPDT：Leader of PDT，PDT 经理，产品开发团队经理。
- LTC：Lead to Cash，从线索到回款，是一种从线索、销售、交付到回款的企业运营管理思想。
- MM：Market Mangement，市场管理。
- MPP：Marketing Plan Process，营销计划流程。
- NGN：Next Generation Network，下一代网络。
- NPI：New Product Input，新产品导入流程，IPD 中融合研发和生产的使能流程。
- NPS：Net Promoter Score，用户推荐指数，用来反映用户的满意度。
- OPEX：Operating Expense，运营成本。
- OR：Offering Requirement，产品包需求，包括内外部客户需求。
- OSBP：Offering/Solution Business Plan，产品包/解决方案商业计划。
- PACE：Product and Cycle-time Excellence，产品与周期优化法，一种产品开发流程改进方法，IBM 在其基础上改进发展成为 IPD。
- PCR：Plan Change Request，计划变更请求。

集成产品开发 IPD
– 让企业有质量地活着，实现客户价值和商业成功 –

- P-DCP：Plan Decision Check Point，计划决策评审点。
- PDT：Product Development Team，产品开发团队，跨部门重量级产品开发组织。
- PL-PMT：Product Line PMT，产品线层面的 PMT。
- PMP：Project Management Professional，项目管理专业人员资质认证。
- PMT：Portfolio Management Team，组合管理团队，负责市场洞察、产品规划和商业模式设计，是 IPMT 的支撑组织。
- POR：Procurement Review，采购评审。
- PONC：Price of Nonconformance，不符合要求的代价，沉没成本，不可挽回。
- PQA：Product Quality Assurance Engineer，产品质量保证工程师。
- QCC：Quality Control Circle，质量控制圈，是由基层员工组成，实行自主管理的质量改进小组。
- QMS：Quality Management System，质量管理体系。
- RAT：Requirement Analysis Team，需求分析团队。
- RCA：Root Cause Analysis，根本原因分析。
- RDP：Roadmap Planning，路标规划。
- RMT：Requirement Management Team，需求管理团队。
- ROI：Return on Investment，投资回报率。
- SDV：System Design Verification，系统设计验证。
- SE：System Engineer，系统工程师。
- SEI：Software Engineering Institute，卡内基梅隆大学软件工程研究所。
- SIT：System Integration Test，系统集成测试。
- SPAN：Strategy Positioning Analysis，战略定位分析，通常用于分析某产品是否值得投资。
- SPDT：Solution Product Development Team，解决方案产品开发团队，包含多个 PDT，对某个业务单元的经营结果负责，是利润中心。

附录 C
缩略语一览

- SR：Service Review，服务评审。
- SVT：System Verification Test，系统验证测试，可以对外大规模销售前的产品测试，包括客户验证及外部验证。
- SWOT：Superiority Weakness Opportunity Threats，优劣势分析法。
- TCO：Total Cost of Ownership，总体拥有成本。
- TD：Technology Development，技术开发。
- TDD：Test Driven Development，测试驱动开发。
- TDR：Technical Development Review，技术开发评审。
- TDT：Technology Development Team，技术开发团队。
- TMG：Technical Management Group，技术管理组，是由专项技术专家组成的团队。
- TMT：Technology Management Team，技术管理团队。
- TMS：Technical Management System，技术管理体系。
- TPP：Technology Planning Progress，技术规划流程。
- TR：Technical Review，技术评审。
- TTM：Time to Market，上市时间。
- UCD：User Centered Design，以用户为中心的设计。
- UT：UI Test，用户界面测试。
- WBS：Work Breakdown Structure，工作分解结构，是对项目团队为实现项目目标、取得可交付成果而需要实施的全部工作的逐层分解。

反侵权盗版声明

电子工业出版社依法对本作品享有专有出版权。任何未经权利人书面许可，复制、销售或通过信息网络传播本作品的行为；歪曲、篡改、剽窃本作品的行为，均违反《中华人民共和国著作权法》，其行为人应承担相应的民事责任和行政责任，构成犯罪的，将被依法追究刑事责任。

为了维护市场秩序，保护权利人的合法权益，我社将依法查处和打击侵权盗版的单位和个人。欢迎社会各界人士积极举报侵权盗版行为，本社将奖励举报有功人员，并保证举报人的信息不被泄露。

举报电话：(010) 88254396；(010) 88258888
传　　真：(010) 88254397
E-mail： dbqq@phei.com.cn
通信地址：北京市万寿路173信箱
　　　　　电子工业出版社总编办公室
邮　　编：100036